Franz Alt
Liebe ist möglich

D1721636

SERIE PIPER
Band 429

Zu diesem Buch

»Erst wenn wir liebesfähig sind, werden wir friedensfähig. Abtreibung und Aufrüstung, der Krieg gegen die Ungeborenen und der mögliche Atomkrieg, haben dieselbe Wurzel: die Gewalt und die Angst in uns. Die Lösung für beide Probleme heißt Liebe. Solange Aufrüstung ein linkes und Abtreibung ein rechtes Thema bleibt, haben wir beide nicht wahrhaft verstanden. Für Jesus ist jede Gewalt Sünde. Seine Bergpredigt ist die Magna Charta der ganzheitlichen Liebe. Sie ist die unendliche Geschichte einer unendlichen Liebe, die unser ganzes Leben umfaßt: privat, politisch, beruflich, religiös.

Die Bergpredigt ist ein Anschlag auf unser altes Bewußtsein, das immer noch fragt: Wie war es bisher? Ein neues Bewußtsein am atomaren Abgrund müßte endlich fragen: Wie könnte es eigentlich sein? In der Bergpredigt finden wir die Fülle aller geistigen und seelischen Entwicklungsgesetze.

Bisher haben Theologen die Bergpredigt fast immer nur interpretiert. Im Atomzeitalter kommt jedoch alles darauf an, die Welt im Geiste der Bergpredigt zu verändern. Die historischen Revolutionen waren Revolutionen der Gewalt. Entsprechend war ihr Ergebnis. Die eigentliche Revolution steht noch aus: die Revolution der Gewaltlosigkeit, die Revolution des Bewußtseins, die Revolution der Liebe. Ist Liebe möglich? Jesus ist *der* Partisan der Liebe, *der* Meister einer rebellischen Liebe. Er zeigt: Liebe und Kampf gehören zusammen.«   (Franz Alt)

Franz Alt, geboren 1938 in Untergrombach bei Bruchsal. Studium der Geschichte, Politischen Wissenschaft, Theologie und Philosophie in Freiburg und Heidelberg. 1967 Promotion. Seit 1968 Redakteur und Reporter beim Südwestfunk in Baden-Baden. Seit 1972 Leiter und Moderator des politischen Fernsehmagazins »Report«. Veröffentlichungen: »Frieden ist möglich. Die Politik der Bergpredigt«, München 1983 u. a.

Franz Alt

Liebe ist möglich

Die Bergpredigt im Atomzeitalter

Piper
München Zürich

Von Franz Alt liegt in der Serie Piper außerdem vor:
Frieden ist möglich (284)

ISBN-3-492-10429-0
Originalausgabe April 1985
6. Auflage 177.–196. Tausend September 1986
© R. Piper GmbH & Co. KG, München 1985
Umschlag: Federico Luci, unter Verwendung des
Embryofotos von Rainer Jonas, Alsfeld
Gesamtherstellung: Clausen & Bosse, Leck
Printed in Germany

Für Bigi in Liebe

»*Liebe ist die Antwort auf alle Probleme, die nicht von der Wissenschaft lösbar sind.*«

(Sam Keen,
amerikanischer Autor)

»*Es gibt nur eine Rettung für unser Geschlecht: Sie liegt in der Rückkehr zu einem Leben der Bergpredigt von Jesus Christus.*«
(Dwight D. Eisenhower,
Präsident der USA von 1952 bis 1960)

»*Ohne Liebe steht das Gespenst der Gleichgültigkeit und der Versklavung vor uns: das Schicksal von Ameisen und Termiten.*«

(Teilhard de Chardin,
franz. Theologe und Paläontologe, 1881–1955)

»*Durch das viele Reden von Gott haben die Menschen die Fühlung mit ihm verloren, und was sie dann von ihm sagten und lebten, war nicht Gott, sondern eine Idee von ihm.*«

(Johannes Müller,
Begründer von Schloß Elmau, 1864–1949)

»*Virtus est ordo amoris.*«
(Die Ordnung in der Liebe ist eine Tugend.)
(Augustinus, Kirchenlehrer, 354–430)

Inhalt

IV. Bergpredigt oder Zwergpredigt?

Vorwort

Als ich wenige Wochen nach Erscheinen meines kleinen Buches »Frieden ist möglich – die Politik der Bergpredigt« Johannes Müllers umfassendes Buch »Die Bergpredigt« aus dem Jahre 1904 auf Schloß Elmau in die Hand bekam, spürte ich die Unzulänglichkeit meines ersten Versuches einer Annäherung an das Programm Jesu für die Menschheit. Der Friedensweg des Mannes aus Nazareth hatte mich zwar gepackt, aber ich erfuhr schmerzlich, wie sehr ich ganz am Anfang eines langen Weges unterwegs war. Zugleich wurde in der Zwischenzeit die Anziehungskraft des Ziels der Bergpredigt immer deutlicher: Ziel der Bergpredigt ist Selbsterkenntnis und Gotterkenntnis, Selbstverwirklichung und Gottverwirklichung. Wir sind seine Ebenbilder. Wer die Bergpredigt versteht, hat den Weg zum Ziel seines Lebens gefunden.

Ich habe inzwischen versucht, ein Stück weiterzugehen. Mehr Liebe auf unserem Planeten ist die Voraussetzung für mehr Frieden. Es gibt zwar viele Reformer – meist wollen sie andere reformieren –, aber zuwenig Menschen, die sich selbst reformieren wollen.

Durch die kontroverse Diskussion von ›Frieden ist möglich‹ wurde mir der Zusammenhang zwischen privater und politischer Gewalt erst richtig klar. Abtreibung und Aufrüstung, der Krieg gegen die Ungeborenen und der Krieg gegen die Geborenen, hängen so zusammen wie der Frieden in der Familie und der Frieden zwischen den Völkern. Für Jesus ist *jede* Gewalt Sünde, weil dadurch die Gesetze des Lebens verletzt werden. Als mir diese Zusammenhänge klar waren, habe ich einige Wochen Urlaub genommen von Beruf und Familie und zur Jahreswende 1984/85 mich neu an die Bergpredigt herangetastet, diesmal an die *ganze* Bergpredigt. Das Ergebnis meiner Klausur ist – in bewußter Anlehnung an mein Friedensbuch – ›Liebe ist möglich – die Bergpredigt im Atomzeitalter‹. Frieden und

Liebe sind immer nur Möglichkeiten, weil sie wahrhaftig nur in Freiheit und Freiwilligkeit gelebt werden können. Die Bergpredigt ist kein Programm für Unmündige und Sentimentale, sondern für wirklich und ganzheitlich emanzipierte Frauen und Männer, die wissen, daß es niemals Freiheit ohne Verantwortung geben kann, nicht im privaten Leben und nicht im politischen. Freiheit *und* Verantwortung ist die neue Definition für Liebe. Wir wissen heute viel über die Liebe, aber wir *leben* die Liebe zu wenig. Nur eine Revolution der Liebe sichert im Atomzeitalter unser Überleben. Über die Bergpredigt redet ein ganzheitlicher und heiler Mensch zu uns, dem eine ganzheitliche und heile Welt aufgegangen ist und der ganzheitlich und heilend gelebt hat. Jesus macht uns den inneren Zusammenhang von Abtreibung und Aufrüstung klar: die Gewalt und die Feindbilder *in* uns. Die Hoffnung und Sehnsucht nach Liebe ist in jedem von uns unausrottbar verwurzelt.

Baden-Baden, 10. März 1985   Franz Alt

I. Der Weg

Die gute Nachricht von der Liebe

Liebe ist in allen Sprachen das wichtigste Wort. Es wird sehr oft gebraucht, aber es bedeutet uns wenig. Warum?

Die Bibel ist das »Buch der Bücher«, *das* Buch der Liebe. Die Bibel wird sehr oft gekauft. Aber auch sie bedeutet den Käufern oft wenig. Warum?

Das Wort Liebe war zu keiner Zeit so abgedroschen wie heute – die Bibel stand zu keiner Zeit so ungelesen in Bücherregalen wie heute. Wer bezieht schon sein Wissen über die Liebe aus dem Buch der Liebe? Viele ahnen zwar von ferne etwas über die Urwahrheit der guten Nachricht von der Liebe bei Jesus, aber sie erfahren diese Liebe in ihrem Leben nicht mehr. Das Leben Jesu ist uns fremd. Bücher, die nur von fernen Zeiten handeln, sind vielleicht historisch interessant, aber sie berühren uns kaum noch.

Das Neue Testament als historische Schrift bleibt ein Buch unter vielen. Das Neue Testament jedoch als Zeugnis des Menschen, der als einziger in der Geschichte sagen konnte: »Ich bin der Weg, die Wahrheit und das Leben«, ist einmalig und aufregend. Theologie bleibt langweilig, wenn sie nur fragt: Wer *war* Jesus? Religion wird *in* uns lebendig, sobald wir anfangen zu fragen: Wer *ist* Jesus heute? Was sagt er mir im Atomzeitalter? Die Bergpredigt hat die wichtigsten Worte Jesu zum Inhalt. Die Bergpredigt liest richtig, wer spürt, daß Gott darin ganz persönlich zu ihm spricht – über Jesus. Dann kann die Bergpredigt zur Lebens- und Überlebenshilfe werden.

In der bisherigen Geschichte haben Menschen fast immer nur gefragt: Wie war es früher? Das Atomzeitalter überleben wir nur, wenn wir wenigstens anfangen zu fragen: Wie könnte es heute und morgen sein? Was muß ich heute tun, damit es überhaupt morgen gibt?

Seit 2000 Jahren haben sich Christen so sehr auf den Himmel konzentriert, von dem sie doch nichts wissen können, daß inzwischen die Erde, von der sie doch soviel wissen, zu explodieren droht. Die Konzentration auf den Himmel war häufig nur der Vorwand für die Mißachtung der Erde und des Menschen. Freunde der amerikanischen Friedensbewegung sagen: »God can only do for us what he can do through us.« (»Gott kann nur das für uns tun, was er *durch* uns tun kann.«) Christen beten zwar seit 2000 Jahren »Dein Reich komme, dein Wille geschehe, wie im Himmel so auf Erden«, gleichzeitig haben sie viel dazu getan, daß Gottes Wille auf Erden nicht geschehen konnte. Viele Menschen glauben zwar mit halbem Herzen an die Worte Jesu, mit ganzem Herzen aber an die Abschreckungskraft der Atombombe. Die Auferstehung bleibt allenfalls eine außergewöhnliche Geschichte, wenn Jesus nicht *in* uns aufersteht, wenn er nicht *in* uns lebendig wird.

Die ungeheuerliche und gotteslästerliche Frage: »Ist der Atomkrieg vielleicht Gottes Wille?« wurde mir nach Erscheinen meines kleinen Buches »Frieden ist möglich – die Politik der Bergpredigt« hundertfach vor allem von Christen und Theologen gestellt. Sie haben oft nicht einmal ein Gespür dafür, daß mit dieser Frage Jesus 2000 Jahre nach der Kreuzigung neu gekreuzigt wird.

Er starb, damit wir leben, und nicht, damit wir uns gegenseitig umbringen. Er starb, damit wir ein tieferes Bewußtsein von Gott und damit von uns selbst bekommen. Jesu Gott ist ein mütterlicher Vater, ein Gott der Liebe und des Lebens, kein Gott des Todes. Jesus ist durch und durch lebensbejahend. Für das Leben ging er sogar in den Tod.

Für mich ist die einzig wahrhaftige Methode, sich der Bergpredigt zu nähern, eine herzhafte Unbefangenheit. Nur mit Hilfe des Herzens gelingt uns die Befreiung aus dem Kerker der Verstandes-Einseitigkeit. Nur mit Hilfe des Herzens gewinnen wir eine neue Unmittelbarkeit zu Jesus. Für viele Erwachsene und Jugendliche sind der »Gott der Bibel« und das »Jesulein« ihrer Kindheit längst gestorben, weil sie nie gelernt haben, die gute Nachricht von Jesus und vom Reiche Gottes mit den Kräften der Seele und des Gemüts aufzunehmen. Mit dem Verstand allein sind Gott und Jesus nicht zu begreifen, weil die Liebe mit dem Verstand allein nicht zu begreifen ist. Liebe ist nicht das

Gegenteil von Vernunft – Liebe ist die Wahrheit der Vernunft. Liebe macht die Vernunft erst vernünftig. Wer nur vom Verstand her zu leben versucht – falls dies ein Leben ist –, für den muß Jesus ein Spinner sein. Und für viele ist Jesus ein Spinner, auch für viele Christen. In Wirklichkeit ist Jesus »wahrer Mensch und wahrer Gott«, weil er ganzheitlich, das heißt, mit Verstand *und* mit Herz, mit Vernunft *und* mit Seele, lebte und weil daher Gott ganz in ihm lebendig werden konnte. Jesus Christus ist *der Mensch* an sich, *der Gott*-Mensch. Immer mehr Menschen finden eine verkopfte Theologie einfach langweilig. Jesus ging es nicht um Theologie, sondern um Menschwerdung, um Vertrauen, Hoffnung und Liebe. Die Wahrheit der Bergpredigt, also Gott, kann man nicht im Kopf, man muß sie zuerst in den Tiefenschichten der Seele erfahren. Erst dann gewinnt auch der Kopf seine Klarheit.

Nicht allzu viele Menschen in den Industrieländern wissen noch, daß der Traum eine wesentliche Form der Gotteserfahrung ist. Für die meisten Menschen sind Träume nichts als Schäume. Der Theologe und Psychotherapeut Eugen Drewermann: »Der Mensch schädigt sich ... durch die Verachtung seiner Träume selbst – er überhört Gott, wenn er auf seine Träume nicht mehr hört.« Der Prophet Joel beschreibt als Ziel der Religion: »Eure Greise werden Träume haben und eure Jünglinge Gesichte schauen.« Die Geschichte der Apostel und die Geschichte der Urkirche, Jesu Gottesbegegnung am Jordan und seine Teufelsbegegnung in der Wüste sind ohne Verständnis von inneren Bildern, Mythen und Träumen unbegreiflich. Im heute wissenschaftlich und wirtschaftlich orientierten Menschen sind zwei humane Dimensionen unterentwickelt: das Bewußtsein für den Auftrag inneren Reifens und die Möglichkeit eines erweiterten Bewußtseins. Fast alles, was sich heute bewegt, bewegt sich *um* uns, fast nichts bewegt sich *in* uns. Auch viele führende Personen in Politik und Kirche, Kultur und Wirtschaft haben kaum ein Organ für seelische, innere Entwicklungsprozesse. Viele verpassen die innere Reife. »Sie sind unsachlich, ichbefangen, herrschsüchtig, unfrei, kritikscheu, angstbesessen, emotionell und kontaktarm. Das zeigt: Es fehlt ihnen die tragende Fühlung und Verbindung mit ihrem Wesen«

(Karlfried Graf Dürkheim). Die eigentliche Realität des Menschen, seine Seele, wird weitgehend geleugnet. Das trifft auch für die meisten Seel-Sorger in den Kirchen zu. In den Kirchen wird viel eher Wohl-Verhalten erwartet als seelische Reife und selbständige Frömmigkeit. Ein Theologe sagte mir: »Im Priesterseminar habe ich viel Wissenschaft gelernt, habe mich aber verdächtig gemacht, als ich in den Geruch kam, fromm zu sein und selbständig zu meditieren.«

Ziel des Betens und Meditierens dürfte niemals Beten und Meditieren sein, sondern die Verwandlung und Befreiung des ganzen Menschen zu Selbsterkenntnis und Gotterkenntnis, d. h. zu Gottesliebe. Nur im ehrlichen Gebet fallen die Fassaden, die uns hindern bei der Begegnung mit uns selbst und mit Gott. Wissenschaft führt vielleicht an die Bergpredigt heran, aber niemals in sie hinein. Die Bergpredigt verstehen wir nur, wenn wir uns ihr als Suchende und Fragende mit offenem Herzen nähern. Johannes Paul II. zu Wissenschaftlern: »Bitte hört auf, die Dinge in politischen, ideologischen und daher gewaltvollen Begriffen zu sehen. Bitte fangt an, die Dinge in Begriffen des Volkes und daher in Liebe und Frieden zu sehen.« In der Friedensfrage wird die Sprache des Papstes immer deutlicher und deshalb befreiender – sehr im Gegensatz zu einer weitverbreiteten Theologie der Gewöhnung an den Atomkrieg als Schicksal. Wer schon alles weiß, wird unmöglich vom Bergprediger lernen können. Wer aber offen und lernbegierig wie ein Kind an die Bergpredigt herangeht, wird erfahren, was Jesus meint, wenn er sagt: »Ich bin der Weg, die Wahrheit und das Leben.« Was brauchen wir heute mehr als Weg, Wahrheit, Leben? Wir sind auf dem Weg, wir sind abgereist, aber noch nicht am Ziel. Wir *werden* erst, wir *sind* noch nicht. In der Bergpredigt liegen die Naturgesetze von der Menschwerdung des Menschen verborgen. Alle Suchenden spüren, daß wir heutigen Menschen noch lange nicht diejenigen sind, die wir sein könnten und sein sollten.

Die wichtigste Frage aller Menschen heißt: Wie werde ich wahrhaft Mensch? Die Antwort auf diese entscheidende Frage ist im Atomzeitalter nicht nur wesentlich für unser privates Leben, sondern auch entscheidend für das Überleben der

Menschheit. Vielleicht sind wir erst im Angesicht der atomaren Vernichtung reif für die Bergpredigt, reif für mehr Selbsterkenntnis. Die vielstrapazierten Worte Selbsterkenntnis und Selbstverwirklichung können vor dem Hintergrund der Bergpredigt nur heißen: Erkenntnis der göttlichen Ordnung, wie sie in jedem Menschen angelegt ist. Und Verwirklichung dessen, was wir als göttliche Ordnung erkannt haben. Dann gelten Jesu Verheißungen in der Bergpredigt: Wir werden »in der neuen Welt leben«, Gott wird uns unsere »Last abnehmen«, Gott wird uns »die Erde zum Besitz geben«, er wird unsere »Sehnsucht stillen«, er wird mit uns »barmherzig sein«, wir werden »Gott sehen«, wir werden »Gottes Kinder sein«. Dies alles gilt denen, die zuerst nach Gottes gerechter Ordnung trachten. Wer diese Erkenntnis einmal hat, ist nicht mehr derselbe, der er vorher war. Er fängt an, sich einzumischen, und er wird zuständig. Selbsterkenntnis und Selbstverwirklichung sind nicht identisch mit Egoismus, sondern die Voraussetzung für wirksame Solidarität. »Wirklich ist der Mensch nur, wenn er auf Gott als Mittelpunkt ausgerichtet ist. Wenn sein Geist mit dem höchsten Geist in Verbindung steht, findet er in ihm das Gesetz seines Lebens, den Angelpunkt seiner schöpferischen Kraft« (Nicolai Berdjajew). Was Eugen Drewermann für alle religiösen Texte sagt, gilt auch für die Bergpredigt: Es kommt nicht nur auf Erinnerung an, sondern auf Verinnerlichung. Erst was wir innerlich wissen, kann außen wirken. Glaube kann tot sein wie Wissenschaft oder Ideologie, erst das Wissen macht lebendig. Wirkliches Wissen heißt aber: die eigene innere Erfahrung. Inneres Wissen ist wesentlicher als Wissenschaft. Inneres Ergriffen-Sein ist wesentlicher als äußeres Begriffen-Haben. Wirkliche Religion kann man nicht haben, religiös kann man nur sein.

Die heutige Einseitigkeit und Abgespaltenheit unseres Intellekts können wir nur heilen, wenn wir lernen, in unserer Seele die Schwingungen der religiösen Texte zu hören und zu fühlen: ihren Wert für uns heute, hier und jetzt.

In seinem heute noch aufregenden Buch »Die Bergpredigt« schrieb der Gründer von Schloß Elmau bei Garmisch-Partenkirchen, Johannes Müller, im Jahre 1904: »Wer über die Bergpredigt nicht außer sich gerät, der hat sie nicht verstanden. Wer sie aber verstanden hat, der hat den Weg zum Leben gefunden.« Diese Erfahrung – es ist auch meine – war die Initialzündung für dieses kleine Buch, in dem ich »Frieden ist möglich« weiterdenke und meine neuen Erfahrungen einbringen möchte. Erst durch die kontroverse Diskussion von »Frieden ist möglich« wurde mir der Zusammenhang von privater und politischer Gewalt voll bewußt. Ich will diesen Zusammenhang an zwei aktuellen Problemen unserer Zeit verdeutlichen: an den Themen Aufrüstung und Abtreibung. Zwischen dem alltäglichen Krieg gegen die Ungeborenen und dem jeden Tag möglichen Atomkrieg der Geborenen besteht ein innerer Zusammenhang. Ich möchte diese vielleicht überraschende These zuerst mehr theoretisch und später mit Beispielen aus dem Alltag belegen. Jesus gewinnt für unseren Alltag erst richtig Bedeutung, wenn wir uns seine Entwicklung klarmachen. *Vor* der Bergpredigt steht im Matthäus-Evangelium die Geschichte der Taufe Jesu mit seiner Gotteserfahrung und die Geschichte seines vierzigtägigen Aufenthalts in der Wüste. Erst wenn wir diese beiden Ereignisse verstehen, können wir die Bergpredigt begreifen. Zunächst also über Jesu Gotteserfahrung und religiöses Reifen.

Abtreibung und Aufrüstung

Die Bergpredigt bietet keinen Überblick über alles, aber Einblicke in Entscheidendes: in uns selbst. Die Bergpredigt zeigt eine neue Art zu leben: »Macht Euch keine Sorgen«, »habt keine Angst«, »habt doch mehr Vertrauen«, hört auf euer Herz und euer Gewissen. Damit meint Jesus kein leichtsinniges Leben, aber ein Leben leichten Sinnes. Ein Engel wurde einmal gefragt, warum er fliegen könne. Er sagte: »Wir nehmen alles leicht und fühlen uns getragen.« Nehmt euch nicht so krampfhaft ernst, meinte Jesus, als er das wunderschöne Bild prägte: »Wenn ihr nicht werdet wie die Kinder, könnt ihr nicht in das Himmelreich eingehen.« Das heißt: Seid unbefangen wie ein Kind, habt mehr Vertrauen auf die Kräfte der Liebe, sucht wie ein Kind, und seid offen wie ein Kind. Jesus muß Kinder oft beim Spielen beobachtet haben. Natürliche Kinder-

16

spiele haben Rhythmus und Reim – wie Jesu Reden und Bilder. Jesus und die Kinder – das ist ein eigenes großes Kapitel in den Evangelien. Sein Maßstab für die Menschwerdung ist immer das Kind. Das Kind muß sich nicht anstrengen; es wächst ganz natürlich.

Aufgabe von Erwachsenen ist das innere Wachstum, das Wachstum der Seele. Aber auch hier gelten die natürlichen Wachstumsgesetze. Wir müssen nur offen sein und das Wachstum nicht künstlich verhindern durch unnatürliches Leben. Liebe kann man nicht künstlich erzwingen. Wir dürfen den Kanal zu Gott nicht verschütten. Wir müssen aufpassen, daß die geistigen Kräfte durch die Nabelschnur, die uns mit Gott verbindet, fließen und pulsieren können. Gott hat den Samen der Liebe von Natur aus in jedem von uns angelegt. Unsere Aufgabe ist es, diesen Samen der Liebe zu hegen, zu pflegen, zu beschützen. Er wächst von selbst. Warum? Weil Gott dafür sorgt. Das ist so sicher wie der nächste Mai. Der kommt auch von allein. Das ist unser tiefstes Geheimnis, das uns kaum noch bewußt ist. Aber in den Tiefenschichten unseres Unbewußten schlummert die Ahnung: In jedem Menschen steckt ein innerer Kern, brennt eine Flamme der Liebe, leuchtet ein ewiges Licht, wacht ein verborgenes Gewissen, herrscht die göttliche Idee. Diese Idee ist undefinierbar, wir nennen sie Seele. Nur aus der Seele kann das Gottvertrauen sprudeln; Seele ist die Quelle in uns, Gott in uns, Seele ist die Kraft und der innere Eros, die uns eigentlich zusammenhalten. Alles, was wächst, hat Seele. Seele ist der Atem, der uns verläßt im Augenblick des Todes. Der Körper ohne Seele beginnt zu zerfallen. Im Augenblick des Todes verläßt die Seele unseren Körper wie ein Schmetterling seine Hülle. Der Körper zerfällt, aber die Seele ist unsterblich. Der Tod ist kein Tod: Er ist eine Geburt. Er ist ein Leben in anderer Frequenz. Die Osterbotschaft heißt: Im Tod ist Leben. Es gibt Leben nach dem Leben und Leben vor der Geburt. Geburt und Tod sind nur Übergänge. Im Tod ruhen wir uns vom Leben aus, um zu neuem Leben zu erwachen. Die Geburt ist keine Geburt. Wir erwachen vom Schlaf zu neuem Leben. In unserer Zeit ist Seele ein Fremdwort geworden, Herz ein Allerweltswort und Vertrauen ein seltenes Wort. Erst im Vertrauen durchschauen wir die Oberfläche der Dinge. Vertrauen und Glauben: Das ist ein *Inne*-werden und ein Innen-*werden*. Im ältesten Weisheitsbuch der Menschheit, im chinesischen I Ging, heißt es:»Innerlich reich und äußerlich sanft lassen sich größte Pläne verwirklichen, und nichts behindert ihr Wachstum.«

Vor seiner Lehr- und Wanderzeit ließ sich Jesus am Jordan von Johannes taufen. Dabei hörte er die Stimme Gottes:»Du bist mein geliebter Sohn.« In diesem Augenblick wußte sich Jesus geliebt und berufen. Gottes Anruf war der alles entscheidende Augenblick im Leben dieses alles entscheidenden Menschen. Jesus glaubte und vertraute ganz naiv seinem Gotteserlebnis am Jordan. Seine Naivität war die Voraussetzung der tiefsten Gotteserfahrung, die wir kennen. Gotteserfahrung ist die Erfahrung des Jenseits im Diesseits. Und auf diesen einfältigen und naiven Jesus stieß der raffinierte Teufel in der Wüste, eine atemberaubende »Begegnung«, Jesu innere Versuchung. Wer solche »Begegnungen« in sich selbst erfährt, kann Jesus begreifen. Voraussetzung jeder Gottesbegegnung ist also: Wir müssen dem Bösen begegnen, in uns und um uns. Wenn wir das Böse leugnen und es verdrängen, können wir nie Gott erleben.

Die Bergpredigt ist die unendliche Geschichte einer unendlichen Liebe: das Hohelied der Liebe des Schöpfers zu uns Menschen. Spätestens heute, wo die Welt am atomaren Abgrund steht, wo die einen sich zu Tode rüsten, während sich die anderen zu Tode hungern, wo weltweit jedes Jahr etwa 40 Millionen Kinder bereits im Mutterleib getötet werden – soviel schätzten einige Sprecher der Weltbevölkerungskonferenz der Vereinten Nationen im August 1984 –, spätestens heute also kommt alles darauf an, wie wir die durch Jesus offenbar gewordene Liebes-Erklärung Gottes beantworten. Jesus sprengt alle Bewußtseinsgrenzen mit einem völlig neuen Gefühl von Liebe.

Wer in seinem privaten Haus keinen Frieden schafft, schafft ihn auch nicht außerhalb. Dieses Lebensgesetz gilt besonders, aber nicht nur, für Politiker. Es gilt für jeden Menschen. Ich werde diese These später belegen. Die Ursachen des Unfriedens *um* uns liegen immer *in* uns. Die Brutalisierung des Privaten ist die

Voraussetzung für die unvorstellbar gewordene Brutalisierung des Politischen. Die atomaren Megatonnen zerfressen bereits unsere Seelen und unser Gewissen, so daß wir auch für private Gewalt immer weniger empfindlich werden. Und wahrscheinlich sind die atomar verseuchten Seelen wieder die Voraussetzung für noch mehr Gewalt in der Politik. Sind wir noch zu retten?

Wir können heute an einem einzigen Tag 3000mal einen Zweiten Weltkrieg fabrizieren, 3000mal an einem einzigen Tag. Wie lange kann das »gut«gehen?

Aufrüstung und Abtreibung sind die beiden Seiten derselben Medaille. Diese Medaille heißt Gewalt.

Ronald Reagan: Abtreibung nein – Aufrüstung ja!

Im Präsidentenwahlkampf 1984 spielte in den USA das Thema »Abtreibung« eine wesentliche Rolle. Dabei wurde das ebenso aktuelle Problem »Aufrüstung« beinahe verdrängt. In Washington erklärten dazu 23 katholische Bischöfe: Die Behauptung vieler, daß es sich bei den Kernwaffen nur um ein mögliches Übel, bei der Abtreibung jedoch um ein tatsächliches Übel handele, gehe an der »schrecklichen Wirklichkeit« vorbei.
Ronald Reagan hat 1984 ein interessantes Buch über Abtreibung geschrieben. Er spricht darin von der »Heiligkeit und Unantastbarkeit« der Ungeborenen. Wo aber ist dieselbe »Heiligkeit und Unantastbarkeit« der Geborenen, gegen die derselbe Ronald Reagan – wie sein sowjetischer Gegenspieler – Atomsprengköpfe und Raketen produzieren läßt?
Reagan: »Es ist eine traurige Tatsache, daß es heute Menschen gibt, die nicht alles menschliche Leben für unantastbar halten und die selbst darüber entscheiden wollen, ob ein Leben als lebenswert gelten soll oder nicht.«
Diese richtige Erkenntnis hat derselbe Präsident, dessen Verteidigungsminister Caspar Weinberger allerdings sagt: »Wenn

es einen Atomkrieg gibt, dann wollen wir nicht zu den Verlierern gehören.« Der Mangel an Glaubwürdigkeit beim Engagement für das Ungeborene ist offensichtlich. Wer den Zusammenhang zwischen privater und politischer Gewalt nicht begreift, hat noch nicht viel begriffen und wird deshalb in seinem halben Engagement nicht viel bewirken – auch wenn er der »mächtigste Mann der Welt« ist. Seine Argumente gegen Abtreibung sind richtig, aber unglaubwürdig. In den USA werden jährlich über eineinhalb Millionen Menschen im Mutterleib getötet. Seit 1973 sind in den Vereinigten Staaten mehr Ungeborene getötet worden als Amerikaner in allen Kriegen der USA zusammen.

Die Generation, die ihren Eltern und Großeltern zu Recht die Frage stellt: Wo wart ihr zwischen 1933 und 1945? Warum habt ihr geschwiegen, warum wart ihr nicht im Widerstand?, verhält sich selbst gegenüber der hunderttausendfachen Tötung von Ungeborenen wie die berühmten drei japanischen Affen: nichts sehen, nichts hören, nichts sagen! Ob wir schweigen zum Tod von politisch Verfolgten oder zum Tod von kleinen, wehrlosen Kindern: Was ist der moralische Unterschied?

Wir wollen nicht wahrhaben, was ist, und schon gar nicht, was wir tun – damals und heute. Nach 1933 wurde »lebensunwertes Leben« beseitigt, heute »störendes Leben« – die »Lösung« ist immer dieselbe: Tod statt Leben. Selbst unsere Ausreden sind – zum Teil wörtlich – dieselben.

40 Millionen Abtreibungen pro Jahr: Das sind über 100 000 jeden Tag – etwa soviel, wie die Bombe in Hiroshima sofort getötet hat. Jeden Tag Hiroshima – lautlos –, wie lange können unsere Seelen diese Katastrophe »verkraften«?

Abtreibung ist ebenso wie atomare Abschreckung das Werk unserer gequälten und vergewaltigten, unserer abgespaltenen und deshalb verängstigten Seele.

Viele Linke und Grüne in der Bundesrepublik sind hellwach beim Thema Aufrüstung, aber blind gegenüber Abtreibung. Sie sind heute gegen Aufrüstung, weil immer mehr und immer gefährlichere Waffen das Leben der ganzen Menschheit gefährden. Aber sie rechtfertigen häufig Abtreibung, obwohl durch diesen Holocaust jedes Jahr weltweit 40 Millionen kleine Kinder umgebracht werden.

Viele Konservative sind hellwach beim Thema Abtreibung, aber blind beim Thema Aufrüstung. Sie rechtfertigen noch immer weitere Rüstung, obwohl wir schon heute pro Kopf der Weltbevölkerung mehr Sprengstoff haben als Nahrungsmittel. Die Argumente gegen Rüstung auf der linken und grünen Seite des parteipolitischen Spektrums in der Bundesrepublik sind so vernünftig und human, wie die Argumente auf der konservativen Seite gegen Abtreibung vernünftig und human sind. Beiden Seiten geht es um das Leben – aber leider immer nur in Ausschnitten. Beide Seiten kämpfen für Halbwahrheiten – das macht den Kampf beider Seiten ebenso aussichtslos wie langweilig. Solange jede Seite vorwiegend nur die eine Hälfte der Gewalt betont, jedoch die andere Hälfte der Wahrheit verdrängt, verschweigt oder bekämpft und mit Zeigefingern auf die bösen anderen deutet, wird moralisiert auf Kosten der Moral. Moralisieren ist eine schlimme Zeitkrankheit. Moralisieren aber verhindert jeden Fortschritt in unserer politischen und privaten Kultur. Ein wesentliches Merkmal der Wahrheit ist ihre Ganzheitlichkeit.

Warum gelingt es bis heute keiner Seite, die Argumente für das Leben ganzheitlich zu bedenken?

Auf grünen Parteitagen, auf Gewerkschaftskongressen und sozialdemokratischen Versammlungen wird das Thema Abtreibung häufig so diskutiert, als ginge es um eine Operation des Blinddarms, den man natürlich »abtreiben« oder »wegmachen« kann. Darf man aber einen Menschen abtreiben oder wegmachen? Unsere Begriffe, mit denen wir uns selbst beruhigen müssen, verraten schon alles. Auf CDU-Parteitagen wird häufig auf eine Weise über Atomwaffen diskutiert, als ginge es um die Ausrüstung der Bereitschaftspolizei. Die Brutalität vieler Linker und Grüner beim Thema Abtreibung und die Brutalität vieler Konservativer beim Thema Atomrüstung ist oft mehr als nur Ahnungslosigkeit. Unwissenheit schützt vor Strafe nicht, wenn es um Leben und Tod geht. Ungestraft können wir nicht mehr allzu lange treiben, was wir heute tun. Wir könnten wissen, wenn wir wissen wollten. Hinter den Schutzbehauptungen bei beiden Themen steht in Wahrheit eine oft greisenhaft verkalkte Abstumpfung und Gefühlslosigkeit – manchmal schon bei ganz jungen Leuten. Und schuld daran ist in erster Linie die sogenannte Aufklärung durch Lehrer und Eltern, die in Wahrheit nur ihre eigenen Verdrängungsmechanismen und Ängste vor der Wahrheit an Kinder weitergeben.

Die Tötung eines unschuldigen Kindes wird oft mit demselben leichtsinnigen Achselzucken hingenommen wie die mögliche atomare Ermordung der gesamten Menschheit. Auch dafür haben wir ja Ausreden: die bösen anderen. Friedenstiftend im Sinne Jesu kann nur sein, wer die Ursachen der Friedlosigkeit immer zunächst bei sich und dann erst bei »den anderen« sucht. Das gilt privat wie politisch.

Wie soll es je Frieden geben auf der Welt, wenn Eltern millionenfach ihre Kinder umbringen? Kann man die Welt dadurch vor dem atomaren Holocaust bewahren, daß man ihn immer perfekter vorbereitet?

Bei Jesus ist *jede* Gewalt Sünde, die private und die politische. Mehr noch: Unser Kampf gegen äußere Gewalt kann nur erfolgreich sein, wenn wir uns der Verästelung von innerer und äußerer Gewalt bewußt werden. Viele Bischofskonferenzen und christliche Politiker könnten sich ihre schönen Worte über Abtreibung ersparen. Sie sind wirkungslos, weil unglaubwürdig, solange dieselben Christen nicht genauso intensiv gegen Rüstungs-Gewalt kämpfen.

Der Hindu Gandhi wurde einmal von christlichen Missionaren gefragt, was sie tun müßten, damit die Inder Jesus besser verstehen. Gandhi: »Denken Sie an das Geheimnis der Rose: Sie tut gar nichts, aber sie duftet. Und deshalb lieben sie alle. Duften Sie also, meine Herren!« Nur wer grundsätzlich *jede* Gewalt ablehnt, die private *und* die politische, kann im Sinne Gandhis »nach Jesus duften«. Viele Friedensbewegte können sich ihre Argumente gegen politische Gewalt ersparen. Sie bleiben wirkungslos, wenn zugleich private Gewalt gegen Ungeborene gerechtfertigt wird. Schade um Kraft und Energie, die beide Seiten verschwenden, solange beide Seiten auf einem Auge blind sind. Natürlich ist es besser, auf einem Auge etwas zu sehen als auf gar keinem. Aber zum richtigen Sehen gehören halt zwei

Augen und – notfalls – zwei geputzte Brillengläser. Wer ständig sein linkes oder sein rechtes Auge zukneift, ist selbst schuld, wenn er nicht richtig sieht. Wir kommen also in der Friedensfrage und in der Abtreibungsfrage nur weiter, wenn wir voneinander lernen – wenn wir lernen, auch mit dem Herzen zu sehen und zu hören.

Wir in der CDU müssen lernen, daß Gewalt in der Politik nicht weniger Sünde ist als Gewalt im Privatleben. Und wir in der Friedensbewegung müssen lernen, daß Gewalt im Privatleben sehr viel zu tun hat mit Gewalt in der Politik. Das konservative Feindbild heißt häufig: die Kommunisten – sie gelten nicht als Menschen. Das linke Feindbild heißt oft: die Ungeborenen – sie gelten ebensowenig als Menschen. Das wird natürlich heftig bestritten von beiden Seiten. Und das Bestreiten der Feindbilder ist so vielsagend. Wieso eigentlich würden wir Atombomben bauen, wenn wir keine unbewußten Feindbilder hätten, und wieso würden wir kleine Kinder töten, wenn wir nicht voll von Aggressionen wären? Was unbewußt ist, wissen wir natürlich nicht und müssen wir bestreiten. Erst wenn uns unsere Feindbilder bewußt werden, gehen uns die Augen über. Ich habe früher anders gedacht und den Zusammenhang von privater und politischer Gewalt nicht gesehen. Schlimmer als unsere Feinde sind unsere Feindbilder. Ursache aller Feindbilder ist immer die verdrängte und nicht eingestandene Angst. Erst wenn wir diese Angst erkennen, indem wir offen werden für ihre Ursachen, können wir innerlich abrüsten. Und erst wenn wir auf unsere »inneren Atombomben« und auf unsere »inneren Panzer« verzichten, sind wir angstfrei genug, um auch auf die äußeren Atombomben und irgendwann auch auf die äußeren Panzer verzichten zu können. Innere Abrüstung ist die Voraussetzung für äußere Abrüstung. Alles andere ist Selbstbetrug.

Voraussetzung für Frieden ist Liebe, privat und politisch. Ist Liebe möglich? Jesu Bergpredigt ist die Magna Charta der Liebe. Für mich ist die Bergpredigt erst seit 1982 der Weg zum Leben geworden. Und erst die Diskussion über »Frieden ist möglich« hat mir die Zusammenhänge zwischen privater und politischer Gewalt deutlich gemacht. Ich möchte allen danken, die sich an dieser Diskussion beteiligt haben. Nur über kontroverse Diskussionen kommen wir weiter. Keiner hat die Wahrheit gepachtet. Schweigen ist die größte Schuld. Der Prozeß meines Umdenkens begann mit einer Schwangerschaft. 1982 waren wir schwanger. Meine Frau und ich haben uns damals gefragt: In welche Zeit hinein gebären wir eigentlich unser Kind? Wenn dieses Kind 70 Jahre vor sich hat und in diesen 70 Jahren so weitergerüstet wird wie in den letzten 40 Jahren: Haben dann die heute Geborenen überhaupt noch eine Chance, in der Mitte des 21. Jahrhunderts eines natürlichen Todes zu sterben? Was bedeutet es für die seelische Entwicklung von Kindern, daß sie auf einem atomaren Pulverfaß geboren werden, das jeden Tag in die Luft fliegen kann? Kann man im Atomzeitalter überhaupt noch ein Kind verantworten?

Die Schlagzeilen über Unfälle mit Atombomben und Raketen mehren sich. Der Schrei unseres Kindes nach einer Lebenschance schon im Mutterleib hat mich aufgeweckt – nach einer Krise in der Mitte meines Lebens. Irren und sündigen ist menschlich, aber es ist menschenfeindlich gegen sich selbst und andere, im Irrtum zu verharren, wenn man den Irrtum als Irrtum und die Sünde als Sünde erkannt hat. Perfektionisten müssen wir – nach Jesus – nicht sein, aber Suchende. »Wer sucht, der findet.« Das heißt allerdings auch: Wer nicht sucht, der kann gar nicht finden. Er glaubt, alles zu wissen. Mensch-Sein heißt Mensch-Werden, heißt Suchen bis zum letzten Atemzug. Welche Lebenschance haben also die heute Geborenen? Wir suchten nach Wegweisern und Rettungsankern für unsere und unserer Kinder Zukunft und fanden die Bergpredigt Jesu.

Ich las und meditierte die Bergpredigt mit neuen Augen – nicht nur mit den Augen des Kopfes, sondern auch mit den Augen des Herzens. Mir war, als hätte ich – endlich – meine Brille neu geputzt. Wir sind in großer Gefahr. Die Welt steht am atomaren und ökologischen Abgrund. Wir haben Grund zur Angst wie nie eine Generation vor uns. Aber: es gibt keinen Grund zur Resignation. Jesus zeigt einen Weg zum Leben. »Jedes Kind bringt die Botschaft, daß Gott die Lust am Menschen noch nicht verloren hat.« (Tagore) Nach dem Stationierungsbeschluß im Bundestag durchlitt ich, wie viele in der Friedensbewegung, eine Phase der Resignation. Die Bergpredigt hat mir erneut einen Weg gezeigt. Die Raketen werden jetzt nicht deshalb stationiert, weil die Bundesregierung so stark war, sondern deshalb, weil die Friedensbewegung noch nicht stark genug war. Es gibt Texte, die liest und hört man hundertmal, aber erst beim hunderteinstenmal schlagen sie Wurzeln, ergreifen sie einen, beginnt der Samen in uns zu wachsen.

Was wir Heutigen durch politische und private Gewalt und Ausbeutung uns und unserer Erde antun, kann sie nicht mehr allzu lange aushalten. In der Bibel steht zwar: »Macht euch die Erde untertan.« Das aber ist kein Freibrief für Ausbeutung. Übersehen wird oft, daß Gott im Alten Testament auch sagt: Hegt und pflegt die Erde. Das Programm für die spätestens im Atomzeitalter notwendig gewordene Umkehr wurde vor 2000 Jahren von Jesus gelehrt und – was entscheidend ist – vorgelebt. Deshalb ist er Weg, Wahrheit und Leben – Weg zum Leben über die Wahrheit. Jesus war der glücklichste Mensch in der Geschichte, meint Dorothee Sölle. Sein Programm: Liebe. Gott ist die Liebe. Wenn Jesus der Botschafter Gottes ist, dann ist er *der* Botschafter der Liebe.

Liebe ist bei Jesus ein anderes Wort für Gerechtigkeit. Wenn wir die Worte Liebe und Gerechtigkeit im Neuen Testament streichen und es dann neu lesen würden: Dem Buch der Bücher würde sein Grundgehalt fehlen. Die Frohe Botschaft hätte keine Seele mehr. Jesu Taufe am Jordan war sein Ur-Erlebnis. Da vernahm er den Freudenausbruch der Liebe seines Vaters: »Du bist mein geliebter Sohn.« Das war Jesu Wiedergeburt. Jesus kam nicht als Christus auf die Welt – er wurde es durch sein Leben. Von jetzt an wußte er sich total geliebt. Ein solches Gotteserlebnis und Liebeserlebnis kann man nicht mit dem

Kopf erdenken, sondern nur mit dem Herzen erleben. Um sich Klarheit zu verschaffen, ging Jesus nach dem Jordan-Erlebnis vierzig Tage in die Wüste. Hier muß ihm – bei Fasten und Gebet und Tränen – endgültig deutlich geworden sein, was er erlebt hat, welchen Auftrag er hat, welchen Weg er gehen muß. Jesus hat sich in der Wüste seinem »Schatten« gestellt, das heißt seiner eigenen Sündhaftigkeit. Er hat gerungen mit dem Bösen, der in ihm selbst war. Die Stille in der Wüste ging der revolutionärsten Verkündigung, welche die Welt je erfahren hat, voraus. Nur in der Stille werden wir befreit von der Autosuggestion unseres Intellekts.

Die Tränen der Stille

Gott ist überall, aber wir hören ihn nur in der Stille. Nur in der Stille werden wir frei für das Tiefenerlebnis mit Gott – ebenso wie in der Trauer. Aber zur Trauer sind wir ja in dieser oberflächlichen Zeit noch weniger fähig als zur Stille. In der Stille werden wir frei vom Ich und fähig zum Selbst, fähig zur Selbsterkenntnis. In der Stille spüren wir, wer wir sind, und ahnen, wer wir sein könnten – wir fühlen etwas von unserer Bestimmung. In der Stille werden wir sehend und hörend, weil wir keine Begriffsbrille und keine Lautverstärker mehr brauchen. Nur in der Stille verlieren der Intellekt und die Eitelkeit, unsere Ausreden und unsere Selbstbeweihräucherung ihre Herrschaft über uns. Die Stille ist die Erde, in der die Liebe wächst. Alles Leben kommt vom Lieben. Nur in der Stille kommen die Tränen der Ehrlichkeit, der Reue und der Trauer. Ohne Tränen über uns selbst werden wir nie gereinigt. Das ist eine existentielle Erfahrung. Erst wenn wir uns die Augen wischen, können wir die alltägliche Augenwischerei erkennen. Unser schreckliches Moralisieren, das heißt, unsere Unkenntnis über uns selbst und unser Verurteilen des anderen, hat hier seine tiefste Wurzel: Daß wir viel zu selten über uns weinen können. Wer nicht über sich weinen kann, kann auch nicht über sich lachen. Er macht sich allenfalls über sich lustig – und das mit gutem Grund. Nicht zufällig feiert der Zynismus in unserer Zeit

Triumphe. Nur die Fähigkeit zu Trauer und Tränen befreit uns zur Selbsterkenntnis. Das ist im Lärm dieser Zeit keine Selbstverständlichkeit. Aber für den Lärm in uns sind wir selbst verantwortlich. Erst wenn die Tränen fließen, erkennen wir uns ganz. Ich habe solche Stunden als Stunden der Gnade erfahren. Solche Stunden sind die wichtigste Arbeit an uns selbst. Erst durch diese Arbeit wird uns klar, wie tief die Kluft ist zwischen dem, was wir von anderen erwarten, und dem, was wir selbst zu tun bereit sind, zwischen unserem Sagen und unserem Tun, zwischen Theorie und Praxis. In der Theorie sind wir Weltmeister, in der Praxis Anfänger. Dies immer wieder zu erkennen ist der Anfang der inneren Umkehr.

Die Stille legt die positiven Kräfte in uns frei und befreit uns von unseren negativen Reizen. Nur in der Stille finden wir Gott – in uns. Wo die innere Stille erwacht, hören wir Gott. Der Durchbruch zur Ahnung der Transzendenz heißt: Gott im Grunde unseres Herzens verstehen lernen. *In* uns ist der Geburtsort Gottes. Dieses Menschenbild und dieses Gottesbild verdanken wir Jesus. Größeres hat nie ein Mensch über Menschen gesagt: Wir sind Gottes Mutterboden. Er braucht auch uns. Schade, daß wir dort, wo Gott zu Hause ist, kaum zu Hause sind. Viele Menschen geraten ständig außer sich: sie gehen kaum noch *in* sich und kommen deshalb nicht zu sich. Wir laufen uns ständig davon.

Es fehlt uns oft eine stille Stunde. Nicht, weil wir sie nicht hätten. Wir alle haben gleich viel Zeit am Tag: 24 Stunden. Aber wir stehlen uns oft selbst die wertvolle Zeit mit wertloser Beschäftigung. Wenn es einmal ruhig ist, dann stellen wir Radio oder Fernseher an. Wir fliehen nicht in die Stille – wir fliehen ständig vor der Stille – sogar in unseren Gottesdiensten herrscht überwiegend Betriebsamkeit; deshalb passiert so wenig. Konkret: wenn ich nicht jeden Tag eine stille Stunde ganz allein für mich, eine stille Stunde zusammen mit meiner Frau und zwei intensive Stunden mit unseren Kindern habe, fühle ich mich innerlich gestört. Mit Störungen kann ich weder intensiv leben noch produktiv arbeiten – auch nicht in meinem Beruf. Der lärmende Fernsehbetrieb kann innerlich ebenso störend sein wie der hektische politische Betrieb, wenn man sich nicht zurückzuziehen vermag. Diese Einsamkeit der Stille ist nicht Isolation, sondern Voraussetzung für Leben und Liebe. Johannes Müller: »Man muß sich für diese Stunde dem Nichtstun widmen ... und sein Innerstes zur Ruhe kommen lassen. Das geschieht in dem allgemeinen Lebensstrom, wenn wir uns einfühlen als Zelle des Ganzen, uns empfinden als einen Halm oder eine Blüte der Erde, als einen Strahl im Lichtmeer Gottes und darin wunschlos und von allem unabhängig werden. Dann spürt man den Atem der Schöpfung und atmet mit. Dann geht man im All auf und ruht darin aus. Es herrscht in uns das große Schweigen und um uns die tiefe Stille, in der unsere Seele aufatmet.«

In der Natur und in der Stille und im Leben mit Kindern finden wir den wahren und wirksamen Humus für unsere Seelen. Nichts ist so gesellschaftsverändernd wie die stille Arbeit an sich selbst. Nur in der Stille können wir wirklich getroffen werden vom Blitzstrahl eines neuen Bewußtseins. Das Wesentliche ist unsichtbar, aber erfahrbar: In der Stille berühren wir das göttliche Selbst, das in uns liegt. Nach seiner vierzigtägigen Stille in der Wüste hatte Jesu neues Bewußtsein von Mensch und Gott größte politische Bedeutung für die Geschichte. Die Vorstellung von einem unpolitischen Jesus ist – gemessen an seiner weltpolitischen Bedeutung – rührend selbstbetrügerisch. Die leisen Merker verändern die Welt nachhaltiger als die lauten Macher. Reinhold Schneider war davon überzeugt, daß im Atomzeitalter nur die Beter die Welt noch zu retten vermögen. Die Frage ist allerdings, *wie* man betet. Auch darauf gibt der Meister aus Nazaret in der Bergpredigt eine klare Antwort. Wirkliches Beten heißt Sich-öffnen zur Selbsterkenntnis. Doch beten wir nicht allzu oft mit den Lippen statt mit dem Herzen und betrügen uns selbst? Im Gebet können wir Gott hören, wenn unser Gebet hörende Bereitschaft ist. Wir Christen haben jedoch verlernt, im Gebet zu hören – wie wir westlichen Menschen überhaupt verlernt haben hinzuhören – wir sehen allenfalls noch hin, und wir plappern lieber. Jeder schwätzt auf den anderen ein. Davon bleibt selbst Gott nicht verschont. Gott kann uns nicht er-hören, wir müssen auf ihn hören. Er spricht in jedem Augenblick zu uns. Erst wenn wir unsere inneren Panzersperren gesprengt haben, wird die Quelle zum Urgrund frei, in dem wir Gottes Ruf an uns vernehmen können. Täuschen wir uns nicht: Es gibt keinen anderen Weg zur Freiheit. Alle lauten und betriebsamen Wege sind Sackgassen unseres Egoismus und Materialismus und unserer Neurosen. Atombombenpolitik und Abtreibung sind nur die politischen und privaten Extreme unserer heutigen Verwirrung. Wir lindern Schmerzen mit Tabletten, Trauer mit Drogen und verdrängen den Tod. Nur in der Stille können wir erkennen, daß der Schmerz immer eine Warnung ist und der Leidensdruck immer eine Chance zur Umkehr, so wie der Tod die Pforte zu einem neuen Leben. Der Sinn, den wir dem Leben geben, hängt eng zusammen mit dem Sinn, den wir im Tod sehen. Die Entwicklung unserer Persönlichkeit schaffen wir durch Zwänge und Notwendigkeiten, die wir nur in der Stille und unter Leidensdruck erkennen. Moralische Ratschläge nützen nicht viel. »Die Natur«, sagt C. G. Jung, »hat sich durch wohlmeinende Ratschläge noch nie imponieren lassen. Nur kausal wirkender Zusammenhang bewegt die Natur, auch die menschliche. Ohne Not verändert sich nichts, am wenigsten die menschliche Persönlichkeit.« Nur Leidensdruck *und* Vertrauen helfen, wenn unser Karren im Dreck steckengeblieben ist. In jeder Krise liegt eine große Entwicklungschance. Wer in seinem Leben viel Grund hatte zur Umkehr, ist dankbar für Rettungsanker. Die in der Weltliteratur unübertroffenen Jesusbilder vom barmherzigen Samariter oder vom wartenden Vater, der seinem verlorenen Sohn verzeiht, oder vom Samen, der aufgeht oder auch nicht, sind solche Rettungsanker. Jesus ist ein großer Menschenkenner und ein wunderbarer Seelenheiler. Er lehrt: Wer über sich geweint hat, sieht wieder vieles klarer, freundlicher und toleranter.

Erst wenn wir in Tränen frei werden von unseren Schuldgefühlen, können wir uns in die vergebende Liebe Gottes versenken. Dann verweilt unsere Gedankenenergie nicht mehr im Negativen der Vergangenheit, sondern wird stark und frei für das Positive der Gegenwart. Dann wächst gottvertrauende Risikobereitschaft in uns. Dann werden die alten Sicherheiten zweitrangig, weil wir anfangen, die Zusicherung Jesu zu verstehen:

»Ich mache alles neu«. Jetzt kann geistige Verwandlung mit uns geschehen. Jetzt spüren wir: Gott ist die Kraft des Guten, der Liebe und des Friedens. Jetzt spüren wir, daß Gott zwar unsichtbar, aber immer anwesend ist. Er ist so da, wie die Luft da ist und wie ich da bin. Es gibt Menschen, denen man dieses Wunder des inneren Lichts im Strahlen ihrer Augen ansieht. Sie verbreiten eine wunderbare Atmosphäre. Sie sind ein Instrument der Liebe Gottes.

Jeder von uns kennt solche Menschen. Sterbende kann man genauso erleben. Spätestens im Sterben geht vielen ein Licht auf. Jetzt spielt die Sperre unseres Intellekts wirklich keine Rolle mehr. Jetzt zählt nur noch das eine: die Liebe. Die Sterbeforscherin Elisabeth Kübler-Ross und der amerikanische Arzt Moody beschreiben in ihren Büchern, wie wichtig es für unser Leben ist, von Sterbenden zu lernen. Nicht nur sie brauchen uns, noch mehr brauchen wir sie. Sterbende sind unsere besten Lehrmeister. Entscheidend ist, ob wir hören können. Nicht, was wir ihnen sagen, was sie uns sagen, ist wichtig.

Glauben allein hilft nicht viel, wie man bei so vielen Gläubigen jeden Tag sehen kann. Glaube ist oft eine Ideologie, die blind macht, nicht sehend und nicht hörend. Glaube, der nicht verwandelt, ist nur intellektuell. Erst durch Vertrauen und Hoffnung wirkt Glauben existenziell und verändernd. Geglaubter Glaube bewirkt gar nichts, erst gelebter Glaube durchdringt Beruf und Alltag, Ehe und Politik und macht unser Leben zum Gottesdienst.

Gebet, das nichts verändert, ist vergebliches Blabla. Gebet, das uns verändert, verändert auch unsere Umwelt. Geglaubter Glaube schafft Illusionen und macht passiv, gelebter Glaube befreit von Illusionen und macht aktiv. Jesus war in der Wüste drei »Versuchungen des Teufels« ausgesetzt. Er verdrängte die Versuchungen nicht. Er stellte sich ihnen und lebte sie aus. Jesus war Versuchungen ausgesetzt wie jeder Mensch. Der Versucher drängte Jesus, aus Steinen Brot zu machen. Jesus: »Es muß nicht Brot sein, wovon der Mensch lebt; er kann von jedem Wort leben, das Gott spricht.« Hier kann man schon die neue Richtung ahnen: Jede Umkehr beginnt im Persönlichen und kann nur von innen nach außen Erfolg haben. Das heißt:

Der Mensch prägt in erster Linie die Verhältnisse, und nicht – wie es später Karl Marx lehrte – die Verhältnisse den Menschen.

Danach bat der Teufel Jesus, vom Tempel zu springen. »Gott wird seinen Engeln befehlen, dich auf Händen zu tragen, damit du dich an keinem Stein stößt.« Sollte Jesus durch eine Zauberdemonstration die Masse zu gewinnen versuchen? Er wies die Vorstellung, Gott mit einem Zaubermeister gleichzusetzen, der nach Belieben in die Naturgesetze eingreifen kann, entschieden ab. Jesu Glaube ist kein Aberglaube. Und schließlich die verführerischste Herausforderung des Teufels: »Knie nieder, bete mich an, und ich mache dich zum Herrscher über die Welt.« Jesus barsch: Hau ab, Satan. Man soll nur Gott allein anbeten. Damit hatte sich Jesus entschieden. Das Reich des Teufels in sich hat er überwinden können, weil er sich ihm ausgesetzt hat. Und erst nach dieser psychischen Wandlung konnte er das Reich Gottes mit ungeheurer Kraft und Angstlosigkeit verkünden. Nur deshalb wirkt Jesus heute noch. Jesus hat in sich die Herrschaft der Macht durch die Herrschaft der Liebe gebrochen. Das war der Anfang der Weltrevolution. Der Weg zum Gottesreich führt nicht über die alten Gleise der Gewalt und des Mammons, sondern über das menschliche Herz und über die Liebe. Der deutlichste Ausdruck dieses neuen Programms im Neuen Testament ist die Bergpredigt bei Matthäus. Darin verkündet Jesus keinen märchenhaften »lieben Gott«, sondern den wirklichen, liebenden Gott.

Gott oder die Bombe?

Die Stille der Wüste und die seelischen Versuchungen, die Jesus bestanden hat, haben den Gott-Sucher aus Nazaret ans Ziel geführt. Jetzt verkündet er unerhört Neues. Was er zu verkünden hat, hat er sich nicht ausgedacht, er hat es in der Wüste und wahrscheinlich zum Teil schon vorher erlebt. Jetzt erst kann für die Menschheit die Sonne aufgehen. Jesu Gottesbild ist wirklich wie ein Sonnenaufgang. Die Sonne ist selbstverständlich schon vor Sonnenaufgang da. Aber trotzdem sagen wir, »Sie geht auf«, wenn sie für uns sichtbar wird. Auch Gott ist schon immer da, aber trotzdem muß er uns manchmal »aufgehen«. Jetzt hatte Jesus einen Glauben, der Berge versetzt. Hätten wir nur einen Funken von diesem Glauben, der Berge versetzt: Die Atomwaffen wären längst verschwunden. Das Verschwinden aller Atombomben wäre ein sehr bescheidenes Wunder gegenüber dem großen Wunder des Wachsens eines einzigen Grashalms oder der Entstehung eines einzigartigen Menschen im Mutterleib. Wenn Sie nicht an Wunder glauben, dann glauben Sie doch bitte an Tatsachen. Sind Grashalm oder Mensch keine Tatsachen? Die Tatsache menschliches Gehirn hat der Wissenschaftler Werner Gitt so beschrieben: »15 Milliarden Teile, verbunden mit 500 000 km Kabel, 30 Trillionen Arbeits- und Speichermöglichkeiten, Wasserkühlung, Gesamtgewicht 1,5 kg.« Ist dieser Mensch ein Wunder oder eine Tatsache? Er ist beides. Und diese wunderbare Tatsache soll es mit Hilfe des Glaubens an seinen Schöpfer nicht schaffen, die lächerlichen Atombomben wieder verschwinden zu lassen? Wir können es allerdings nur, wenn wir es wirklich wollen. Man muß es wollen und tun.

Wenn uns das Konstruieren von Atombomben leichter fällt als das Abschaffen, dann ist das nur ein Beweis dafür, wie schwer wir es uns machen. Aber es ist kein Beweis dafür, daß es schwer ist. Diese schlichte Erkenntnis macht viele sehr nervös. Denn das Abbauen von Atombomben setzt Reue und Trauer über deren Aufbau voraus und das Eingeständnis, daß der Aufbau für so viel Geld doch nicht richtig war. Wir wollen uns nicht eingestehen, wie einfach die Abschaffung wäre. Deshalb müssen wir durch den Aufbau von Feindbildern den Abbau von Atomwaffen so kompliziert machen. Ein Freund sagte zu mir: »Wenn wir einseitig mit atomarer Abrüstung anfangen, dann werfen die Russen hier Atombomben, die alles verseuchen. Nach 50 Jahren schließlich könnten sie Westeuropa vielleicht bewohnen. Deshalb dürfen wir nicht anfangen.« Der Freund hat 12 Semester studiert – er tut sich auch privat schwer, einen Fehler einzugestehen. Unsere Abwehrmechanismen, unsere inneren Atombomben funktionieren heute genauso wie vor 2000 Jahren. Wir haben nichts Wesentliches dazugelernt. Aber heute haben wir keine andere Wahl, als Jesus endlich zu begreifen. Deshalb sind wir erst im Atomzeitalter reif für die Bergpredigt. Die Psychotherapeutin und Theologin Hanna Wolff hat in ihrem Buch »Jesus, der Mann« aufgezeigt, warum Jesus der Heiler des Atomzeitalters ist: »An nichts geht er kalt oder unbeteiligt vorüber, vor allem nicht am Niedergetretenen und Verachteten, das sich gar nicht mehr aufzurichten wagt. Sein Gefühl ist immer engagiert, er ist der Mann der Gefühlsbereitschaft und Gefühlsbeteiligung. Und nie bleibt es bei verebbenden Sentimentalitäten. Immer wird sein Sicheinfühlen, sein Mitfühlen, sein mitfühlendes Mitleiden zur Gefühlsaktion ... Sein Mitfühlen ist Willenshandlung, sein Sicheinfühlen wird spontan zur Tat und Aktion.« Ein befreiendes Jesus-Bild.

Die süßlichen Jesus-Bilder gehören der Vergangenheit an, obwohl sie noch immer so viel Unheil anrichten. Eine ganz neue Sicht auf die Aktualität des Bergpredigers wird hier frei: ein Mann, der – psychologisch gesagt – alle männlichen und alle weiblichen Eigenschaften entwickelt und integriert hat – *der* wahre ganzheitliche Mensch, weil er Gott in sich erkannte. Deshalb ist Jesus wahrer Mensch und wahrer Gott. Seine Bergpredigt hat lange auf uns gewartet. Jetzt allerdings können wir nicht mehr an ihr vorübergehen. Die Vorwarnzeiten im atomaren Spiel gehen auf Null zu. Die Irrationalität der Atombombenpolitik kann nur mit einer rationalen Politik im Geist der Bergpredigt überwunden werden, mit Politikern, die endlich fühlen, welche Folgen ihre Politik haben könnte. Mit der Bergpredigt kann »man« nicht regieren, aber einige Mutige in der Politik könnten mit ihr die Welt und unser aller Leben retten. Was in der Atombombenpolitik als der große Verstand ausgegeben wird, ist lediglich die kleine Sentimentalität, die nicht den Mut hat, die Ebene zu verlassen, auf welcher nach der alten Devise »Aug' um Auge, Zahn um Zahn« verfahren wird. »Seit Kant, Schopenhauer oder Friedrich Nietzsche sollte in einschlägigen Kreisen wirklich bekannt sein, daß unser Kopf immer nur der Agent unserer Gefühle oder Instinkte ist« (Siegfried Umlandt). Es kann jetzt nur noch gutgehen, wenn auch einige Politiker anfangen, aus dem Ghetto des »Aug' um Auge«, Rakete gegen Rakete, auszubrechen.

Jesus Gotteserlebnis am Jordan und in der Wüste muß für ihn so ähnlich gewesen sein wie für ein Neugeborenes die Empfindung nach der Geburt, wenn seine Mutter und sein Vater es zum erstenmal in den Arm nehmen und ihm damit – wortlos – sagen »Du bist mein Kind. Ich hab' dich so gern!« Väter, laßt Euch die Geburt Eurer Kinder nicht nehmen, dieses Erlebnis läßt sich nie mehr nachholen! Auch ein Vater ist »schwanger« – auch ein Vater ist »gebärend«. Dieses Erlebnis kann man mit dem Kopf nicht begreifen – aber es ist ein Ur-Erlebnis! Die intime Sprache des Herzens muß Jesus so intensiv verstanden haben wie ein Neugeborenes mit seinem Herzen unsere Umarmungen und Liebkosungen versteht. Ein Neugeborenes auf dem Bauch seiner Mutter oder im Arm seines Vaters versteht die lebenstiftende Liebeserklärung der elterlichen Nähe. Es beantwortet die Liebe seiner Eltern mit fraglosem, grenzenlosem Vertrauen. Genauso muß es zwischen Jesus und seinem Vater gewesen sein: Urvertrauen, reine Liebe. Gott war als Vater und Mutter erkannt. Das war der Wendepunkt der Menschheitsgeschichte. Menschen waren Kinder Gottes geworden. Jesus hatte die »Grundgesinnung Gottes gegenüber der Menschheit im eigenen Herzen erfahren« (Karl Herbst).

Mit dem Kopf allein ist Liebe nicht zu verstehen. Dafür gibt es kaum Worte. Geliebte »wissen«, daß es gar keiner Worte bedarf. Jesus hat alle komplizierte Theologie vereinfacht auf die Erfahrung des Geliebtwerdens vom mütterlich-barmherzigen Vater, von Gott. (In der Sprache Jesu, im Aramäischen, ist das Wort mütterlich identisch mit barmherzig.) Für den Schweizer Pfarrer und Schriftsteller Kurt Marti ist Gott nicht Herr-Gott. Er ist weder ein patriarchalischer Gott noch ein feministischer. »Er ist Spieler, Mitspieler, Gegenspieler, d. h. voller Überraschungen, nicht faßbar, dabei zutiefst verläßlich.« Er ist »ein Nomadengott, Heilige Geistin, die weht, wo sie will.« Gott ist die Liebe. Das ist der Kern der Offenbarung. Nur von da her ist Jesus zu verstehen. Nur von da her hat Jesus absolute Sicherheit über Gott als Vater, die nach 2000 Jahren noch Millionen auf der ganzen Welt fasziniert. In der Taufe am Jordan senkte sich in den jungen Mann Jesus der Geist, der Atem Gottes. Verliebte durchdringen sich beim Kuß mit ihrem Atem und ihrem Geruch. Genau das geschah bei der Taufe Jesu. Er spürte den Atem und den Geist Gottes in sich. In Jesus verliebte sich Gott mit uns Menschen. Und Jesus war verliebt in Gott. Verliebte spielen verrückt. Nach unseren Maßstäben war Jesus tatsächlich ver-rückt. Er gab vor, alles über Gott zu wissen. Das ging den Herrschenden zu weit. Dafür mußte er ans Kreuz. Da war viel Neid im Spiel. Das Leid von anderen ertragen auch wir oft viel leichter als das Glück von anderen. Mitleid ist leicht – das betrifft immer die Schwächeren; Neid ist fast unerträglich, beneiden werden wir immer die Glücklicheren. Seit der Geschichte mit Jesus könnten wir wissen, daß wir Geliebte Gottes sind und daß Gott die reine Liebe ist. Seither ist Liebe möglich. Hätten wir dieses intimste Geheimnis begriffen: Die Welt sähe beim Übergang vom zweiten zum dritten Jahrtausend nach Christus anders aus.

Ist Liebe im Atomzeitalter noch möglich? Die Bergpredigt ist das Evangelium des Evangeliums, eine literarische Sammlung der zentralen Jesus-Worte. Die Nöte unseres Daseins treiben heute viele Menschen zu Jesus: Christen und Konservative, Hindus und Mohammedaner. Auch erbitterte Atheisten kommen nicht von ihm los: Nietzsche hat ein Leben lang mit Jesus gerungen. In der Bergpredigt finden wir die Fülle aller geistigen, seelischen und religiösen Naturgesetze, die Voraussetzung für ein schöpferisches und erfülltes Leben. Wir verdanken Jesus nicht mehr und nicht weniger: ein absolut neues Gottesbild und ein völlig neues Menschenbild.

Seit der Zeit Jesu haben sich die Menschen kaum verändert. Manche sehen in dieser Tatsache einen Hinweis auf Jesus als Träumer, der mit seinem Programm längst gescheitert sei. Ich sehe darin eher einen Hinweis auf unsere bisherige Blindheit. Für Jesus ist man nie reif, für ihn kann man immer nur reif werden. Er war sicher ein Idealist, aber der realistischste Idealist der Geschichte. Er hat nichts Unmenschliches vorgeschlagen, aber einen menschlicheren, weil göttlicheren Weg aufgezeigt. Die Bergpredigt liegt niemals hinter uns, sie liegt immer vor uns.

Gott hat Zeit. Er zwingt die Menschen zu nichts. Er hat uns so »konstruiert«, daß wir die Möglichkeiten der Erlösung und Befreiung in uns tragen, aber auch die Möglichkeiten des Bösen und der Zerstörung. Jetzt hängt alles von uns ab. Gott kann Kriege weder verhindern noch provozieren. Denn er meint es absolut ernst mit *unserer* Freiheit. Frieden ist ebenso der Menschen Werk wie Krieg. Beides ist in uns vom Schöpfer angelegt, beides ist möglich. Wir müssen uns entscheiden. Freie und verantwortungsbewußte Menschen dürfen ihre Verbrechen niemals auf Gott abschieben. Die alte, typisch deutsche Frage: Warum hat Gott Auschwitz zugelassen? ist albern und eine Gotteslästerung dazu. *Wir* haben Auschwitz gebaut und bewacht und in Auschwitz getötet. Wie wollen wir je das atomare Auschwitz verhindern, wenn wir auf Gott abladen, was er uns aufgetragen hat: Frieden stiften? Vor unseren Kindern können wir uns nach dem atomaren Auschwitz nicht mehr verantworten – das müssen wir vorher tun. Danach müssen wir uns vor Gott verantworten. Wäre Gott ein Zauberer, der beliebig eingreifen würde, dann wären wir nicht frei. *Wir* sündigen, doch nicht Gott; *wir* bauen Atomwaffen, doch nicht Gott; *wir* töten unsere Kinder, doch nicht Gott. Christen müßten das Menschsein radikaler ernstnehmen als andere. Eine Umfrage, die mich in den letzten Jahren am meisten erschüttert hat: Vor allem regelmäßige Kirchgänger halten atomare Rüstung für nötig. Sonntags führen viele Gott auf ihren Lippen, aber werktags vertrauen sie in ihrem Herzen doch lieber auf die Bombe. Ein regelmäßiger Kirchgänger sagte mir: »Erst seit nachgerüstet wird, kann ich wieder ruhig schlafen.« Gotteslästerung mit bestem Gewissen. Hier wirkt Religion als Opium. Die befreiende Kraft der christlichen Religion wird in einem Friedensbuch des Limburger Bischofs Franz Kamphaus deutlich: »Was hat für uns mehr Realität: der Glaube an Gott – oder die Rüstung? Wem trauen wir mehr zu: dem Sohn Gottes oder den Weltmächten? Von wem erwarten wir das Heil: vom Geist, der lebendig macht, oder von den Waffen, die den Tod bringen?« Hier faßt ein Bischof in jesuanischer Klarheit unsere Situation zusammen: Gott oder die Bombe? Wem vertrauen wir? Das ist die Frage aller Fragen im Atomzeitalter. Die gesamte Schöpfung steht heute auf dem Spiel. Papst und Bischöfe in Ost und West warnen vor Rüstung und Nachrüstung, aber kein einziger Christdemokrat im Deutschen Bundestag hat dagegen gestimmt. Helmut Kohl hat diese schlimme Einigkeit auch noch als »größten Erfolg« seiner Amtszeit bezeichnet. Ost und West können sich mindestens 20mal gegenseitig vernichten. Ab wann sind wir im christlichen Abendland eigentlich abschreckend genug?

Die fromme Redensart »Vielleicht ist der Atomkrieg Gottes Wille« ist die eigentliche Gefahr: Resignation aus Dummheit, versehen mit einem frommen Mäntelchen. So wird Religion zur schrecklichen Ideologie, die blind und abhängig macht. Religion als Opium statt als Chance zur Befreiung, Widerstand und Umkehr. Im atomaren Todesmief dieser Welt müßten von Christen Gerüche des Lebens ausgehen. Statt dessen verstärken wir noch den Leichengeruch. Ganz anders Jesus. Seine Bergpredigt ist ein Anschlag auf unser altes Bewußtsein. Er will den »Neuen Himmel« und die »Neue Erde«. Er will, daß wir mit seiner Intention und mit seinem Programm »alles neu« machen. Jetzt liegt alles an uns. Begreifen wir wenigstens jetzt am Abgrund, welche Verantwortung für die Rettung der Welt jeder einzelne hat? Carl-Friedrich von Weizsäcker: »Die Lösung all unserer heutigen Probleme steht in der Bibel.« Wir müssen sie endlich mit dem Herzen lesen und uns dann fragen, was wir vernünftigerweise tun können.

Ein Grundgedanke durchzieht die ganze Bergpredigt: Nicht mit der Tat beginnt eigentlich das Böse, sondern mit der Absicht. Das Böse beginnt also, lange bevor es juristisch oder kirchenrechtlich relevant wird. Das heißt: Nicht erst der Einsatz von Atomwaffen ist Sünde, auch schon die Planung, die Produktion und die Drohung mit Atomwaffen. Die verbreitete Unterscheidung zwischen Gesinnungs- und Verantwortungsethik hat in der Botschaft Jesu keinen Platz. Wenn eines in der Bergpredigt deutlich wird, dann ist es dies: »Die Tat beginnt bereits in der Gesinnung« (Franz Kamphaus). Jesus meint nicht nur die Gesetzes-Gerechtigkeit der Pharisäer und Schriftgelehrten, er meint viel, viel mehr: Er meint die weit größere Gerechtigkeit Gottes. Alle Ungerechtigkeiten beginnen in unseren Absichten, nicht erst im Tun. Jesus ohne Wenn und Aber: »Ihr werdet niemals in die neue Welt Gottes kommen,

wenn ihr seinen Willen nicht besser erfüllt als die Gesetzeslehrer und Pharisäer.« Jesus schafft mit seiner Botschaft der Liebe
nicht die Gesetze ab, er läßt sie aber weit hinter sich. Gesetze
galten schon vor Jesus. Für diejenigen, die ihm nachfolgen wollen, gilt die Liebe: »Unseren Vorfahren ist gesagt ... ich aber
sage euch ...«

Mit dieser absoluten Autorität konnte vor Jesus und nach Jesus
kein Mensch reden. Konfuzius kommt Jesu Intention nahe,
wenn er sagt: »Wenn ich einen Satz auswählen sollte, um meine
ganze Lehre zusammenzufassen, würde ich sagen: Laß nichts
Böses in Deinen Gedanken sein.« Das Böse beginnt im Herzen, nicht erst mit der Tat. Nur so ist auch Jesu radikale Position zum Ehebruch zu verstehen: »Ihr wißt auch, daß es heißt,
zerstöre keine Ehe. Ich aber sage euch: Wer die Frau eines anderen auch nur ansieht und sie haben will, hat in Gedanken
schon ihre Ehe zerstört.« Jesus hat Männern nicht empfohlen,
keine Frau anzuschauen, wie einfältige oder schwerfällige
Menschen ihn immer wieder interpretieren, um ihn lächerlich
zu machen. Aber er sagt, auch Ehebruch – ebenso wie Abtreibung – beginnt, *bevor* zwei Menschen miteinander ins Bett gehen. Auch hier beginnt die Verantwortung vorher. Ist das nicht
sehr realistisch und menschlich gedacht? Jesus zeigt in der
Bergpredigt auf, wie wir die Teufelskreise von Gewalt und Ge-
gengewalt durchbrechen und in Gotteskreise der Liebe und des
Lebens verwandeln können. Frieden unter Menschen können
wir erst stiften, wenn wir Frieden mit Gott haben. Die Bergpredigt »ist der Wegweiser in das Neuland Gottes und zeigt uns,
wie es werden kann« (Johannes Müller).

Ich benutze jetzt Abschnitt für Abschnitt die ganze Bergpredigt, wie sie Matthäus in seinen Kapiteln 5–7 nach der evange-
lisch-katholischen Gemeinschaftsübersetzung aus dem Jahre
1982 wiedergibt.

Selig die Suchenden!

Als Jesus die Menschenmenge sah, stieg er auf einen Berg und setzte sich. Seine Jünger traten zu ihm. Dann verkündete er ihnen, was Gott von seinem Volk erwartet.

Er begann:

»Freuen dürfen sich alle, die nur noch von Gott etwas erwarten und nichts von sich selbst; denn sie werden mit ihm in der neuen Welt leben.

Freuen dürfen sich alle, die unter der Not der Welt leiden; denn Gott wird ihnen ihre Last abnehmen.

Freuen dürfen sich alle, die keine Gewalt anwenden; denn Gott wird ihnen die Erde zum Besitz geben.

Freuen dürfen sich alle, die brennend darauf warten, daß Gottes Wille geschieht; denn Gott wird ihre Sehnsucht stillen.

Freuen dürfen sich alle, die barmherzig sind; denn Gott wird auch mit ihnen barmherzig sein.

Freuen dürfen sich alle, die ein reines Herz haben; denn sie werden Gott sehen.

Freuen dürfen sich alle, die Frieden schaffen; denn sie werden Gottes Kinder sein.

Freuen dürfen sich alle, die verfolgt werden, weil sie tun, was Gott verlangt; denn sie werden mit ihm in der neuen Welt leben.

Freuen dürft ihr euch, wenn man euch beschimpft und verfolgt und euch zu Unrecht alles Schlechte nachsagt, weil ihr zu mir gehört.

Freut euch und jubelt, denn Gott wird euch reich belohnen. So hat man die Propheten vor euch auch schon behandelt.«

(Matthäus 5,1–12, Die Seligpreisungen)

Die Übersetzung der Seligpreisungen mit »Freuen dürfen sich alle, die …« scheint mir eine etwas blasse Wiedergabe des griechischen Urtextes zu sein. Die alte Übersetzung »Selig die Armen …« klingt vielleicht in manchen Ohren nicht mehr zeitgemäß, sondern eher wie eine Vertröstung aufs Jenseits. Für Jesus waren aber die Armen und die Verfolgten, die Friedenstifter und die Trauernden »makarioi«, das heißt wörtlich: Glückselige. Selig vor Glück werden also diejenigen sein, die auf ihn hören und seine Worte befolgen. Die uns heute am meisten treffende und zugleich wörtliche Übersetzung der neun Seligpreisungen könnte also heißen:

Glückselig, die nur noch von Gott etwas erwarten – glückselig, die unter der Not der Welt leiden – glückselig, die auf Gewalt verzichten – glückselig, die nach Gerechtigkeit hungern und dürsten – glückselig, die barmherzig sind – glückselig, die ein reines Herz haben – glückselig, die Frieden schaffen – glückselig, die verfolgt werden, weil sie tun, was Gott verlangt – glückselig, die ihrer Überzeugung wegen beschimpft und verfolgt werden. Diese Glückseligen werden jubeln, singen und tanzen. Eine bis dahin unerhörte und seither so nie wieder gehörte Botschaft. »Herzlichen Glückwunsch« sagt Jesus nicht zu den nur materiell Erfolgreichen, sondern zu den Notleidenden und Trauernden, zu den Friedensstiftern und Verfolgten. War Jesus ein Zyniker? Diese Seligpreisungen sind für viele eine Zumutung. Darin liegt ihre tiefe Wahrheit verborgen.

Es ist unmöglich, diesen Text zu verstehen, wenn man ihn nur einmal liest. Hier ist der Anfang einer ganz neuen Revolution. Hier werden die Naturgesetze der Menschwerdung offenbar, hier liegen die Geheimnisse schöpferischen Werdens, seelischen Reifens und ursprünglichen Lebens verborgen. Weil wir dem ursprünglichen Leben kaum noch vertrauen, glauben wir auch nicht mehr an den Ursprung des irdischen Lebens im Mutterleib von Anfang an.

Am Anfang der Bergpredigt stellt Jesus alle heute gültigen Werte auf den Kopf. Im Sinne Jesu kann nur Mensch werden, wer die Zweitrangigkeit der religiösen, geistigen und politischen Herrschaft begreift. Im Mittelpunkt seiner Verkündung stand bei Jesus die revolutionäre Botschaft vom Reich Gottes für diese Erde. Schon am Anfang der Bergpredigt werden Wege aus den Sackgassen gezeigt, in die wir uns heute verrannt haben. Kein Leser gebe sich allerdings der Illusion billigen Verstehens hin. Die Schätze, um die es hier geht, sind zu kostbar, als daß sie einem nachgeworfen würden. Erst wenn die Bergpredigt in uns lebendig wird, kann sie in uns wirken. Und erst danach können wir einwirken auf unsere Zeit. Die Wahrheiten des Lebens wirken erst, wenn wir sie innerlich erfahren haben. Hier wird nicht mehr und nicht weniger angeboten als eine seelische Neugeburt. »Nur noch von Gott etwas erwarten« heißt: Überwindet eure innere Abhängigkeit von Dingen und Menschen, eure Abhängigkeit von Geld und Sex, eure Abhängigkeit von Drogen oder Eltern, eure Abhängigkeit von Atombomben und Panzern, eure Abhängigkeit von Parteien oder Kirchen, eure Abhängigkeit vom Partner oder euren Kindern, eure Abhängigkeit von Karriere und Konsum: Natürlich brauchen wir das alles, aber wir dürfen nicht abhängig werden davon. Werdet freie, selbständige, emanzipierte Menschen, dann werdet ihr reif für die Liebe, dann dürft ihr euch freuen. Jede Abhängigkeit tötet die Liebe. Erst wenn ihr wirklich frei seid, könnt ihr leichten Sinnes, also wirklich lieben. Erkennt, daß eure Abhängigkeiten Ersatzgötter sind, laßt ab vom Götzendienst, wendet euch dem einen lebensspendenden, lebendigen Gott zu. Das ist Freiheit. Das ist Leben. Das ist neue Welt. »Nur einer ist euer Meister: Gott.«

Habt den Mut, *allen* Besitz loszulassen, den materiellen, den geistigen, den religiösen, und sucht zuerst das Reich Gottes. Nur Gott macht reich. Er ist euer innerer Meister. Aber auch ihn könnt ihr nicht *haben*, ihr müßt ihn *suchen* bis zum letzten Atemzug. Dann *werdet* ihr Menschen! Wer aus Gott lebt, wird unendlich arm und unendlich reich! Er wird selig vor Glück! Er kann sich freuen! Eine atemberaubende Perspektive, die viel Widerstand, viele Wenn und Aber in uns mobilisiert. Aber genau das ist Jesu Programm für ein neues Leben: Vertraut mehr auf Gott, und nehmt euch selbst nicht so ernst. So überwindet ihr eure Angst. Und ihr werdet »in der neuen Welt leben«. Jesus konnte mit solcher Autorität erst reden, nachdem er Gottes Liebe in der Taufe und Gottes Wille in der Wüste erfahren hatte.

»Freuen dürfen sich alle, die nur noch von Gott etwas erwarten und nichts von sich selbst; denn sie werden mit ihm in der neuen Welt leben. Freuen dürfen sich alle, die unter der Not der Welt leiden, denn Gott wird ihnen ihre Last abnehmen.«

Jesus hat die Leidenden niemals auf den Himmel vertröstet. Er hat nicht nur gesagt: »Was ihr dem geringsten meiner Brüder tut, das tut ihr mir.« Er hat ebenso deutlich hinzugefügt: »Was ihr dem geringsten meiner Brüder nicht tut, das tut ihr mir nicht.« Vielleicht sind unsere größten Sünden die Dinge, die wir unterlassen. Hier wird mit großem Nachdruck an unsere Gleichgültigkeit, an unsere Gedankenlosigkeit, an unsere Resignation appelliert. Die Gottesherrschaft, die Jesus hier proklamiert, drängt uns sowohl zu einem einfachen persönlichen Lebensstil wie auch zu politischem Engagement gegen Ungerechtigkeit: für die Armen, für die Ausgebeuteten, für den Frieden. Der alte Theologenstreit, wer wohl »die unter der Not der Welt leiden« seien, ist müßig. Viele Menschen in den armen Ländern leiden ebensosehr materielle Not, wie viele Menschen in den reichen Ländern seelische Not leiden. Bei Jesus sind *alle* Leidenden gemeint.

Befreiungstheologie gilt nicht nur für Lateinamerika. Sie gilt auch für die reichen Länder. Vielleicht müssen wir von jenem Reichtum befreit werden, der uns seelisch so arm gemacht hat. Der Materialismus hier verursacht nicht weniger Leid als die materielle Not in den armen Ländern. Theologie ist entweder überall und immer Befreiungstheologie, oder sie ist überhaupt keine Theologie. Daß auch wir befreit werden müssen, ohne es zu wissen oder auch nur wissen zu wollen, ist unser eigentliches Problem. Wir haben uns nicht nur von den Armen getrennt. Wir haben uns von der Natur getrennt und von der Schöpfung, und damit von Gott, von unserer Wurzel. Der Mensch ohne Religion, ohne Bindung, ist heimatlos geworden. Das ist unsere heutige geistige Situation in den Industrieländern. »Wer die Vergangenheit nicht kennt, den kann es die Zukunft kosten.« (Reiner Kunze) Und so geht es auch dem, der nicht weiß, wem er sich verdankt. Immer mehr Menschen fangen an zu begreifen: Unsere Ersatzgötter wie atomare Sicherheit, Konsum und Sex sind kein Ersatz für den einen Gott der Liebe. In unseren seelischen Zwängen und Abhängigkeiten sind wir im christlichen Abendland Dritte Welt. Seelisch und religiös ist heute das christliche Abendland Entwicklungsland. Vor 2000 Jahren wie heute sind die materiell Reichen am wenigsten für Veränderungen aufgeschlossen. Wir verteidigen zunächst immer unseren äußeren Besitz, mit Alarmanlagen und Versicherungen, mit seelischen Neurosen und mehr oder weniger schlechtem Gewissen, mit Atombomben und Anti-Anti-Raketen, und merken gar nicht, was wir da eigentlich anbeten und was uns eigentlich fehlt. Wir sind so sehr mit der Verteidigung des Äußeren beschäftigt, daß wir den Verlust des Innern schon verdrängt haben. Die Verdrängungsmechanismen funktionieren bereits so perfekt, daß wir zwar meinen, unser Äußeres noch verteidigen zu können; in Wahrheit aber haben wir bereits den kollektiven atomaren Selbstmord vorbereitet. Massenhafte Abtreibungen sind mit Sicherheit der deutliche Hinweis auf eine generelle Verachtung des Lebens. Eine weitverbreitete generelle Verachtung des Lebens führt im Atomzeitalter automatisch in den kollektiven Selbstmord der Menschheit. Wir sind bereits blind gegenüber den Flammenzeichen an der Wand. Wer noch riechen kann, der riecht den Leichengeruch über der gesamten Erde. Es ist kein Zufall, daß die Kirchen Lateinamerikas, Südafrikas und auf den Philippinen ihre Befreiungstheologie gegen Rom verteidigen, während der Vatikan noch kaum merkt, wie sehr die reichen Länder einer Befreiungstheologie bedürfen. Wenn neben mir ein Mensch verhungert, dann muß der Verhungernde von seiner materiellen Not befreit werden, ich aber von meiner Hartherzigkeit. Befreit werden müssen wir beide. Denn die einen rüsten sich zu Tode, und die anderen hungern sich zu Tode. In unserer Zeit der weltweiten Kommunikation und weltweiten Arbeit der Hilfsorganisationen verhungern viele direkt neben uns.

Als Kinder Gottes haben wir alle Möglichkeiten der Befreiung in uns. Gott kann uns nicht befreien. Er hat uns mit Freiheit begabt, damit wir uns selbst befreien können – oder auch nicht. Besonders kirchenfromme Christen falten die Hände und warten, bis Gott eingreift. Denn wir schieben immer wieder auf Gott, was wir selbst tun müßten und könnten. Dahinter verbirgt sich Angst vor Freiheit, nicht aber die Freiheit der Kinder Gottes. Solange wir Gott nur im Jenseits suchen, können wir ihn nicht finden. Wir können Gott nur in uns und in jedem Menschen und in allem, was er geschaffen hat, finden. Wenn wir ihn suchen! Roms Hauptvorwurf an die Befreiungstheologen sagt nichts über die Befreiungstheologie, aber alles über die Ängste im Vatikan: Die Theologie der Befreiung bediene sich der marxistischen Analyse. Es gibt keine marxistische und keine katholische Analyse, sondern nur eine richtige oder eine falsche Analyse.

Jesus ist ganz eindeutig: Nur die Suchenden spricht er selig, ihnen gehört die Zukunft. Die Satten, die Verschlafenen, die Dogmatiker, die Spießer und die Orthodoxen in allen Lagern können nicht viel mit Jesus anfangen. Für sie ist Jesu Botschaft allenfalls eine Vertröstungsideologie, aber keine Befreiungstheologie. Wer ehrlich sucht, muß wissen: Antworten stehen nicht am Anfang, sondern erst am Ende unseres Weges. Und die alles entscheidende Antwort finden wir wohl erst am Ende unseres Lebens, im Tod. Aber: Wer sich im Sinne Jesu auf den Weg macht, kommt mit Sicherheit ans Ziel. Eine überwältigende Zusicherung.

Der Krieg gegen die Geborenen

»Freuen dürfen sich alle, die keine Gewalt anwenden, denn Gott wird ihnen die Erde zum Besitz geben.«

(Matthäus 5,5)

Die Bergpredigt zeigt die sehr realistische Möglichkeit einer Revolution der Welt durch Gott, das heißt durch Menschen, die von Gott durchdrungen sind. Er hat keine anderen Hände als die unseren. Je gefährlicher die Zeiten, desto stürmischer wird die Bergpredigt hervortreten. Die Bergpredigt ist der Rettungsanker für das Atomzeitalter. Jesu Weltrevolution gilt nicht erst für den »Himmel«, sondern für die Erde, sie gilt für *alles* Leben.

Gewalt endet, wo Liebe beginnt. Aber die internationale Politik setzt nicht Liebe gegen Gewalt, sondern Gewalt gegen Gewalt: Raketensystem gegen Raketensystem, Panzer gegen Panzer. Wie du mir, so ich dir. Es gilt die Devise: »Mit der Bergpredigt kann man nicht regieren.« Im Gegensatz zu meinem ersten Bergpredigt-Buch stimme ich heute diesem Satz zu.

»Man« kann mit der Bergpredigt nicht regieren. In Moskau wird nicht nach der Bergpredigt regiert. Das ist richtig! Aber wird denn in Bonn, Paris, London, Rom oder Washington im Geiste der Bergpredigt regiert? Wie wäre es denn, wenn *ein* Christ in führender politischer Position einmal anfinge, im Geiste der Bergpredigt Sicherheitspolitik zu machen? Nirgendwo in der Bergpredigt gibt es einen Hinweis, daß Jesu Programm in der Politik nicht gilt.

Helmut Kohls Versprechen »Frieden schaffen mit immer weniger Waffen« zeigt in der Theorie einen realistischen Weg, den wir heute im Geiste der Bergpredigt gehen müßten. Tatsächlich wurde daraus aber ein »Frieden schaffen mit immer gefährlicheren Waffen«. Der Kanzler sagte in einem REPORT-Interview: »Im Geist der Bergpredigt regieren? Das ist noch nie gutgegangen.« Da hat Helmut Kohl völlig recht. Das konnte schon deshalb noch nie gutgehen, weil es – mit Ausnahme von Gandhi – noch nie probiert wurde. Der Hindu Gandhi allerdings hat es versucht – und es ging gut. Mit den Waffen des Geistes, mit geistiger Führung hat er dem mächtigen England die Freiheit Indiens abgetrotzt – gewaltlos und klug. Im Geiste der Bergpredigt kann man sich nicht nur verteidigen, sondern auch ein Weltreich in die Knie zwingen. Gandhi vertraute jenem »Glauben, der Berge versetzt«. Doch die Verantwortlichen in Washington und Moskau vertrauen sich und anderen überhaupt nicht. Am 8. Januar 1985 haben in Genf die Sowjetunion und die USA ihren Abrüstungs-Dialog wiederaufgenommen. Am Morgen dieses Tages erzählte mir ein Straßenarbeiter die Geschichte seiner Kriegsgefangenschaft in der Sowjetunion. »Hassen Sie heute die Russen?« fragte ich ihn. »Nein, das sind Menschen wie wir. Aber, was jetzt in Genf wieder beginnt, kann nicht gutgehen,« sagte er. »Warum denn?« wollte ich wissen und erhielt auf badisch die Antwort: »Die traue sich doch net.« Der Mann sagte nicht »Sie vertrauen sich nicht«, er sagte: »Sie trauen *sich* nicht.« Sie haben Angst vor sich selbst. Die Atommächte besitzen nicht nur Atomwaffen, sie sind besessen von ihnen. Sie sind in einem Sicherheitswahn gefangen. Es reicht ihnen immer noch nicht, daß wir uns heute mehr als 20mal gegenseitig umbringen können. Sie bereiten jetzt den

Weltraumkrieg vor, den »Krieg der Sterne«. Sie schrecken vor keiner Gotteslästerung zurück. Wir werden wieder einmal betrogen. In Genf geht es nicht um Abrüstung, sondern allenfalls um die Begrenzung einer neuen Runde der Aufrüstung.

Gewalt durch Atomwaffen

Die Atommächte sind in ihre nukleare »Logik« so verwickelt, daß sie sich fast nicht mehr ent-wickeln können. Sie sind wie Kinder, die mit Atomwaffen spielen. Ihr Bewußtsein gegenüber der atomaren Gefahr scheint nicht mehr entwicklungsfähig. Sie sind Gefangene ihrer eigenen Argumente.

Der sowjetische Außenminister Andrej Gromyko bei einem Abendessen in New York zum deutschen Außenminister Hans-Dietrich Genscher: Wenn es jemand gäbe, der von außen die durch Atomwaffen bedrohte Welt beobachten könnte, »würde der erstaunt sein, wie die Menschen ihren Untergang vorbereiten«. Eine realistische Sicht. Auch Politiker wissen, daß sie den Untergang vorbereiten, aber sie wollen es nicht wissen und reden lieber von »Abrüstung« – seit Jahrzehnten. Keiner sieht den möglichen Ausweg. Sie haben Angst vor dem ersten Schritt in Richtung Gewaltlosigkeit. Sie wagen nicht einmal einen Rüstungsstopp. Sie führen lieber die ganze Welt an der Nase herum. Nahezu jede sogenannte Abrüstungskonferenz war der Startschuß für die nächste Aufrüstungsrunde. Wie lange lassen sich erwachsene Menschen diese Bedrohung ihres Lebens noch bieten? Natürlich wollte Helmut Schmidt, als er 1978/79 Jimmy Carter zur Nachrüstung drängte, keine neue Rüstungsspirale in Gang setzen. Entscheidend ist allein: Er hat es getan. Und daran scheiterte er schließlich. Das war der Grund für Schmidts Entfremdung von seiner Partei. Wir können nur ernten, was wir säen.

Ronald Reagan warnte am 24. September 1984 in der UNO vor der »Gefahr eines Atomkrieges«. Wen warnte er eigentlich. Wäre nicht auch er – und gerade er – verantwortlich dafür? Sie warnen und warnen und rüsten und rüsten. Sie treiben das alte Spiel mit uns und mit sich. Aber inzwischen ist die gesamte

Erde ein atomares Pulverfaß. Wir sitzen darauf. Doch die Supermächte verteilen vor allem an »ihre« jeweiligen Deutschen, hüben wie drüben, immer mehr Streichhölzer im blinden Glauben, es werde keines zünden. Den Menschen wird eingeredet, nur so lasse sich die Explosion des Pulverfasses verhindern. Diese Politik gleicht dem Versuch, Alkoholismus durch Produktion von immer mehr Schnaps zu bekämpfen. Irgendwann kommt der Kollaps – beim Alkohol wie beim atomaren Wettrüsten. Daß keiner der Hauptverantwortlichen in Moskau und Washington den Atomkrieg will, ist nur ein schwacher Trost. Entscheidend ist, daß er vorbereitet wird. Und bislang wurde in der Geschichte noch jeder Krieg, der vorbereitet wurde, auch geführt. Wenn es uns nicht gelingt, die Atomwaffen wieder abzuschaffen, schaffen die Atomwaffen eines Tages uns ab. Wo bleibt die versprochene Wende? Kriegen wir noch die Kurve?

Durch atomare Abschreckung wurde in Europa 40 Jahre lang Krieg verhindert. Was 40 Jahre lang »gut« ging, kann noch eine Zeitlang »gut«gehen, muß aber nicht. Um den Atomkrieg zu verhindern, sind wir schon heute auf das Funktionieren von Computern angewiesen. Aber irgendwann einmal versagen alle technischen Systeme. Das kann in diesem Jahr, das kann »erst« in zehn Jahren sein. Josef Weizenbaum, ein anerkannter Elektronik-Experte der Vereinigten Staaten: »Das milliardenschwere Kommunikationssystem des Pentagon (US-Verteidigungsministerium) ist kürzlich untersucht worden. Da wird zugegeben, es funktioniert kaum, und, was schlimmer ist, niemand versteht es. Es kann nicht korrigiert, nur geflickt werden. Und dieses Flicken vertieft seine Undurchschaubarkeit ... Das Nervenzentrum des amerikanischen Militärs wird immer weniger durchschaubar, nähert sich immer mehr der Autonomie und kann in letzter Konsequenz sogar Kriege anzetteln. Tatsächlich werden Systemfehler nicht beseitigt, sondern nur verkleistert.« Dieses Analyse wird von Computerexperten auf der ganzen Welt bestätigt, aber von vielen Politikern, meist nicht Fachleuten, bestritten. Außerdem: Wenn alles so weitergeht, dann haben spätestens in zehn Jahren die Khomenis und Ghadafis dieser Erde ebenfalls Atombomben. Man stelle sich dann bitte mal die Politik der Abschreckung vor! Der Hinweis »Noch ist ja nichts passiert« ist nicht gerade beruhigend. Mich erinnert die prekäre Lage der atomaren Abschreckung an jenen Selbstmörder, der aus dem 96. Stock eines Wolkenkratzers sprang und im Vorbeiflug am 25. Stock gefragt wurde: »Wie geht's?« Er sagte: »Gut geht's. Noch ist nichts passiert.«

Eine US-Militärmaschine verlor vor einigen Jahren bei Barcelona eine Atombombe. Als die Bombe nach Tagen gefunden war, wurde vor der Presse treuherzig versichert: Die Bombe hatte fünf Sicherungen – vier hätten zwar versagt, aber die fünfte habe gehalten. Ist das ein Beweis für das Funktionieren oder das mögliche Versagen atomarer Abschreckung? Die verlorengegangene Bombe hatte übrigens die 50fache Sprengkraft der Hiroshima-Bombe! Wir haben schon oft Glück gehabt. Wie oft werden wir noch Glück haben? Unsere Erde hat keinen Notausgang, und ein Reserve-Planet steht uns nicht zur Verfügung. Die versprochene Wende fand in der Nachrüstung nicht statt, statt dessen wird mit Wendigkeit nachgerüstet.

Bei einem Unfall zwischen Schorndorf und Schwäbisch Gmünd wurde am 24. September 1984 eine Pershing II-Rakete beschädigt. Keine Gefahr, versicherten die Zeitungen beruhigend, es seien keine Sprengköpfe dabeigewesen.

Aber warum wurde dann die Rakete von Menschen in Schutzanzügen geborgen? Warum wurde ein Spezialtrupp zur Messung radioaktiver Strahlung eingesetzt? Ein Mitglied der Landesregierung von Baden-Württemberg sagte mir wenige Tage nach dem Unfall: »Natürlich waren Sprengköpfe dabei. Ich sagte zu meinem Pressesprecher, das ist das Ende der Welt.«

Das Hin- und Herfahren der Pershing II macht militärisch nur Sinn, wenn Sprengköpfe dabei sind. Die drei Sprengköpfe, die zu einer Pershing gehören, haben jeweils die dreifache Sprengkraft der Hiroshima-Bombe. Wir haben wieder einmal Glück gehabt. Die Verantwortlichen werden uns weiterhin versichern: Keine Gefahr – wir haben alles fest im Griff. Was sollen sie denn sonst sagen? Sie müssen uns und sich selbst beruhigen. Die Atombomben haben in Europa den konventionellen Krieg abgeschafft. Aber zu welchem Preis? Zum Preis der jederzeit möglichen Vernichtung. »Heute«, sagte der Papst in Hiroshima, »steht die ganze Welt auf dem Spiel. Da kann sich niemand der grundlegenden moralischen Einsicht verschließen, daß die Menschheit nur noch durch eine bewußte Entscheidung und eine vernünftige Politik überleben kann.« Unvernünftigeres als die Atomwaffen und das atomare Wettrüsten ist Menschen nie eingefallen. Was also tun?

Das Risiko der Stationierung ist viel größer als das Wagnis eines Rüstungsstopps. Die Atomwaffen könnten wir wieder loswerden, wenn wir es nur wirklich wollten, aber nie mehr das Wissen um die Herstellung der Atomwaffen. Mit Hiroshima hat die Welt ein für allemal ihre atomare Unschuld verloren.

Nicht nur die jederzeit mögliche Vernichtung ist der Preis für unsere atomare Sicherheit. Die Großmächte führen rund um den Erdball Stellvertreter-Kriege. Ost und West töten einander nicht mehr direkt, seit sie Atombomben haben, aber sie lassen töten – in der Dritten Welt. Dort gab es seit 1945 mehr als 30 Millionen Kriegstote, und jedes Jahr gibt es mehr als 20 Millionen Hungertote. Auch das ist der Preis für unsere »Sicherheit«. Nur 7% aller Rüstungsausgaben auf der Welt, sagen Fachleute, würden ausreichen, um den Hunger zu besiegen. Wo bleibt die Verantwortung der Verantwortlichen? Der ehemalige amerikanische Präsident und General D. Eisenhower: »Jede Waffe, die fabriziert, jedes Kriegsschiff, das zu Wasser gelassen, und jede Rakete, die abgeschossen wird, bedeutet letzten Endes Diebstahl an denen, die Hunger leiden und nichts zu essen haben, an denen, die nackt sind und nichts anzuziehen haben.« Viele Politiker reden oft so, vor allem, wenn sie nicht mehr im Amt sind – wann aber handeln sie entsprechend ihren Worten? Wenn aber bei allem Wahnsinn die nukleare Abschreckung für Europa auch Vorteile hatte – was niemand bestreiten kann –, ist es dann nicht vernünftiger, mit der jederzeit möglichen Produktion von Atomwaffen zu drohen als mit produzierten Atomwaffen? Der amerikanische Atompazifist Jonathan Schell stellt diese verblüffende Frage. Genial einfach: atomare Abschreckung, aber ohne Atomwaffen. Atomare Abschreckung nach heutiger Art gibt uns eine Gnadenfrist von wenigen Minuten. Bei seinem makabren Witz über die Bombardierung Rußlands (»Die Bombardierung Rußlands beginnt in fünf Minuten«) hat Ronald Reagan unbewußt, aber sehr ge-

Diese Graphik zeigt die Zerstörungskraft der heutigen Atomwaffen im Vergleich zur Zerstörungskraft der Waffen des Zweiten Weltkrieges. Der Punkt im Quadrat in der Mitte symbolisiert die gesamte im Zweiten Weltkrieg verwendete Zerstörungskraft: drei Megatonnen. Die anderen Punkte stellen die heutigen Nuklear-Arsenale dar, die 6000 Zweiten Weltkriegen gleichkommen. Die Vereinigten Staaten und die Sowjetunion verfügen über etwa die gleichgroße Zerstörungskraft. Der Kreis oben links schließt neun Megatonnen ein, die Waffen eines einzigen »Poseidon«-U-Bootes, genügend, um die 200 größten sowjetischen Städte zu vernichten.

Der Kreis unten in der Mitte schließt 24 Megatonnen ein, die Zerstörungskraft eines einzigen neuen »Trident«-U-Bootes, genügend, um alle größten Städte der nördlichen Halbkugel zu vernichten.

Die Sowjets verfügen über ähnlich große Waffensysteme. Zwei Quadrate dieser Graphik (300 Megatonnen) stellen die Zerstörungskraft dar, um alle mittleren und großen Städte der Welt zu vernichten.

aus: Die Zeit, Nr. 3, 11. Januar 1985

50

nau die Zeitspanne genannt, die uns vom möglichen atomaren Holocaust in jedem Augenblick unseres Lebens trennt: wenige Minuten. (Das Unbewußte trifft oft exakt.) Im Falle eines Versagens hätten Politik und Diplomatie nicht die geringste Chance. Die Waffen würden sofort alle menschlichen Rechnungen begleichen. Das ist der reine Wahnsinn. Das kann auf Dauer nicht gutgehen. Schells Idee einer atomaren Abschreckung ohne Atomwaffen heißt: eine atomwaffenfreie, jedoch konventionell bewaffnete und zur Produktion von Atomwaffen natürlich jederzeit fähige Welt. Die Vorwarnzeit würde dann nicht mehr wenige Minuten, sondern wahrscheinlich einige Monate betragen (solange wäre für die neue Produktion von Atomwaffen erforderlich); damit aber wäre wieder Politik möglich – auch bei einem Versagen dieser atomaren Abschreckung.

Eine Verletzung des Abschaffungsabkommens durch heimliche Produktion eines oder mehrerer Staaten wäre ebenso möglich wie ein konventioneller Krieg zwischen den potentiellen Atommächten, was sofort zu nuklearer Produktion führen müßte. Diese erweiterte Abschreckungstheorie würde trotzdem besser funktionieren als die jetzige, viel zu gefährliche, weil inzwischen den Politikern in Ost und West klar ist, was selbst ein einseitig geführter Atomkrieg bedeutet: die Vernichtung der Erde, also auch die Vernichtung des Vertragsverletzenden und/oder des Angreifers. Die neueren Erkenntnisse der Naturwissenschaft geben Jonathan Schell recht: Auch ein einseitig geführter Atomkrieg bewirkt den »atomaren Winter« und die »atomare Dunkelheit« auf der ganzen Erde innerhalb weniger Tage – Leben wäre unmöglich, selbst wenn nur ein geringer Teil der heutigen 50 000 Sprengköpfe eingesetzt würde. Die Erde wäre eiskalt und finster. Der Atomtod läßt keinen Winkel der Erde aus. Die uns gegen schädliche Strahlen schützende Ozonschicht wird zerstört, die Erdoberfläche verglüht, der Himmel ist von Staub und Qualm verdunkelt, Orkane wüten – vielleicht ist das Leben von Ameisen noch möglich. Selbst ein begrenzter Atomkrieg würde einen Atomwinter auslösen, weltweit – sagen heute übereinstimmend Naturwissenschaftler in den USA und in der Sowjetunion. Die These vom »gewinnbaren Atomkrieg« ist eine gefährliche Illusion. Den Krieg können wir im Atomzeitalter gar nicht mehr abschaffen – er ist durch die Atomwaffen schon abgeschafft. Aber abschaffen können und müssen wir die »garantierte Vernichtung« innerhalb von Minuten, jene politische Philosophie, auf der die heutige Abschreckung basiert. Im Westen gilt: Zur Verteidigung der Freiheit notfalls die Vernichtung. Und im Osten gilt: Zur Verteidigung des Sozialismus notfalls die Vernichtung. Diesen doppelten Wahnsinn haben die Strategen mit entlarvender Ehrlichkeit als »Mutual Assured Destruction« (MAD, »garantierte wechselseitige Vernichtung«) bezeichnet. Und das ist leider bitterer Ernst. Maggie Thatcher würde nicht zögern, auf den Knopf zu drücken, wenn Großbritannien oder die NATO-Verbündeten an irgendeiner Stelle angegriffen werden sollten, sagte sie im Dezember 1984. Nach dieser »Logik« wird auch klar, warum England selbst im Operetten-Krieg um Falkland bereit war, im Falle einer Niederlage gegen Argentinien Atombomben einzusetzen. Politiker spielen mit dem Feuer – auf dem atomaren Pulverfaß.

Was hier vernünftig sein soll, ist ein Hohn auf die menschliche Vernunft. Soll es dazu wirklich keine intelligentere Alternative geben? Müssen wir uns die Mordwerkzeuge ständig unter die Nase halten? Wäre der Schrecken nach einer Abschaffung nicht groß genug – einfach, weil alle um die mögliche Herstellung wissen? Das Ausmaß der Katastrophe steht nicht mehr zur Diskussion, nur noch ihre Verhinderung. Wer als erster schießt, stirbt als zweiter, auch wenn der erste gar nicht mehr zurückschießen kann. Mord bewirkt Selbstmord. Jeder ist sein eigener potentieller Schlächter geworden und zögert deshalb mit dem Schlachten – bis jetzt. »Die atomare Abschreckung ist wie eine Pistole mit zwei Läufen – der eine nach vorn gerichtet, der andere nach hinten auf den Pistolenschützen«, schreibt Schell. Was aber, wenn einer die Nerven verliert oder seine Existenz in wenigen Minuten bedroht sieht? Kein Leser dieses Buches kann sagen, er habe nichts gewußt. Die beiden Regierungen in Deutschland können heute über vieles verhandeln – über das Wichtigste nicht: über die Abschaffung der Raketen auf ihrem Boden, die alles bedrohen, worüber verhandelt werden kann. So etwas läßt sich wohl nur ein Volk bieten, das vierzig Jahre nach Kriegsende noch immer nicht die verhängnisvolle Kollektivschuldthese verarbeitet hat. Hätten wir Deutsche wirklich eine nationale Identität, wir hätten dafür gesorgt, daß wenigstens nicht die Selbstmordwaffe Pershing II hier aufgestellt wird. In keinem anderen NATO-Land werden Pershing II stationiert, nur in der Bundesrepublik. Der blinde Gehorsam der westdeutschen Politik gegenüber Washington wird nur noch übertroffen vom blinden Gehorsam der ostdeutschen Politik gegenüber Moskau. Der wunde Punkt der deutschen Geschichte war schon immer unser Verständnis von Freiheit. Vor 1945 und danach. Die deutsche Angst vor Freiheit und Unabhängigkeit verstehen weder Polen noch Franzosen. Auch hier ist allerdings das Freiheitsbewußtsein der Bürger dem Bewußtsein der Politiker in Bonn und Ostberlin weit voraus. Ende 1984 sprach sich nämlich die überwiegende Mehrheit der Bundesbürger für die Blockfreiheit beider deutscher Staaten aus. Genau davor haben jedoch die meisten Politiker Angst. Sie flüchten lieber feige unter den sogenannten Atomschirm der Großen, als daß sie für eine konventionelle Verteidigung sorgen, die diesen Namen wirklich verdient. Patrioten jedenfalls würden die Politik der atomaren Geiselnahme durch Washington und Moskau nicht dulden. Wo bleibt denn die deutsche Vaterlandsliebe, von der Helmut Kohl immer spricht?

Wenn die atomare Abschreckung versagt, wird in Minuten über das Schicksal aller Menschen entschieden – vor allem in den beiden Deutschländern. Kann ein Politiker in einer solchen Situation eine vernünftige und ethisch verantwortbare Entscheidung treffen? Die Frage kann nur bejahen, wer Übermenschliches von einem Politiker erwartet. Atomare Abschreckung ist irrational und moralisch nicht vertretbar. Im Gegensatz zu anderen NATO-Staaten verlangt Bonn nicht einmal eine Mitsprache beim Einsatz von Atomwaffen in Form eines »zweiten Schlüssels«. Franz-Josef Strauß hat als einziger Unionspolitiker diese Frage aufgeworfen und wurde sofort von Bonn zur »Raison« gerufen. Die Kernaussage der Bergpredigt: Die Sünde beginnt vor der Tat, sie beginnt in euren Herzen, sie beginnt mit euren Absichten und euren Plänen und dem, was ihr ermöglicht. Nicht der geringste Zweifel kann darüber beste-hen: Der Atomkrieg ist möglich, weil wir Menschen ihn ermög-licht haben. Helmut Kohl: »Die atomare Apokalypse ist mög-lich geworden.«

Die meisten können sich die »unvorstellbare« Katastrophe nur deshalb nicht vorstellen, weil sie sich noch nicht ereignet hat. Politisch und moralisch entscheidend ist jedoch: Sie *kann* sich jederzeit ereignen. Wem es schwerfällt, sich den atomaren Ho-locaust vorzustellen, der betrachte ein Bild des zerstörten Hi-roshima und bedenke folgendes: Heute können wir 1,6millio-nenmal Hiroshima fabrizieren. Hiroshima ist überall. Der Aberglaube, wir könnten mit Atombomben irgend jemanden verteidigen, sitzt tief. Wir können mit Atombomben lediglich alle und alles vernichten. Die gefährlichste Illusion der Menschheitsgeschichte sitzt bereits so tief in uns, daß wir schon damit beginnen, Atombunker einzurichten mit Kinosälen und Mullbinden!

Wären wir wenigstens zu uns selbst ehrlich, dann wüßten wir: Im Ernstfall könnten wir einen Atombunker nicht einmal mehr erreichen. 69% der Bundesbürger lehnen atomare Schutzbun-ker ab – sie sind realistischer als ihre Regierung. Irgendwann wird sich dieser größere Realismus auch bei Wahlen ausdrük-ken. Atomkrieg ist kein rationales Ziel der Politik. Aber die heutige Gefahr der atomaren Abschreckung mit Atomwaffen liegt im Irrationalen und in der Technik: in der Angst vor dem Erstschlag des anderen, dem man zuvorkommen möchte, und in der Gefahr eines technischen oder menschlichen Versagens. Obwohl vom Willen zum Überleben beseelt, sind wir Men-schen mit Atomwaffen sehr wahrscheinlich dennoch zum Ster-ben verurteilt. Atomare Abschreckung ohne Atomwaffen würde zumindest die größte Gefahr ausschalten. Wir stünden zwar noch immer am Abgrund, aber wir hätten wieder Boden unter den Füßen, könnten das Gelände sondieren und uns lang-sam zurückziehen. Seit der Nachrüstung in West und Ost ste-hen wir nicht einmal mehr am atomaren Abgrund, wir halten uns lediglich noch mit einer Hand an einem Baum fest, der über den Abgrund hinausragt.

Heute schreckt die Bombe die Bombe, die Rakete die Rakete

und das U-Boot das U-Boot ab. Nach Schells Konzept atomwaffenfreier Abschreckung soll der Plan den Plan und die Physiker die Physiker abschrecken. Auch auf dem Wege der atomaren Abrüstung wären wir immer noch gerüstet, verteidigungsbereit und verteidigungsfähig. Und durch die Möglichkeit, jederzeit wieder atomar aufrüsten zu können, würde auch die atomare Abschreckung ihre Wirkung behalten. Damit wäre allerdings die heutige Gefahr der Vernichtung der Welt in wenigen Minuten gebannt. Die Vorteile der Abschreckung blieben – aber die schlimmsten Nachteile wären überwunden. Je länger die heutige Abschreckung andauert, desto größer die Angst und damit die Gefahr. Je länger die atomare Abschreckung ohne Atomwaffen andauern würde, desto größer das wachsende Vertrauen und damit die Hoffnung auf wirkliche Abrüstung eines besseren Tages. Fortgesetztes atomares Wettrüsten macht das Überleben der Menschheit immer unwahrscheinlicher. Die Abschaffung der Atomwaffen wäre zwar noch keine Garantie für das Überleben, aber ein großer Schritt dazu. Abschaffung bedeutet immer noch nicht, daß Kernwaffen niemals eingesetzt werden. Nichtabschaffung bedeutet allerdings, daß sie wahrscheinlich eingesetzt werden. Die alte Abschreckungstheorie war in der Lage, den Rüstungswettlauf auszulösen, nicht aber, ihn zu stoppen. Die neue Abschreckungstheorie ohne Atomwaffen bietet eine konkrete Chance für langfristige Abrüstung. Das alles ist noch keine Abrüstung, aber der einzig realistische Weg für eine gewaltfreiere Welt. An die Stelle des gegenseitigen Aufrechnens müßte das Gefühl der gegenseitigen Schuld treten. Jede einseitige Schuldzuweisung an den anderen ist lächerlich, solange jeder den gleichen Wahnsinn betreibt. Die ewigen Nachrüster und Schuldzuweiser erinnern an jenen frommen Christen, der besonders gerne strenge Predigten hörte, weil er meinte, einige Wahrheiten könnten *seinem Nachbarn* gar nichts schaden.

Millionen Menschen ist in diesen Jahren bewußt geworden, daß die Vorbereitung des Atomkrieges nicht nur unserem religiösen Empfinden widerspricht, sondern auch dem »gesunden Menschenverstand«. Das darf doch eigentlich nicht wahr sein, daß wir zuschauen, bis der Wahnsinn vollendet ist. Vielleicht bietet das Atomzeitalter erstmals die Chance, Religiosität und praktische Vernunft in Einklang zu bringen. Religiöse Menschen sehen im Widerstand gegen das atomare Wettrüsten eine vernünftige Sache. Und vernünftige Menschen spüren im Widerstand gegen das atomare Wettrüsten plötzlich ihre religiöse Tiefe.

Nicht die Atomwaffen gefährden den Frieden, sondern unsere Gefühllosigkeit und Gedankenlosigkeit gegenüber den Folgen eines Atomkrieges. Unsere Unfähigkeit, sich das »Unvorstellbare« vorzustellen, ist die eigentliche Gefahr, die eine Umkehr verhindert. Unsere Blindheit und Ruhe im Angesicht des atomaren Spiels mit der Erde ist eine fürchterliche Gotteslästerung, eine freche Herausforderung des Schöpfers. So können sich nur Menschen verhalten, die völlig haltlos, weil gottlos geworden sind. Wer seinen Fixpunkt verliert, ist verloren und schreit vergebens um Hilfe. Wir müssen zuerst unseren Fixpunkt, Gott, wiederfinden. Ohne ein neues Bewußtsein für Gott, das wir in der Bergpredigt finden, gibt es keine Rettung. Wir alle wissen, daß wir sterblich sind, und leben doch so, als wären wir unsterblich.

Atomare Abschreckung heißt: Wir wollen selbst Gott spielen. Wer ein Gespür für geistige Entwicklungen hat, muß sehr nachdenklich darüber werden, daß die USA ihre Hiroshima-Bombe »Trinity« genannt hatten, »Dreieinigkeit«. Unsere Bomben setzen wir an die Stelle Gottes, sie sind unsere Ersatzgötter. Deutlicher könnten wir unseren »Gottes-Komplex« (Horst Eberhard Richter) gar nicht betonen. In der heute für die Menschheit entscheidenden Frage muß man ohne Wenn und Aber feststellen: Politiker sind politikfähig, wenn sie abrüstungsfähig sind. Ein Abschaffungsabkommen wäre für die Atommächte ein echtes Abrüstungsabkommen, für alle anderen ein verschärfter Atomwaffensperrvertrag. Ihn haben bis heute immerhin 119 Staaten unterschrieben. Das Abschaffungsabkommen wäre zwar jederzeit verletzbar, aber eine Verletzung würde niemandem Vorteile, sondern allen Nachteile bringen. Das Abkommen wäre die Institutionalisierung eines wirklichen Abrüstungsbewußtseins, Voraussetzung für spätere konventionelle Abrüstung.

Wird es je dazu kommen? Kriegen wir noch die Kurve? Im Sommer 1984 wurde in Italien Anklage gegen Waffenhändler erhoben, die drei Atombomben an Staaten im Nahen Osten verkaufen wollten. Es gibt jedoch ein historisches Beispiel, das den Weg zu einem umfassenden Abkommen zeigt. Nachdem John F. Kennedy und Nikita Chruschtschow im Herbst 1962 die Welt an den Rand der atomaren Katastrophe katapultiert hatten, war danach das Erschrecken über die eigene Politik in Washington und Moskau groß. Als Lehre aus dem Kuba-Desaster begann eine beispielhafte Phase der Vernunft zwischen den beiden Atomgiganten. Kennedy kündigte am 10. Juni 1963 an, die USA würden einseitig ihre Bombenversuche in der Atmosphäre einstellen. Die Prawda druckte Kennedys Rede sofort ab. Am Tag nach Kennedys Ankündigung zog die Sowjetunion in den Vereinten Nationen ihren früheren Einspruch gegen einen westlichen Vorschlag zurück, Beobachter in das vom Krieg geplagte Jemen zu schicken. Vorher hatte sie diesen Vorschlag als »kapitalistische Verschwörung« bezeichnet. Am 14. Juni zogen die USA ihren Einspruch in den Vereinten Nationen gegen die Teilnahme einer ungarischen Delegation als Jemen-Beobachter zurück. Zuvor hatten die USA die ungarische Delegation eine »Marionette der Sowjetunion« genannt. Am 15. Juni gratulierte Chruschtschow Kennedy zu seiner Rede vom 10. Juni und kündigte an, die Sowjetunion werde den Bau von strategischen Bomben einstellen. Im Juli folgte die Sowjetunion dem Schritt der USA und stellte ihrerseits ihre Bombentests in der Atmosphäre ein. Schon am 5. August wurde die beiderseitige Einstellung vertraglich festgelegt. Im September wurde der Vertrag vom Senat der USA ratifiziert. Am 9. Oktober hob Kennedy das Getreideembargo gegen die Sowjetunion auf. Ebenfalls noch im Oktober legten die beiden Atommächte vertraglich fest, keine Nuklearwaffen in eine Umlaufbahn in den Weltraum zu schicken. Jahrelang waren die Verhandlungen um ein Testverbot erfolglos geblieben. Aber ein einziger mutiger Schritt Kennedys brachte diesen und eine Reihe weiterer Erfolge. Im November 1963 wurde Kennedy ermordet.

Nicht einseitige Abrüstung, aber konsequenter, zunächst einseitiger und danach wechselseitiger Rüstungsstopp schuf Vertrauen und führte zu überraschenden Vereinbarungen. Einem richtigen Schritt des Westens war der Osten sofort mit einem ebensolchen richtigen Schritt gefolgt. Jede wechselseitige Abrüstung erfordert zunächst den ersten einseitigen richtigen Schritt. Die Hoffnungen von 1963 wurden mit Kennedy zu Grabe getragen. Aber Millionen in Ost und West haben die damalige Politik begrüßt. Es wäre heute nicht anders. Die regierenden konservativen Politiker in Washington und Bonn hätten von ihren Wählern nichts zu befürchten. Wirklicher Rüstungsstopp würde am Wahltag honoriert. Ohne Rüstungsstopp müssen allerdings die Wähler von ihren Gewählten alles befürchten. Und die Gewählten von sich auch.

Einer muß aufhören zu drohen. Dann sind Umkehr und Rettung möglich. Wer ist der Klügere? Wer hört als erster auf zu drohen? Mit ihrem Abrüstungsbewußtsein sind die Wähler den Gewählten ohnehin voraus. 70 % der Bürger in der Bundesrepublik waren 1983 gegen atomare Nachrüstung. Aber: Auch 1963 bedurfte es erst zuvor des Beinahe-Weltunterganges durch die Kuba-Krise. Mit Kennedys Tod wurde ganz offensichtlich nicht nur die Hoffnung auf atomare Abrüstung, sondern selbst die Erinnerung daran begraben. Diese Erinnerung paßt nicht ins Konzept der Abschreckung mit Nuklearwaffen. Fest steht jedoch, daß damals in vier Monaten mehr erreicht wurde als vorher in vielen Jahren. Grundlage der erfolgreichen vier Monate waren Vertrauen und Mut. Grundlage der erfolglosen Jahre davor und danach waren Mißtrauen und Furcht. Vertrauen und Mut sind Voraussetzungen für das Überleben, Mißtrauen und Furcht bringen den kollektiven Tod. Vertrauen ist eine Frage der Praxis, nicht der zweifelnden Theorie. Vertrauen kann man nur einüben, so wie man schwimmen lernt: im Wasser, in der Praxis. Kinder sind Erwachsenen insofern voraus, als sie im Vertrauen noch natürlich leben. Jugendliche und Erwachsene müssen jedoch das Vertrauen immer wieder neu lernen, weil wir auch ständig Enttäuschungen erleben. Geistig und seelisch sind wir immer so alt wie unser Mißtrauen und so jung wie unser Vertrauen, so alt wie unser Zynismus und so jung wie unsere Hoffnung, so alt wie unser Haß und so jung wie unsere Liebe. Mit dem Vertrauen in die Zusagen der Bergpredigt tun sich alle Parteien schwer. Der SPD-Geschäftsführer Peter Glotz auf meine »Politik der Bergpredigt«: »Alts Bergpredigt ist ein Textbuch für die Gesänge von Kinderkreuzzügen.« Konservative Politiker reden lieber vom »Feind«, linke Politiker von den »ökonomischen Interessen«, wenn sie das Wettrüsten zu erklären versuchen. Doch beide Seiten vergessen oft, nach den wahren Ursachen zu fragen: nach Angst, Drohen und Habsucht. Atomares Wettrüsten heißt: Angst haben statt klüger sein – *haben* wollen statt *leben* wollen. Man muß sich selbst bewegen, man muß sein Selbst bewegen, um die Bergpredigt zu verstehen. Wie können wir das tun? Wie können wir uns wandeln? Ich sehe nur zwei Möglichkeiten:

Erstens: Es gibt einen atomaren Unfall oder eine Beinahe-Katastrophe wie 1962. Wahrscheinlich müssen wir erst eine Katastrophe selbst erleben, bevor wir aufwachen. So sind wir Menschen – politisch nicht anders als privat. Die Frage ist nur, ob es dabei einige Tausend, einige Millionen oder einige Milliarden Tote geben wird. Wir werden nur überleben, wenn wir viel Glück haben. Die Unfälle mit Atombomben und Raketen häufen sich.

Zweitens: Wenigstens *einen* Regierungschef der Atommächte oder der beiden Deutschländer – als die Länder mit der größten Atomwaffendichte – überkommt die Einsicht und der Mut zum ersten Schritt wie damals John F. Kennedy. Das hätte 1983 Helmut Kohl sein können mit einem Nein zur Nachrüstung. Einer muß anfangen aufzuhören. Not-wendig ist also ein antiatomarer Revolutionär, der den ersten konsequenten Schritt wagt. Würde *einer* wirklich anfangen, bedingungslos aufzuhören, dann würden die anderen sehen, daß es geht. Vielen würden die Augen geöffnet über die Dummheit der Gewalt und die ansteckende Stärke erster Schritte der Gewaltlosigkeit. Wir wären reif für eine ganz neue Erfahrung: für die Kraft des Vertrauens, des Guten und der Liebe – wir hätten die Bergpredigt begriffen, auch in der Politik. Es ist eine moralische Entscheidung, nicht nur den Einsatz, sondern auch das Drohen mit dem Einsatz von Massenvernichtungswaffen abzulehnen. Solange uns dies nicht bewußt wird, bleiben alle Abrüstungsverhandlungen reiner Hokuspokus. Das heißt: Was Abrüstung genannt wird, führt zu immer mehr Aufrüstung. Das Gute, das Politiker tun wollen (Frieden schaffen), das tun sie nicht, aber das Böse, das sie nicht tun wollen (den Atomkrieg vorbereiten), das tun sie in Wirklichkeit. Wir alle handeln häufig so in unserem Leben. Warum? Wir alle sind Doppelwesen, fähig zum Guten wie zum Bösen. In jedem wohnt ein Christus und ein Teufel. Es handelt sich nicht um zwei Menschen, sondern um zwei verschiedene Bewußtseinsstadien des einen Menschen. Der größte Trick des Teufels bestand darin, uns einzureden, es gebe ihn gar nicht. Das Dunkle in uns, unsere Schatten, verdrängen wir nur allzu gerne. Die Ergebnisse dieses Verdrängungsprozesses liegen heute offen zutage: die Gefahr der Vernichtung der ganzen Menschheit und massenhafte Abtreibungen. Wenn wir das Böse in uns verdrängen, projizieren wir es nicht nur auf andere (Ronald Reagan: »Die Sowjetunion ist das Reich des Bösen«), sondern wir wissen bald selbst nicht mehr, was wir tun. Wir wollen das Gute und schaffen das Böse, wenn wir uns nicht zu uns selbst, zu unserem Selbst, auch zum Teufel in uns, bekennen. Dem Bösen können wir erst wirkungsvoll begegnen, wenn wir es in uns erkennen. Solange also die eigenen Aggressionen, die zum Aufbau von so vielen Vernichtungswaffen geführt haben, nicht erkannt und anerkannt werden, *müssen* alle sogenannten Abrüstungsverhandlungen erfolglos bleiben. Es könnte allenfalls unbedeutende Ergebnisse geben, gedacht als Opium für die Friedensbewegung. Solange kein Politiker den Mut hat, die Rolle des antiatomaren Revolutionärs zu übernehmen, werden die Mittel der Gewalt für klug und die Mittel der Gewaltlosigkeit für naiv gehalten. Das Heilmittel aber heißt Vertrauen. Das Gift heißt Mißtrauen. Auch das gilt politisch wie privat. Wir mißtrauen, um nicht betrogen zu werden. Aber wir werden betrogen, weil wir mißtrauen. Das ist der Teufelskreis der Aufrüstung. Mißtrauen führt zu Angst und macht die Katastrophe möglich – Vertrauen baut Angst ab und macht Frieden möglich. Mißtrauen macht möglich, was vorher befürchtet worden war. Vertrauen macht möglich, was vorher gehofft worden war. Wer vertraut, dem wird sogar möglich, was vorher unmöglich erschien. Natürlich gibt es nicht das reine Vertrauen in der Politik. Vertrauen und Mißtrauen werden immer gemischt sein. Aber das bisherige Mischungsverhältnis muß zugunsten des Vertrauens umgekehrt werden. Es kommt auf eine Wachstumschance für das Vertrauen an. Sigmund Freud schrieb 1915: »Der Krieg ist aber nicht abzuschaffen.«

Freud mußte skeptisch sein, denn er sah sich selbst als »weltfremden Theoretiker«. Wenn wir aber weltweit in den vielen Tausend Gruppen der Friedensbewegung fortfahren, eine politiknahe Praxis zu erkennen, Einfluß zu nehmen, aufzuklären, Widerstand zu leisten und andere zum Widerstand zu befähigen, dann kann die Katastrophe aufgehalten oder gar abgewendet werden. Wir müssen lernen, der Vernunft gegen ihre Feinde beizustehen. Weil alle getroffen würden, müssen sich alle betroffen fühlen. Wenn wir überleben, dann werden nicht Marx und nicht Mao die wahren Revolutionäre der Menschheit sein, sondern Jesus und Buddha. Nicht zufällig ist Jesu Geburt das wichtigste Datum der Geschichte. Er ist die Wasserscheide für die Bewußtwerdung des Menschen. Bewußtwerdung ist wie ein Sonnenaufgang nach langer Nacht. Sie führt zu einer völlig neuen Sicht. Alles ist eine Frage des Bewußtseins. Das Individuum ist der Mutterboden für die Revolution, niemals das Kollektiv. Es gibt keine neue Gesellschaft ohne neue Menschen. Wenn es aber viele neue Menschen gibt, kommt die neue Gesellschaft von selbst. In welchem demokratischen Land der antiatomare Revolutionär eine Chance hat, hängt von der Stärke und Klugheit der Friedensbewegung in diesem Land ab. Jeder ehrliche Blick in die Augen eines Kindes müßte uns der inneren Entscheidung gegen Atomwaffen näherbringen. Je mehr Menschen innerlich zur Entscheidung gegen Nuklearwaffen finden, desto größer ist die Chance für einen gewählten antiatomaren Revolutionär. Warum sollte dieser nicht konservativ inspiriert sein? Warum sollte er nicht Helmut Kohl heißen oder Lothar Späth oder Norbert Blüm oder Hans Jochen Vogel oder Johannes Rau oder Oskar Lafontaine?

Ich bin überzeugt von der Verwandlungskraft der Liebe, weil ich sie jeden Tag erfahren kann. Nur die Liebe ändert uns wirklich – das gilt für Politiker wie für Nichtpolitiker. Woher ich die

Gewißheit von der Richtigkeit dieses Weges habe? Von Jesus – er ist und gibt absolute Garantie. Selig die Gewaltlosen – selig, die Schritt für Schritt einen neuen Weg wagen,»denn Gott wird ihnen die Erde zum Besitz geben«. Das heißt aber auch: Die Gewalttätigen werden die Erde verlieren.

Heute gilt Gewaltlosigkeit noch immer als unpolitisch. Doch im Atomzeitalter ist Gewalt unpolitisch geworden. Wenn wir heute den Mut hätten, uns auf Jesu Weg einzulassen, könnte die Politik der atomaren Abschreckung sich eines Tages als Übergangslösung von einer Politik der Gewalt zur Einübung in eine Politik der Gewaltlosigkeit erweisen. Wir hätten den ersten schwankenden Schritt zu einer Lebensweise getan, für welche die Bergpredigt eintritt. Hier, an diesem Punkt der Diskussion, haben die ewigen Zweifler Hochkonjunktur. Wo ist die Garantie, daß die andere Seite auch mitmacht? Es gibt keine menschliche Garantie. Aber es gibt die Zusage Jesu, die mehr als jede menschliche Garantie ist. Jesus hat kein Gesetz verkündet, aber eine Frohe Botschaft. Nur die Praxis bringt Erfahrung. Wer ewig den ersten Schritt verzögert, kann nie ans Ziel kommen. Erst die Praxis bringt die heilende Gewißheit. Kluge Bücher und Aufklärungsfilme bleiben reine Theorie, wenn wir uns nicht auf den Weg machen, uns nicht einreihen in die große Bewegung des Friedens, die heute weltweit die Herzen vieler Menschen erfaßt hat. Leben ist nur im Wagnis und im Lernen zu erfahren. Nach einem Atomkrieg gibt es vielleicht noch Archiv-Exemplare von Filmen und Büchern – aber wahrscheinlich keine Menschenexemplare mehr. Und gegen diesen geplanten Wahnsinn mit allen Kräften Widerstand zu leisten – sollte sich das nicht lohnen?

Bert Brecht:»Das große Karthago führte drei Kriege. Es war noch mächtig nach dem ersten, noch bewohnbar nach dem zweiten, es war nicht mehr auffindbar nach dem dritten.« Lernen wir aus der Geschichte? Wollen wir tatsächlich solange zögern und zweifeln, bis es keine Zögernden und Zweifelnden mehr gibt? Nach aller menschlichen und geschichtlichen Wahrscheinlichkeit kann es nichts anderes geben als einen Atomkrieg, wenn das atomare Wettrüsten nicht beendet wird. Die Frage ist nur noch: Wer wird abgeschafft – die Menschen oder die Bombe?

Die Friedensbewegung ist noch nicht stark genug, aber sie verändert Meinungen bis hinein in die Rüstungsbetriebe. Ein Ingenieur aus einem süddeutschen Rüstungsbetrieb berichtet vor einer Gruppe der Friedensbewegung über seine »Erfahrungen aus einem Rüstungsbetrieb«. Er spricht von seinen Skrupeln und über Mechanismen der Verdrängung durch »Sachlichkeit« und sprachliche Verharmlosungen, aber auch – als Familienvater – über seine wirtschaftliche Abhängigkeit von der Rüstungsindustrie. Er schildert, »wie gut die Geschäfte« gehen und daß »Kunden aus fast jedem Land dem Betrieb die Türen einrennen«. Jetzt hat er sich in der Friedensbewegung engagiert, versucht als »einer von drinnen« Mitarbeiter zu überzeugen, kämpft gegen die »Berufskrankheit Sachlichkeit«. Ein Mann auf dem Weg – noch lange nicht am Ziel. Aber er nimmt bewußt in Kauf, gefeuert zu werden. Seine Ehrlichkeit gibt der Gruppe, die ihm zuhört, viel Mut.

Die heutige Friedensbewegung hatte mutige Vorgänger: Bonhoeffer in Deutschland, Martin Luther King in den USA, Gandhi in Indien, Erzbischof Romero in El Salvador. Sie haben die Wahrheit nicht nur gesagt, sie haben sie getan. Der Preis für ihre Konsequenz war allerdings der Tod. Falsches Märtyrertum wäre nur peinlich, wir leben in Demokratien. Wir müssen nur Demokraten werden und andere ebenfalls dazu ermutigen. Etwas mehr Mut zu Widerstand und öffentlichem Engagement brauchen wir allerdings schon. Den Wahnsinn können wir nur stoppen, wenn wir innerlich und äußerlich stärker werden, wenn aus der Millionen-Bewegung eine Vielmillionen-Bewegung wird. Die Friedensbewegung wird nur stärker, wenn es immer mehr Menschen gibt, die schon im Elternhaus Urvertrauen erfahren und gelernt haben. Eltern sind über die Liebe zu ihren Kindern für den Frieden der Welt verantwortlich. Die Welt wird friedlich, wenn Kinder im Elternhaus erfahren, was Liebe und Frieden ist. Und wer es selbst nicht erfahren hat, sorge dafür, daß seine Kinder es erfahren. Wir brauchen dazu innere und äußere Wachstumsprozesse. Wir können äußerlich nur erreichen, was wir innerlich schon sind. Nicht nur unsere Widerstandsfähigkeit, notfalls muß auch unsere Leidensfähigkeit größer werden, das heißt auch: Unsere Wehleidigkeit muß geringer werden. Eine wesentliche Erkenntnis von

Jesus: Die Gewalttätigen sind nicht die Bösen an sich. Sie haben nur das Böse in sich verdrängt. Sie sind nicht besser und nicht schlechter als andere. Aber sie wissen oft nicht, was sie tun. Es gibt Böses und Gutes, aber nicht Böse und Gute; es gibt nur verschiedene Bewußtseinsstufen. Es fehlt oft »nur« an Selbsterkenntnis und deshalb an Verantwortungsgefühl für das, was man tut. Das gilt für die atomare Rüstung, das gilt für die Abtreibung. Die möglich gewordene Vernichtung der »großen« Menschheit durch Atombomben und die Vernichtung eines »kleinen« Menschen durch Abtreibung sind – moralisch – nicht voneinander zu trennen. Beide Male geht es um Achtung oder Nichtachtung des Lebens. Die Art und Weise, wie wir mit dem einzelnen Leben umgehen, ist nur eine Vorahnung dessen, wie wir mit der Menschheit im Atomzeitalter umgehen. Wie lange können die von Abtreibung betroffenen Menschen seelisch diese Belastung aushalten, die sie sich selbst zumuten?

Gewalt durch Abtreibung

»Freuen dürfen sich alle, die keine Gewalt anwenden, denn Gott wird ihnen die Erde zum Besitz geben.«   (Matthäus 5,5)

In der Bundesrepublik werden pro Jahr zwischen 200 000 und 250 000 Kinder im Mutterleib mit Gewalt getötet. Etwa 80 % angeblich aus sozialen Gründen. Ärzte, die Abtreibungen vornehmen, sind gesetzlich verpflichtet, jede Abtreibung dem Statistischen Bundesamt zu melden. Dieses Amt weist »lediglich« etwa 90 000 Abtreibungen pro Jahr aus. Aber aus Unterlagen der kassenärztlichen Vereinigungen geht zweifelsfrei hervor, daß die Ärzte in der Bundesrepublik etwa zwei- bis dreimal so viele Abtreibungen über die Kassen abrechnen, wie sie dem Statistischen Bundesamt melden. Der Berliner Senator für Gesundheit hat mir bestätigt, daß 1983 und 1984 in Berlin lediglich etwa jede vierte Abtreibung auch gemeldet wurde. Im Jahre 1982 wurden zum Beispiel in Frankfurt 2780 Abtreibungen dem Statistischen Bundesamt gemeldet, aber 4675 von den Ärzten über die Kassen abgerechnet. In Wiesbaden gar wurden

Verluste an Menschenleben für die Vereinigten Staaten in den folgenden Kriegen

(Jedes Kreuz bedeutet 25 000 Tote)

Unabhängigkeitskrieg	25 324	✝
Sezessionskrieg	498 332	✝✝✝✝✝✝✝✝✝✝✝✝✝✝✝✝✝✝✝✝
1. Weltkrieg	116 708	✝✝✝✝✝
2. Weltkrieg	407 316	✝✝✝✝✝✝✝✝✝✝✝✝✝✝✝✝
Koreakrieg	54 246	✝✝
Vietnamkrieg	58 665	✝✝✝

Krieg gegen die Ungeborenen 10 000 000
(seit der Liberalisierung der Abtreibung im Jahr 1973 bis 1982)

✝✝✝✝✝✝✝✝✝✝✝✝✝✝✝✝✝✝✝✝✝✝✝
✝✝✝✝✝✝✝✝✝✝✝✝✝✝✝✝✝✝✝✝✝✝✝
✝✝✝✝✝✝✝✝✝✝✝✝✝✝✝✝✝✝✝✝✝✝✝
✝✝✝✝✝✝✝✝✝✝✝✝✝✝✝✝✝✝✝✝✝✝✝
✝✝
✝✝
✝✝
✝✝
✝✝
✝✝
✝✝

aus: VOX VITAE, November 1982

1982 »nur« 582 Abtreibungen angemeldet, aber 4200 abgerechnet, also siebenmal soviel. Das Präsidiumsmitglied der hessischen Landesärztekammer, Dr. Wolfgang Furch: »Im Gesetz haben wir eine Indikationslösung, praktisch aber eine Fristenregelung, obwohl die Fristenregelung nicht mit dem Grundgesetz zu vereinbaren ist. Das heißt: Jede Frau, die einen Abbruch wünscht, erhält ihn auch.«
Die moderne Biologie kann nicht den geringsten Wesensunterschied ausmachen zwischen einem neugeborenen und einem ungeborenen Kind. Warum soll dann das neugeborene Kind staatlichen Rechtsschutz haben, nicht aber das ungeborene?

Das Ungeborene braucht vor allem deshalb einen staatlichen Rechtsschutz, weil es schwach ist. Der fortschrittliche soziale Rechtsstaat gewährt diesen Schutz auch anderen Gruppen von Schwachen, zum Beispiel Alten und Kranken. Empören wir uns heute nicht darüber, wie die Nazis mit »lebensunwertem Leben« umgegangen sind? Rechtlicher Schutz ist in einem sozialen Rechtsstaat gerade für die Schwächsten unerläßlich. Aber die Diskussion über den Schutz der Ungeborenen ist nicht in erster Linie eine Frage des Strafrechts. Luise Rinser läßt in ihrem Roman »Mirjam« Jesus zu Maria Magdalena sagen: »Nicht Furcht vor Strafe hält ab vom Töten des Lebens und der Seele. Nur die Erkenntnis vom Einssein alles Lebendigen schafft das Friedensreich. Sag das den anderen. Sag es allen. Sag es tausendmal tausendmal. Das ist mein Auftrag an dich. Lehre die Einheit alles Lebendigen, lehre die Liebe.«

Die meisten Abtreibungen in der Bundesrepublik werden allerdings nicht – wie häufig vermutet – von jungen Mädchen, die vergewaltigt wurden, vorgenommen, sondern von verheirateten Frauen zwischen 25 und 30 Jahren. Hunderte von Reaktionen auf zwei Fernsehfilme zu diesem Thema zeigten mir: Nicht soziale Enge, sondern schiere Unwissenheit und seelische Not sind die Hauptursache für Abtreibungen. Sehr oft ist ein abwesender oder sich abwendender Vater der Grund für die Abtreibung. Viele, die abgetrieben haben, auch viele Ärzte, wissen nicht, was eine Abtreibung ist. Manche freilich wissen nicht, weil sie nicht wissen wollen. Vor allem die psychischen Folgen der Abtreibung für eine Frau sind ein Tabu. Ein Ja oder Nein zur Abtreibung ist heute keine Glaubensfrage mehr. Wir wissen entschieden mehr über das Ungeborene als in den siebziger Jahren, wo der Streit um den § 218 schon einmal heftig war. Fängt das Leben wirklich erst »mit der Geburt« an, wie noch 1984 Susanne von Paczensky geschrieben hat? Die italienische Publizistin Oriana Fallaci fragte 1979 in ihrem »Brief an ein nie geborenes Kind«: »Sag mir nur: Wann fängt das Leben an? Sag nur, ich bitte dich inständig: hat das deine wahrhaftig schon begonnen? Wann? In dem Augenblick, als der Lichttropfen, den man Spermium nennt, deine Zelle durchstieß und teilte? In dem Augenblick, als sich in dir ein Gehirn herausbildete und ein

Rückenmark und du menschliche Gestalt anzunehmen begannst? . . . Was gäbe ich darum, Kind, könnte ich deine Stummheit bezwingen . . . könnte ich dich sehen und von dir Antwort bekommen?«

Wir wissen es heute genauer: Wir können das Kind im Mutterleib filmen und beobachten. Bilder über Werden und Wachsen eines Kindes im Mutterleib füllen ganzseitig die Illustrierten, erregen großes Erstaunen, viel Nachdenklichkeit und häufig ein schlechtes Gewissen. Am Ende des dritten Monats ist ein Fötus etwa 10 cm groß. Viel größer also als auf dem Umschlag dieses Buches. Aber wer mit offenen Augen auch dieses verkleinerte Bild vorne anschaut, zu welchem anderen Schluß kann er kommen als zu dem: Hier ist ein Mensch! – ein beseeltes Wesen. Man muß wirklich nur die Augen aufmachen, um zu sehen: Hier ist kein Zellklumpen, kein Fisch und kein Lurch, hier ist ein Mensch. Wer es anders sieht, will es nicht wissen oder ist ein Ideologe – er hat Angst vor der Wahrheit. Wir brauchen es heute nicht mehr zu glauben, wir wissen es von Embryologen und Entwicklungsneurologen, von Hirnforschern und Psychologen: Ein Mensch ist ein Mensch von Anfang an. Die Befruchtung des Eies ist das entscheidende Ereignis am Beginn des menschlichen Lebens. Aber noch immer meinen viele, das ungeborene Kind sei ein dumpfes, primitiv vegetierendes Ding – ein Zellklumpen. Das ist ein noch weitverbreiteter, verhängnisvoller Aberglaube. Den Embryo sieht man nicht und spürt man nicht – also ist er kein Mensch? Selbst ein nur wenige Millimeter großes Kind ist schon ein hochdifferenziertes Wesen, mit keinem Tier vergleichbar, unverwechselbar Mensch. Bei einem 24 Tage alten Embryo, schreibt der Embryologe Erich Blechschmidt, sind alle Organsysteme »mit denen des Erwachsenen vergleichbar: die Haut wie auch die Anlage des Zentralnervensystems und des peripheren Nervensystems, Herz, Leber, Lungenanlage, Darm und Genitaltrakt . . . Der Mensch wird nicht Mensch, sondern er ist Mensch und verhält sich schon von Anfang an als solcher, und zwar in jeder Phase seiner Entwicklung von der Befruchtung an.«

Leider wird bis zum heutigen Tag in vielen Schulbüchern noch immer das Gegenteil behauptet. Ein Teil der »Aufklärung« basiert noch immer auf dem »Biogenetischen Grundgesetz« von Ernst Haeckel, der – sich an Charles Darwin orientierend – 1866 behauptet hatte, die Entwicklung im Mutterleib wiederhole in verkürzter Form die Evolution, also die Stammesgeschichte der Menschheit. Ein folgenschwerer Irrtum der rein materialistisch orientierten »Aufklärung«: Die Wissenschaft ist heute dabei, ihn zu korrigieren. Aber neue wissenschaftliche Erkenntnisse stoßen zunächst immer an eine Wand von Vorurteilen – bei diesem existentiellen Thema auch gar nicht verwunderlich. Wenn wir in zwanzig Jahren noch leben, werden wir uns allerdings über unsere unreifen Vorstellungen von der frühen menschlichen Entwicklung, wie wir sie lange gehabt haben, sehr wundern. Politische Positionen, die darauf aufbauten und als fortschrittlich galten, werden sich sehr bald als reaktionär und menschenfeindlich zu verteidigen haben. Wir waren in keinem Stadium unserer Entwicklung Maus, Affe oder Kaulquappe. Wir waren Mensch von Anfang an. Der Mensch hat keine »tierische« Vorstufe. Wären wir nicht Mensch von Anfang an, dann hätten die Erlebnisse der ersten Monate im Mutterleib auch keinen Einfluß auf unser späteres Leben. Aber wir wissen heute, wie wichtig die Entwicklung gerade dieser ersten Monate für unser ganzes Leben ist. Wenn die Anfangszeit psychische Folgen hat, dann muß der Mensch auch von Anfang an ein beseeltes Wesen sein. Das größte Hindernis im menschlichen Fortschritt ist die Gewohnheit. Fast nichts fällt uns so schwer wie Umdenken und Umlernen. Hier jedoch ist es lebensnotwendig – auch für uns selbst.

Katharina Zimmer hat in ihrem Buch »Das Leben vor dem Leben« die Erkenntnisse der verschiedenen Disziplinen zusammengetragen und mit eindrucksstarken Bildern belegt: Die Entwicklung des menschlichen Lebens beginnt mit den ersten Zellteilungen. Nichts geschieht innerhalb dieser Entwicklung ohne Vorbereitung, nichts ohne Folgen. Die Geburt ist nur ein Übergang. Schon um den 21. Tag beginnt das Herz kräftig zu pumpen. Besonders spektakulär sind die wissenschaftlichen Erkenntnisse der letzten Jahre über das Zentralnervensystem und damit über das Gehirn vom Ungeborenen. Das Herz pumpt das Blut durch den ganzen Körper, so daß Sauerstoff in alle Bereiche gelangt, vor allem in das sich stark entwickelnde Gehirn. »Wir hatten bisher keine Ahnung davon, wie früh das unvorstellbar winzige Gehirn schon feine Strukturen aufweist, wie früh die Sinne ihre ›Arbeit‹ aufnehmen, wie früh das Ungeborene auf äußere Reize reagiert, sozusagen ›antwortet‹, mit Bewegungen zum Beispiel – und wie früh sich in allen diesen bis vor kurzem unbekannten Fähigkeiten erste Seelenregungen zeigen. Und seit wenigen Jahren erst weiß man, daß es schon in den allerersten Monaten nach der Empfängnis, ja wahrscheinlich bereits in den ersten Wochen, so etwas wie eine seelische Verbindung zwischen der Mutter und ihrem heranwachsenden Kind gibt« (Katharina Zimmer).

Herz und Hirn haben schon am Beginn unseres Lebens eindeutig Vorrang. Die Einheit von Herz und Hirn schon wenige Wochen nach der Zeugung macht bereits die Persönlichkeit aus. Das Wunder der frühen Entwicklung wird besonders augenfällig im Wachstum der Hand und des Arms. Um den 28. Tag werden die Armknospen sichtbar. Am Ende der sechsten Woche ist die Hand voll ausgebildet. Die Entwicklung unseres so komplizierten Greifsystems hat ganze 14 Tage gedauert. Es steht in enger Verbindung mit dem Begreifen und Wahrnehmen, also mit Geist und Seele. Der Mensch ist eine Leib-Seele-Geist-Einheit von Anfang an. Alles, was wächst, hat Seele.

Arme und Beine werden vom Kind sofort benutzt wie alle Systeme, die heranwachsen. Wir wissen aus der modernen Psychologie, daß Bewegung unsere erste stumme Sprache ist. Die von der Mutter noch kaum wahrnehmbaren körperlichen Regungen des kleinen Embryos sind Ausdruck früher seelischer Regungen und Empfindungen. Ab der achten Woche nimmt das Kind gelegentlich den Daumen in den Mund. Es schmeckt und fühlt bereits. Einer der ersten Sinne des Kindes ist der Tastsinn. Aber der Fötus kann mehr als nur reagieren, mehr als ein nur von der Natur vorgegebenes Programm abspulen. Er verändert seine Lage im Mutterleib so, wie es ihm angenehm ist. Diese frühen Aktivitäten deuten auf eine Wahrnehmung hin, die für seelische und körperliche Entwicklung besonders wichtig ist: auf den Gleichgewichtssinn. Er hilft dem Kind, sich an der Schwerkraft zu orientieren. In alledem spiegelt sich wider, wie sehr und wie früh sein Nervensystem sich entwickelt.

Neueste Forschungen aus den USA zeigen, wie stark die seelische Entwicklung des Kindes buchstäblich mit seiner Gleichgewichtsentwicklung zusammenhängt. Das Kind zwischen der achten und zwölften Woche kann sich wohl fühlen und leiden, es ist bereits ein soziales Wesen. Ein neun Wochen altes Kind reagiert schon mit heftigen Bewegungen auf eine leichte Berührung. Es nimmt auch Schmerzen wahr.

Ich habe mir einen amerikanischen Film über eine Abtreibung angeschaut. Mit Ultra-Schall-Aufnahmen wurde festgehalten, was passiert: Noch bevor der Arzt mit seinen Instrumenten das Opfer berührt, schlägt es wild um sich und versucht, den Daumen in den Mund zu nehmen – immer ein Hilferuf, auch vom geborenen Kind. Der Körper bewegt sich hektisch, der Herzschlag steigt auf über 200mal pro Minute. Das Kind – wie jeder Mensch – wehrt sich dagegen, getötet zu werden. Nie ist mir Albert Schweitzers Satz so bewußt geworden wie beim Anblick dieses Tötens: »Leben ist Leben, das leben will inmitten von Leben, das leben will.« Das Kind empfindet Schmerzen und leidet. Es will nicht sterben. Es will nur leben. Ein Chefarzt sagte mir, daß sich ein Kind, das durch eine über Wehen eingeleitete Frühgeburt abgetrieben wird, bis zu einer Stunde auf dem Operationstisch windet und dabei quallvoll stirbt. Die Ultra-Schall-Aufnahmen zeigen, daß das Kind im Augenblick des Tötens im Mutterleib schmerzerfüllt seinen Mund aufreißt, als wolle es einen Schrei ausstoßen. Der Film, den der New Yorker Gynäkologe Dr. Bernhard Nathanson von Kollegen drehen ließ, um endlich die Wahrheit zu sehen, heißt »The silent scream«. »Der stumme Schrei«. Dieser Arzt hat in den vierziger Jahren Medizin studiert. »Uns wurde damals gesagt, ein Embryo ist noch kein Mensch.« Der Gynäkologe war jahrelang der prominenteste Abtreibungsarzt der USA. Er hat nach eigenen Angaben 27500 Abtreibungen selbst zu verantworten. Heute sagt er: »Ich tue es nie wieder.« Erst über Ultra-Schall sah er, was er wirklich tat. »Das Baby weicht vor dem Abtreibungsinstrument zurück, strampelt und schlägt mit den Ärmchen um sich. Es öffnet den Mund mit einem stummen Schrei, während es angegriffen und zerstört wird.« Heute reist Bernhard Nathanson als Redner gegen Abtreibungen durch die Welt. Er wurde ein Anwalt der Ungeborenen und will Politiker dafür gewinnen, den Schutz der Ungeborenen in den nationalen Verfassungen zu verankern. In Irland hatte er damit bereits Erfolg. Nathanson heute: »Abtreibung ist Mord.« Er weiß, wovon er spricht. Der Arzt bezeichnet sich damit selbst als tausendfachen Mörder. Das ist Selbsterkenntnis. Ohne diese absolute Ehrlichkeit wäre die überzeugende Umkehr dieses Mannes nicht möglich gewesen. Der Weg Dr. Nathansons müßte Ärzten, die ehrlich zu sich selbst sein wollen, auf der ganzen Welt viel zu denken geben. Abtreibung ist eine besonders brutale Form von Gewalt gegenüber den Schwächsten und Unschuldigsten. Die gesellschaftspsychologischen Folgen einer »liberalen« Abtreibungspraxis werden total übersehen: Die heute Geborenen lernen sich – unbewußt natürlich, aber folgenschwer – als Überlebende der Abtreibung zu verstehen. Die unausweichliche Folge: Gewalt, Angst und Aggression. In den USA werden heute jährlich etwa 1,55 Millionen Kinder im Mutterleib getötet. Dr. Nathanson: »Die Gesellschaft der USA ist die aggressivste der Welt. Ich betrachte dies auch als Ergebnis der Abtreibung.« Mit der Zahl der Abtreibungen nehmen tatsächlich in allen Industriegesellschaften die Zeichen der Gewalt zu: Gewalt auf Video-Kasetten, Gewalt bei der Durchsetzung von Interessen, Gewalt zur Verbreitung von Ideologie, Gewalt von Kriegsübungen, die man Manöver nennt, Gewalt, verbunden mit Intoleranz, Gewalt als Verletzung von Menschenrechten. Haben wir noch die Kraft zu friedlichen Konfliktlösungen? Wo und wie finden wir einen Ausweg aus dem Todeszirkel der Gewalt?

Links und rechts: die gleichen Ausreden

Wenn es um Abtreibung geht, argumentieren viele linke und grüne Anhänger der Friedensbewegung so inhuman wie viele Politiker und Militärs, wenn es um die Möglichkeit atomarer Vernichtung geht. Auf beiden Seiten wird mit sogenannten

Sachzwängen operiert, die in Wirklichkeit weitgehend Ausreden sind. Dahinter steckt die Angst vor der Wahrheit. Die Nachrüstungsbefürworter wollen oft nicht wahrhaben, daß durch immer mehr Atombomben der Atomkrieg immer wahrscheinlicher wird. Und Abtreibungsbefürworter wollen oft nicht wahrhaben, daß Abtreibung Tötung ist. Kaum ein anderes Thema ist so sehr mit Vorurteilen und sachfremden »Argumenten« befrachtet wie gerade jene beiden Themen, bei denen es um Leben und Tod geht: Abtreibung und Aufrüstung. Die Befürworter gebrauchen Ausreden, um etwas zu rechtfertigen, wogegen ihr Gewissen rebelliert. Abtreibungsbefürworter weisen darauf hin, daß »der werdende Mensch ja noch so klein« sei und jede Frau selbst entscheiden müsse, ob sie ein Kind gebären will oder nicht. Es sollten nur glückliche Kinder zur Welt kommen und gesunde. Und schließlich gehe es um die Emanzipation der Frau. Ist es erlaubt, das Töten oder Nichttöten eines Menschen von seiner äußeren Größe, von der Anzahl seiner Zentimeter, abhängig zu machen?

»Small is beautiful!« Gilt dieser fortschrittlich gemeinte Satz nur für die Technik? Die Mißachtung des Kleinen, des Schutzlosen, der Schwachen oder Behinderten ist Ausdruck eines materialistischen Denkens, das sich absolut selbständig gemacht hat. Heute werden immer weniger behinderte Kinder geboren. Die Behinderung kann rechtzeitig festgestellt werden, oft wird dann auf Abtreibung entschieden. Dadurch wird vielleicht eine »Lösung« des Behindertenproblems erreicht, aber diese Abtreibung ist so menschenverachtend wie fast jede andere. Das Töten von behinderten Ungeborenen kann die brutalste Form von Behindertenfeindlichkeit in unserer Gesellschaft sein. In vielen Fällen wird hier in besonders zynischer Weise Barmherzigkeit mit Töten verwechselt. Das ist eine Beleidigung für alle lebenden Behinderten. Welche Gefühle müssen sie eigentlich haben, wenn die Nichtbehinderten einen ungeborenen Menschen deshalb töten, weil die Gefahr besteht, daß er behindert wird? Was ist der Unterschied zur braunen Ideologie vom »lebensunwerten Leben«? Woher wollen wir wissen, daß Kinder, die geboren werden, alle glücklich und gesund sind, und diejenigen, die abgetrieben wurden, alle unglücklich geworden wären? Auch hier setzen wir uns an die Stelle Gottes. Eine Gesellschaft von ausschließlich Unbehinderten wäre wahrscheinlich seelisch eine sehr kranke Gesellschaft. Sie hätte nämlich zuvor jedes behinderte Kind im Mutterleib für »lebensunwert« erklärt.

Im Zeitalter der Pille in einer Abtreibung eine Möglichkeit zur Emanzipation zu sehen ist gerade kein modernes, sondern ein steinzeitliches Argument. Feministische und christliche Gruppen machen heute neue sexualpartnerschaftliche Erfahrungen mit »Natürlicher Familienplanung« (NFP), weil sie die Pille ablehnen. Neben gesundheitlichen werden psychische und körperliche Argumente angeführt: Die Frau will nicht immer »verfügbar« sein. Emanzipation kann doch wohl nicht heißen, immer dann »zur Verfügung« zu stehen, wenn mein Körper oder mein Partner dies wünschen. Gehört zur Emanzipation nicht auch ein Stück Selbstbeherrschung und Unabhängigkeit vom Partner? Sollte es im sexuellen Bereich tatsächlich keinen Unterschied zwischen Mensch und Tier geben? Immer mehr Männer scheinen die Beachtung der fruchtbaren und unfruchtbaren Tage der Frau zu akzeptieren. Das ist eine Frage der seelischen Reife des Mannes. Hier entwickelt sich – jenseits von Weltanschauungen und traditioneller Religiosität – eine neue Kultur der Liebe, die von Rücksichtnahme, Zärtlichkeit und einem neuen Körperbewußtsein geprägt ist. Hier ist durch intensive Beachtung der Natur die Pille überflüssig geworden. In seinem Buch »Natürliche Geburtenregelung« empfiehlt der Arzt Josef Rötzer die natürliche Empfängnisregelung als »partnerschaftlichen Weg, verläßlich und unschädlich.« »Neue Erkenntnisse erleichtern der Frau die Begrenzung der wenigen fruchtbaren Tage und erlauben die Bestimmung einer größeren Zahl unfruchtbarer Tage mit einer derartigen Genauigkeit, daß eine Empfängnis mit Sicherheit vermieden werden kann.« Die weitverbreitete Pillenmüdigkeit fällt zusammen mit der weltweiten Suche nach einem natürlichen Leben inmitten einer erdrückenden Technisierung. Frauen fühlen sich oft von der Pille »chemisch verändert«. Sie schlucken sie gehorsam, aber mit großem Widerwillen, fühlen sich dabei alleingelassen und zum Werkzeug des Mannes herabgewürdigt. »Die Beobachtung des Zyklusgeschehens der Frau wird zu einem interessanten gemeinsamen Erlebnis, wenn Mann und Frau zusammenarbeiten« (Josef Rötzer). In solcher Zusammenarbeit zeigt sich Verantwortungsbewußtsein und sittliche Reife. Für viele überraschend: Statistiken der UN-Gesundheitsorganisation belegen, daß »Natürliche Familienplanung« so sicher sein kann wie die Pille. Voraussetzung ist wirkliche Aufklärung über Körper und Seele, also Selbsterkenntnis bei Mann und Frau. Natürliche Geburtenplanung ist Selbstkontrolle aus Liebe zueinander. Mutter Theresa weist nach Erfahrungen in Kalkutta darauf hin, daß durch diese natürliche Geburten- und Familienplanung die Bevölkerungsexplosion der »Dritten Welt« gestoppt werden könnte. Da es sich um eine *natürliche* Geburtenregelung handelt, sind Menschen in den noch natürlicheren Ländern dafür viel eher aufgeschlossen als für unsere Chemie. Menschen in der »Dritten Welt« wissen noch viel eher als wir, daß die Fruchtbarkeit der Erde ihre Jahreszeiten hat und auch das menschliche Leben in den Rhythmus der Natur eingebettet ist. Wir sind ein Teil der Erde. Der jetzige Paragraph 218, sagt die Psychotherapeutin Hanna Wolff, die über zwanzig Jahre in Indien und Südamerika gelebt hat, ist »ein Produkt des Patriarchats auf dem Rücken der Frau. Es ist ein großes Unrecht, die Frau den Schaden in Form der Schädigung von Leib und Psyche tragen zu lassen.«

Die jetzige gesetzliche Regelung führt nicht zu sexueller Befreiung, sondern zu noch mehr sexueller Ausbeutung. Die Verantwortung für ein Kind ist von Anfang an unteilbar. Die Diskriminierung von Frauen in einer Männergesellschaft ist Ausdruck der Diskriminierung des Fraulichen in den Männern selbst. Männer diskriminieren Frauen, weil Männer zuvor ihre eigenen Gefühle nicht angenommen, sondern verdrängt haben. Lebensaufgabe des Mannes ist – nach C. G. Jung spätestens am Beginn der zweiten Lebenshälfte – die Anima-Integration, die Entwicklung des weiblichen Seelenanteils in sich, das heißt: das Ausleben der wahren Gefühle und nicht das Austoben vagabundierender Sentimentalitäten. Ein Mann ist ein »ganzer Mann«, wenn »die Frau im Mann« und »das Kind im Mann« sich entwickeln können und ihr Recht haben. »Der Vor-

74

rang der Männlichkeit ist der Krebsschaden unserer Kultur« (Alfred Adler). Die Frau ist nicht das zweite und nicht das schwache Geschlecht, sondern das andre. Die wirkliche Gleichstellung der Frau ist der Prüfstein für Reife und humane Fortschrittlichkeit in einer Gesellschaft.

Manche Leser und Fernsehzuschauer stören sich schon an dem Wort »Kind«, wenn es um Embryos geht. Nur: Ich habe noch nie eine Frau kennengelernt, die gesagt hätte, sie erwarte einen Embryo. Ich kenne nur Eltern, die sagen, sie erwarten ein Kind. Die Tatsache der Tötung wird doch nicht dadurch ungeschehen gemacht, daß wir dem Getöteten einen lateinischen Namen geben. In der Abtreibungsfrage manipulieren wir unser Gewissen mit ebenso schön verharmlosenden griechisch-lateinischen Namen (Embryo oder Fötus) wie in der Rüstungsfrage mit Kürzeln wie SS 20, MX oder Pershing II. Das alles klingt so hübsch harmlos. Wer denkt schon bei »SS 20« oder »Pershing II« an Massenvernichtungswaffen, die Millionen Menschen töten können? Für die Abtreibungspraxis wie für die Aufrüstungspraxis gilt in gleicher Weise die Feststellung des Psychotherapeuten Thorwald Dethlefsen: »Der Mensch glaubt zu tun, während er getan wird.«

Der Krieg gegen die Ungeborenen

Die Psychotherapie sagt uns unzweideutig: Das Gewissen reagiert auf Abtreibung mit einer ungemein tiefen Traurigkeit, die sich nicht technisch oder chemisch beheben läßt und, da meist verdrängt, zur Krankheit führen muß. Die Träume zeigen: Unser Gewissen reagiert auf Abtreibung ähnlich wie das von Soldaten aufgrund von nicht aufgearbeiteten Kriegserlebnissen des Tötens anderer Menschen. Abtreibung ist Krieg gegen Ungeborene.

Die Argumente der Nachrüstungsbefürworter: Auch sie seien für Frieden; aber leider gäbe es auf sowjetischer Seite die SS 20, da brauchen wir halt die Pershing II. Schließlich habe die atomare Abschreckung vierzig Jahre Frieden gesichert. Des einen »soziale Notlage« ist des anderen »SS 20«.

Gibt es wirklich rationale Argumente für noch gefährlichere Atomraketen oder für das Töten eines Kindes? Darf man einen Menschen töten, nur weil er noch »so klein« und sprachlos ist? Kann es wahre Emanzipation von Mann – hinter jeder Abtreibung steckt ein Mann – oder Frau geben auf Kosten eines Kindes? Hat nicht auch ein ungeborenes Kind ein Recht auf Emanzipation und Leben? Abtreibung hat so wenig mit wahrhafter Emanzipation zu tun wie Atombomben mit wahrhaftem Frieden. Ein bißchen Leben gibt es so wenig wie ein bißchen Schwangerschaft. Wer für Gewaltlosigkeit in der Politik ist: Kann der für gewaltsamen Schwangerschaftsabbruch sein?

Fragen an die konservative Seite: Wenn es unmoralisch ist, daß die Sowjets uns mit SS 20 bedrohen, mit welchem Recht dürfen wir sie dann mit Pershings bedrohen? Kann man seine eigenen Sünden mit den Sünden des anderen rechtfertigen? Wie kann es jemals wenigstens zu einem Rüstungsstopp kommen, wenn nicht *einer anfängt* zu stoppen? Das Dilemma zwischen Ost und West ist doch gerade, daß jeder Abrüstung sagt, aber den anderen damit meint. Keine Seite ist klug genug, den ersten Schritt zu tun. Deshalb stolpern wir aus Dummheit und Verblendung in den möglichen Atomkrieg.

Gegenfragen werden von beiden Seiten verdrängt und verharmlost. Abtreibungsbefürworter weisen immer darauf hin, daß ja niemand einen Schwangerschaftsabbruch mit Freuden vornehmen lasse. Das ist für das getötete Kind natürlich nur ein schwacher Trost. Auch hier wieder die Parallele zum Argument der Nachrüster: Atomare Nachrüstung mache natürlich keine Freude. »Wir sind doch nicht raketengeil«, sagen manche Politiker. Wenn das stimmt, dann muß allerdings zurückgefragt werden: Warum stellt ihr dann immer gefährlichere Raketen auf? Theoretisch sind die Nachrüster so sehr für Abrüstung wie die Befürworter der Abtreibung für Gewaltlosigkeit. Aber praktisch tun beide das Gegenteil. Wer wirklich für Gewaltlosigkeit ist, kann nicht für gewaltsamen Schwangerschaftsabbruch sein. Abtreibung hat so wenig mit Gewaltfreiheit zu tun wie Atombomben mit Frieden. Wer Abrüstung fordert zum Schutz des Lebens, kann Abtreibung nicht gutheißen. Und wer Abtreibung nicht gutheißt, kann nicht für Massenvernichtungswaffen sein. Das Recht der Geborenen auf Überleben ist nicht zu trennen vom Recht der Ungeborenen auf Leben. Auch früher haben die Menschen gesündigt. Aber sie wußten es. Wir Heutigen jedoch sündigen ohne Sündenbewußtsein. Das ist die eigentliche Sünde. Wir töten per Abtreibung und reden dabei von Emanzipation. Und wir bereiten mit immer gefährlicheren Waffen den Untergang der Menschheit vor und reden noch von Friedenssicherung.

Wie glaubwürdig ist der Einsatz für das Zuzugsrecht ausländischer Kinder, wenn wir den eigenen nicht einmal ein Lebensrecht zugestehen? Wir sind Weltmeister im Verdrängen dessen, was wir tun. Die mangelnde Sensibilität gegenüber dem Bösen macht uns unfähig für das Gute. Unser Wissen wird ständig erweitert, aber unser Gewissen entwickelt sich nicht. Schließlich haben wir für alles eine Ausrede. Und wenn die Welt dabei untergehen sollte: Schuld sind immer die anderen. Der Osten gibt dem Westen und der Westen dem Osten die Schuld. Atomare Abschreckung: Das ist immer weniger Sicherheit für immer mehr Geld. Wieviel Bildung braucht eigentlich der Mensch, um sich der einfachen Wahrheit zu verweigern, daß wir nicht alles dürfen, was wir können?

Ist das Töten eines kleinen, schutzlosen Kindes im Mutterleib nicht Gewalt, auch wenn die Waffen, die dabei benutzt werden, harmlose medizinische Namen tragen? Und ist die Drohung mit atomarer Vernichtung nicht auch Gewalt? Jede Manipulation am Leben ist inhuman.

Unsere heutige Wegwerfmentalität trifft nicht nur Konsumartikel, sie macht nicht einmal vor den eigenen Kindern und schon gar nicht vor den Tieren halt. Ich kenne den folgenden Fall: Ein Arzt war bereit, eine soziale Notlage anzuerkennen (soziale Indikation). Die Familie hatte 4000 Mark Monatseinkommen und zwei Kinder. Nach anfänglichem Zögern sagten die Eltern doch ja zu ihrem Kind. Es geht hier um den Arzt. Die beiden Kinder wären seine Begründung für die Abtreibung gewesen. Die Kinder hatte natürlich niemand gefragt, ob in ihrem Namen jemand getötet werden soll. Wenn es um Sündenböcke geht, scheuen wir Erwachsenen vor der größten Gemeinheit nicht zurück: Wir benutzen unsere Kinder. Sicher ist: Kein

Kind sagt: »Töte ein Kind meinetwegen!« Ich wollte nicht der Sohn einer Mutter sein, die sagt, sie habe meinetwegen getötet. Jedermann verbittet sich das. Aber Kinder braucht man ja nicht zu fragen. Welch fortschrittliche Erziehung auf Kosten der Kinder! Wir haben zu wenig Ehrfurcht vor dem Leben: vor unserem eigenen, vor dem Leben der Ungeborenen und vor dem Leben ihrer schon lebenden Geschwister. Albert Schweitzers »Ehrfurcht vor dem Leben« war so ganzheitlich gemeint wie Jesu Bergpredigt: privat und politisch. Mit Atombombenpolitik tötet man ebenso ein Stück seiner selbst wie mit Abtreibung. Die Düsseldorfer Psychotherapeutin Ursula Keller-Husemann, die viel mit Frauen und Männern arbeitet, die abgetrieben haben: »Abtreibung ist immer eine Mischung aus Mord und Selbstmord.« Wir schädigen unsere eigene Seele. Und wir töten ein Ebenbild Gottes. Jede befruchtete Eizelle ist der Garant für ein einmaliges Exemplar der Gattung Mensch. Der Braunschweiger Biologe Professor Tausch schrieb zu einem REPORT-Film über das ungeborene Leben: »Wenn wir also über Schwangerschaftsabbruch – in welchem Stadium auch immer – diskutieren wollen, müssen wir uns darüber im klaren sein, daß ein einmaliger Mensch dabei verlorengeht, dessen fest determiniertes Entwicklungspotential nur durch uns geschützt werden kann. Jeder einzelne Mensch hat eine absolut einmalige Konstitution, die sich von jeder anderen, die es je gegeben hat, gibt oder jemals geben wird, unterscheidet, sieht man einmal von eineiigen Zwillingen ab.«

Die DDR-Schriftstellerin Eva Strittmatter, die sich als Atheistin versteht, schreibt über ihre Erfahrung nach einer Abtreibung: »Ich muß meine Trauer begraben um das ungeborene Kind. Das werde ich niemals haben. Dämonen pfeifen im Wind und flüstern im Regen und speien mir grade ins Gesicht. Und mag auch Gott mir verzeihen. Ich verzeihe mir nicht. Es hat mich angerufen, es hat mich angefleht, ich sollt es kommen lassen. Ich habe mich weggedreht. Es gab mir kleine Zeichen: Eine Vision von Haar. Und zwei, drei Vogellaute einer Stimme von übers Jahr. Ich hätt es sehen können, hätt ich es gewollt. Es war ja in mir entworfen. Ich aber habe gegrollt über die Tage und Jahre, die es mir nehmen wird, und um meine grauen

Haare, die Krankheit. Und wahnwitzverwirrt, hab ich mich darauf berufen, ich sei zum Schreiben bestellt. Dabei war vielleicht diese Hoffnung viel wichtiger für die Welt als all meine Selbstverzweiflung und die kleinen Siege in grün, die ich dem Leben abringe und den Dingen, die dauern und fliehn. Das schwere Recht der Freiheit hab ich für mich mißbraucht. Und hab mich für immer gefesselt. In Tiefen bin ich getaucht, in Trauer bis zum Irrsinn. Es brodelt noch neben mir. Die unsühnbare Sünde unterscheidet mich vom Tier.«

Hier wird nicht verdrängt, hier wird gerungen, hier wird gesucht, hier wird getrauert. Hier ist jemand auf dem Weg, Mensch zu werden. Und nur dies allein zählt. Eltern, die ihr Kind durch Abtreibung töten, hätten oft nichts nötiger als das Lernen von diesem Kind. Man kann von niemandem *mehr* als vom Kind lernen: lieben lernen, leben lernen, vertrauen lernen. Ach, wüßten wir Menschen doch rechtzeitig, was wir uns selbst antun, wenn wir unsere eigenen Kinder töten. Wer abtreibt, mutet sich ein Leben lang ein schlechtes Gewissen zu, er lädt sich selbst fürs ganze Leben ein Kreuz auf. Viele Menschen sterben heute laut Totenschein an Krebs oder Herzinfarkt. Viele von ihnen sterben in Wahrheit an ihren Psychosen und Neurosen, an ihren seelischen Krankheiten, das heißt »an ihren unbereuten Sünden« (Luise Rinser).

Über die seelischen Ursachen, die zu einer Abtreibung führen können, sagt Ursula Keller-Husemann: »Spätestens seit Sigmund Freud wissen wir, daß eine fehlgelaufene kindliche Entwicklung später zu Neurosen führt. In der Regel haben Frauen, die abtreiben, eine Lebensgeschichte, die damit begonnen hat, daß sie selbst abgelehnte Kinder oder unerwünschte Kinder waren oder gar versuchte Abtreibungen, die sie jedoch überlebt haben. Oft haben sie in ihrem Leben so etwas wie Mütterlichkeit nie erfahren. Eine Schwangerschaft ist oft der unbewußte Wunsch, etwas in sich zu heilen, das Kind in sich zu heilen. Dieser ungelöste Konflikt führt dann oft zur Zerstörung durch Abtreibung. Die Abtreibung ist dann allerdings wieder eine Form der Selbstzerstörung und nicht der Heilung.« Wer abtreibt, war selbst ungeliebt, hat zu wenig Beachtung, zu wenig Körperkontakt und zu wenig Urvertrauen in seinem Leben erfahren.

Eine wirkliche Lösung eines Schwangerschaftskonfliktes wird nur in ganz wenigen Fällen die Gewalt sein können. Dr. Nathanson sagt, er würde heute nur noch unter einer Voraussetzung abtreiben: Wenn Gefahr für das Leben der Mutter besteht, was aber dank des medizinischen Fortschritts in der Praxis kaum noch vorkommt. Und bei Vergewaltigung? »Das geschaffene Leben zu zerstören ist nur eine Ausweitung des Problems der Gewalt und löscht das Brandmal und die seelische Belastung der Vergewaltigung nicht aus.« Wahrscheinlich würden manche von uns nicht leben, wenn immer wegen Vergewaltigung abgetrieben würde. Die gültigen Gesetze über Abtreibung verhindern oft ein aktuelles Unrechtsbewußtsein. »Was nach Recht und Gesetz geschieht, kann doch nicht unmoralisch sein«, sagte ein Mann in einer Diskussion. Diese reine Gesetzesmoral ist weit verbreitet. »Wenn der Gesetzgeber Abtreibung bei sozialer Notlage erlaubt und die Krankenkassen auch noch die Kosten übernehmen, dann kann doch eine Abtreibung nichts Schlechtes sein«, hat mir ein Fernsehzuschauer gesagt. Langfristig läßt sich das Gewissen bei einer Abtreibung allerdings kaum beruhigen. Ich weiß von einer Frau, die sich seit ihrer Abtreibung kaum auf die Straße traut: Sie muß weinen, wann immer sie einen Kinderwagen sieht. Unsere Seele läßt sich nicht manipulieren, wenn es um Tod oder Leben geht. Bei einer Gesetzesänderung darf nicht Bestrafung das Motiv und das Ziel sein, sondern Schutz der Ungeborenen. Und Schutz der Geborenen vor Kurzschlußentscheidungen, die seelisch einen oder mehrere Menschen verkrüppeln!

Das Angebot des Bergpredigers zur Überwindung der Gewalt ist die Liebe. Liebe ist aber am Rande des atomaren Abgrundes, an dem die Menschheit sich heute befindet, fast nicht möglich. Die ständige atomare Bedrohung ist die Ursache vieler seelischer Leiden, ohne daß wir uns dessen bewußt sind. Seelisch sind wir längst atomar verseucht. Die unbewußte oder bewußte Angst vor einem Atomkrieg dürfte nicht die geringste Ursache für viele Abtreibungen sein. Die billigsten, aber zugleich häufigsten Ausreden sind die ideologischen: »Frieden –

das ist doch ein typisch linkes Thema«, sagen die einen. »Abtreibung – das ist doch ein typisch katholisches Thema«, sagen die anderen. Vom Frieden haben wir nichts begriffen, solange er für uns ein »linkes« Thema ist – spätestens im Atomzeitalter ist er unser aller Thema, das wichtigste unserer Zeit. Und von Abtreibung haben wir noch nicht einmal eine Ahnung, wenn wir daraus eine antikirchliche Ideologie machen. Wir müssen der katholischen Kirche sehr dankbar sein, daß sie wenigstens beim Abtreibungsthema eine fortschrittlich-konsequente Position, eine Position des Lebens, vertritt. Das ist Geist vom Geiste Jesu. Mit Kirchlichkeit hat das nichts zu tun, aber mit Menschlichkeit sehr viel. Es ist absolut gleichgültig, warum sich ein Mensch entschließt, Mensch zu sein oder Mensch zu werden. Entscheidend ist allein, daß wir uns auf den Weg machen. Dr. Nathanson, in den siebziger Jahren Chefideologe einer Abtreibungs-»Liberalisierung« in den USA, erzählt heute eindrucksvoll, wie er und seine früheren Abtreibungsfreunde die amerikanische Öffentlichkeit bearbeitet haben: Wer gegen Abtreibung war, wurde ganz gezielt in die reaktionär-rechte Ecke der katholischen Kirche gestellt. Vor allem Journalisten und viele Intellektuelle wollen mit kirchlichen Positionen grundsätzlich nichts zu tun haben. In kurzer Zeit war in den USA durch diesen ideologischen Trick aus einer Mehrheit gegen Abtreibung eine ganz starke Mehrheit für Abtreibung geworden. Die Verbreitung des Kollektiv-Wahns hat nicht nur bei den Nazis funktioniert. Allerdings: Damit dieser Trick funktionieren konnte, mußte die katholische Kirche in vielen anderen Fragen vorher tatsächlich rechts-außen stehen. Das ist heute nicht mehr der Fall. Die Kirche in den USA hat sich von staatlicher Autorität endlich emanzipiert und nimmt heute sowohl in der Abtreibungs- wie in der Rüstungsfrage einen eigenen, unabhängigen Standpunkt ein – Vorbild für andere Kirchen.

Abtreibung zerstört – Versöhnung ist schöpferisch. Die Versöhnung mit dem Ungeborenen rettet ein Leben und heilt unser eigenes. Das Thema Abtreibung berührt viele Bereiche. Das beginnt mit der ganz persönlichen Verantwortung in unserem Sexualleben, das hängt zusammen mit ehelicher und partnerschaftlicher Liebe und reicht bis zur Familienpolitik und zum Strafrecht. Der 6. Senat des Bundesgerichtshofes in Karlsruhe hat im November 1984 einen Arzt zu »Schadensersatz«-Zahlung verurteilt, weil er »erfolglos« eine Abtreibung vorgenommen hatte. Die Mutter hatte eine soziale Indikation erhalten, der »Eingriff« wurde durchgeführt, aber das kluge Kind kam trotzdem. Eine antiautoritäre Frechheit gegenüber Arzt und Mutter! Die Mutter verlangte »Schadenersatz« und erhielt vom höchsten deutschen Gericht recht. Ein Kind, das die versuchte Tötung überlebt hat: Ein Schaden, für den bezahlt werden muß. Das ganze Elend der »sozialen Indikation« wird hier sichtbar. Die buchstabengetreue Anwendung des Gesetzes legt in diesem Fall den trostlos banalen deutschen Juristenverstand bloß. Das ist exakt jener Geist, der auch die Volksgerichtshöfe der Nazis für »ordentliche« Gerichte hält und ihre Urteile für juristisch einwandfrei. Wäre das Kind getötet worden, dann wäre dies nach deutschem Recht »in Ordnung« gewesen. Da aber das Kind dem Angriff entkam, muß der Arzt für den »Schaden« zahlen.

Dieses Urteil könnte vielen die Augen öffnen. Da hat es doch ein Kind – gegen die Verschwörung von Justiz und Medizin – tatsächlich gewagt, auf die Welt zu kommen. Aber der Bundesgerichtshof hat anschließend sein »soziales« Todesurteil gefällt. Das mußte so sein, denn das Kind hatte sich ja rechtswidrig seinen Mördern entzogen. Das Gericht hat die Beteiligten »rein«gewaschen. Sie stehen in der Öffentlichkeit wieder »sauber« da. Ich habe in keiner unserer großen Tageszeitungen einen kritischen Kommentar über dieses Urteil gelesen. Damit ist wohl alles in Ordnung. Die öffentliche Meinung ist ja allemal wichtiger als das Gewissen. Ein Urteil »im Namen des Volkes« – wirklich? Nach einfachem Menschenverstand ist ein

Todesurteil noch die Strafe für ein schweres Verbrechen. Ist es ein schweres Verbrechen, wenn ein Kind leben will? Der katholische Pfarrer Winfried Pietrek mußte im Herbst 1984 für zehn Tage ins Gefängnis. Er hatte einem Klinik-Chef im Odenwald vorgeworfen, »in Ihrem Abtreibungshaus mehr als dreißigtausend ungeborene Kinder zerstückelt und in den Tod gesaugt« zu haben. Die Tat wurde nicht bestritten. 30 000 Kinder, das ist die Bevölkerung einer Kleinstadt. Aber beim Amtsgericht Beckum wurde nicht der Arzt verurteilt, sondern der Priester: wegen Beleidigung zu 200,- DM Geldstrafe! Er ging lieber zehn Tage ins Gefängnis. Wenn staatliche Autoritäten zu einem gesellschaftspolitisch so wichtigen Thema nicht einmal mehr zu einer klaren Sprache fähig sind, darf man sich über die »Problemlosigkeit«, mit der heute oft abgetrieben wird, nicht wundern. Vor allem Stellungnahmen der evangelischen Kirchen zur Abtreibung beruhigen häufig eher die Gewissen, als daß sie die Gewissen schärfen – ähnlich wie die Stellungnahmen einiger katholischer Bischofskonferenzen zur Abrüstungsfrage. Es wird oft nicht deutlich, daß durch Abtreibung ein Ebenbild Gottes getötet wird. Es wird nicht deutlich genug, daß Abtreibung oft Ausdruck materialistischen Denkens ist, dem Karriere und Haus, Auto und Geld wichtiger sind als ein Menschenleben. Vielen Männern kommt es gar nicht in den Sinn, daß eine fahrlässige Schwangerschaft einer schweren Körperverletzung der Frau gleichkommt. Der englische Sexualforscher Alex Comfort hat die Grundregel aufgestellt: »Zeuge nie ein unerwünschtes Kind.« Die Verantwortung trägt der Mann nicht weniger als die Frau. August Bebel, einer der klassischen Denker der Sozialdemokratie, rechnet es zu den abscheulichsten Erniedrigungen der Frau, daß eine Gesellschaftsordnung sie so sehr ausbeutet, daß sie »sogar« aus purer Verzweiflung zur Abtreibung getrieben werde. Die Alternative zu dieser Erniedrigung sind emanzipierte, das heißt verantwortliche Männer und Frauen. Eine moderne ethische Sexualerziehung, meint der Theologe Otto Wolff, müsse besonders »den Mann an die Kandare nehmen«. Der Mann benutzt die Frau, und die Frau läßt sich benutzen. Ist das Emanzipation? Ziel dieser Sexualerziehung ist ein beglückendes, angstfreies Verhältnis von Mann und Frau, das es zur »Notlage« durch eine unerwünschte Schwangerschaft erst gar nicht kommen läßt. Die Alternativen zur heutigen Abtreibungspraxis heißen verantwortete Partnerschaft, Verhütung und Adoption. Die hohen Abtreibungszahlen sind in einem reichen Land wie der Bundesrepublik schon deshalb unbegreiflich, weil es viel mehr Wünsche nach Adoptionen gibt, als Kinder zur Adoption freigegeben werden. Adoptionen sind immer Not-Lösungen. Aber was ist humaner: töten oder zur Adoption freigeben? Jedes sogenannte unerwünschte Kind ist in Wahrheit woanders ein herzlich willkommenes.

Bei den Fragen, die von allen Seiten zum Thema Abtreibung gestellt werden, scheint mir eine besonders wichtig: die nach der Glaubwürdigkeit. Wie glaubwürdig ist die katholische Kirche beispielsweise, wenn sie einerseits gegen Abtreibung kämpft, aber andererseits die Pille ablehnt? Die Natur, auf die sich dabei die Päpste Paul VI. und Johannes Paul II. als eine göttliche Norm berufen, ist doch in allen Bereichen unseres Lebens die Partnerin und nicht die Beherrscherin des Menschen. Wie glaubwürdig ist die Bundesregierung, die eine Stiftung »Mutter und Kind« beschlossen, aber kurz zuvor die finanziellen Zuschüsse für kinderreiche Familien und für behinderte Kinder gekürzt hat? Wie glaubwürdig sind viele linke Positionen für Frieden und Gewaltlosigkeit, wenn dabei das Problem der Gewalt gegen Ungeborene ausgeklammert wird? Wie glaubwürdig sind die konservativen Positionen für das Ungeborene, wenn zugleich die möglich gewordene Vernichtung der Geborenen durch Atomwaffen ausgeklammert wird? Wie glaubwürdig sind die Grünen, wenn sie verschärfte Gesetze zum Schutz der Umwelt und der Tiere fordern, aber gleichzeitig gesetzlichen Schutz für ungeborene Kinder ablehnen? Den Zusammenhang zwischen privater und politischer Gewalt finde ich nicht im Parteiprogramm der Grünen. Eindeutig ist dieser Zusammenhang nur im Parteiprogramm der ÖDP, der Ökologisch-Demokratischen Partei Herbert Gruhls, einer konservativ-grünen Partei. Es ist eben noch nicht ökologisch, wenn sich eine Partei für Natur und Frieden einsetzt, aber staatlichen Schutz für die Schwächsten ablehnt. Juristisch rechtfertigt allenfalls eine Notwehr- oder Abwehr-Situation das Recht auf Töten. Aber wer greift uns denn an, wen glauben wir abwehren zu müssen bei einer Abtreibung? Es gibt ein unbewußtes Feindbild: das Ungeborene. Und wie glaubwürdig sind manche feministischen Positionen, wenn das Selbstverwirklichungsrecht der Frau gefordert, aber zugleich das Lebensrecht der Ungeborenen ausgeklammert wird? Was befürchten denn Feministinnen, die so etwas behaupten, von einem Kind? Hier wird die Angst vor Ursprünglichkeit und Natürlichkeit verdrängt auf Kosten eines Kindes. Hinter den meisten Abtreibungen steckt die Angst vor der Wahrheit über sich selbst. Selbstverwirklichung ist eine unserer wichtigsten Lebensaufgaben. Aber Abtreibung behindert eher die Verwirklichung unseres Selbst. Nur wenn wir lernen, die großen Seelen in den kleinsten Kindern zu sehen, haben wir verstanden, was Abtreibung ist. Abtreibung hat es sicher immer gegeben. Es wird auch in Zukunft Situationen geben, die zu Schwangerschaftsabbrüchen führen. Muß es aber eine Viertelmillion Abtreibungen geben in einem reichen Land wie der Bundesrepublik, wo die meisten Abtreibungen sozial begründet werden? »Soziale Indikation« – so harmlos es klingt, so schrecklich ist das Wort für jeden, der fühlt und weiß. In den meisten Fällen fehlt nicht Geld, sondern Liebe. Die Verkehrtheit unserer Werte-Ordnung ist unser größtes Problem. Der Pfarrer meiner Gemeinde hat in einer Grundschulklasse eine Umfrage gemacht: Was wünscht ihr euch zu Weihnachten – viele Geschenke oder einen ganzen Tag mit dem Vater spielen? *Alle* Kinder haben sich für den zweiten Wunsch entschieden. Hier stimmt die Wertordnung noch. Kinder haben noch einen Zugang zur Quelle des Lebens. Die Quelle ist bei uns Erwachsenen dieselbe – die Seele ist unsterblich –, aber ihr Zugang ist zugeschüttet. Deshalb kann die Quelle nicht mehr sprudeln. Daher sprechen wir von »sozialer Indikation«, wenn wir einen Menschen töten. Materialismus und Egoismus sind die Hauptfaktoren im Hexeneinmaleins unserer Zeit. Wenn es uns in täglicher Kleinarbeit gelingt, den Schutt abzuräumen und die Quelle des Lebens wieder zum Sprudeln zu bringen, dann wirken auch die Selbstheilungskräfte der Seele wieder – und wir sind wie neugeboren, unser Denken und Handeln verändert sich. Mehr Schutz für die Ungeborenen, für die

Schwächsten gibt es wohl nur, wenn die Diskussion auf allen Seiten mit weniger Heuchelei geführt wird. Ronald Reagan zitiert in seinem Anti-Abtreibungsbuch den englischen Autor Malcolm Muggeridge: »Entweder das menschliche Leben ist immer und unter allen Umständen heilig, oder es ist grundsätzlich wertlos; es ist undenkbar, daß es von Fall zu Fall mal so und mal so ist.« Nur: Was heißt dieser richtige Satz für die Hochrüstungs- und atomare Drohpolitik des amerikanischen Präsidenten? Mit unseren Atomwaffen wird ja im Ernstfall nicht die abstrakte Idee »Kommunismus« besiegt, sondern Milliarden Menschen, Töchter und Söhne Gottes. Wer Realist sein will und seine eigenen Abgründe ahnt, darf sich an der Abtreibungsdiskussion nicht moralisierend und verurteilend beteiligen. Die Kriterien Jesu heißen: verstehen und helfen. Wirkliche Hilfe ist jedoch nicht Hilfe beim Verdrängen eines vor allem seelisch ungeheuren Problems, sondern Aufklärung. Die Psychotherapeutin Hanna Wolff: Der Kampf gegen die Abtreibung muß »nicht nur zum Schutz des Ungeborenen, sondern vor allem zum Schutz der Mutter geführt« werden, die »in bezug auf die psychischen Folgen ihres Tuns völlig ahnungslos ist. Abtreibung führt zur Neurose.« Unverarbeitete Probleme werden durch Gewalt nicht gelöst, sondern verschärft.

Die Pharisäer wollten Jesus auf die Probe stellen und zerrten eine Ehebrecherin zu ihm. Würde er sie verurteilen, widerspräche er seiner eigenen Liebeslehre! Würde er sie nicht verurteilen, widerspräche er dem Gesetz! Jesus durchschaute den typischen Männer-Trick: »Wer von euch ohne Sünde ist, der werfe den ersten Stein.« Damit hatten sie nicht gerechnet. Die Herren gingen mit hängenden Köpfen davon, einer nach dem anderen. Am Schluß war er allein mit der Frau: »Tu's nicht mehr.« Das ist Liebe: Hilfe zur Selbsterkenntnis. Jesus machte der Frau deutlich, was zu ihrem Besten ist. Er war nicht sentimental! Er hat sehr deutliche Worte gebraucht, aber er hat niemals verurteilt. Wer andere verurteilt, verurteilt sich immer selbst. Wer könnte ein 15jähriges Mädchen nicht verstehen, das vergewaltigt wurde und abtreiben will? Wer nicht eine Mutter mit vier Kindern, die erfährt, daß ihr fünftes Kind geistig und körperlich unheilbar krank sein wird, und nun befürchtet, dieser

Aufgabe nicht gewachsen zu sein? Aber auch bei einer »verständlichen« Abtreibung muß man wissen: Auf meinem künftigen Weg liegt eine Leiche. Das Kind ist nicht die Ursache der Gewalt. Erfahrene Psychologen sagen: Selbst in extremen Notlagen können die Probleme, die durch eine Abtreibung geschaffen werden, größer sein als die Probleme, die durch sie gelöst werden sollen. Gewalt löst kein Problem, sie schafft nur neue.

Der Bonner Gynäkologe Reinhold Pippel schätzt, daß bei ungewollten Schwangerschaften die Hälfte der Männer ihre Frauen zur Abtreibung drängen und daß jede dritte Frau, die abgetrieben hat, danach sehr lange nicht mehr mit ihrem Mann schlafen kann. Jede achte Ehe scheitert an einer Abtreibung.

Kinder sind nicht unser Besitz, die geborenen ebensowenig wie die ungeborenen. Kinder sind »die Söhne und Töchter der Sehnsucht des Lebens nach sich selbst. Sie kommen durch euch, aber nicht von euch. Ihr könnt ihnen eure Liebe geben, aber nicht eure Gedanken, denn sie haben ihre eigenen Gedanken. Ihr könnt ihren Körpern ein Zuhause geben, aber nicht ihren Seelen. Denn ihre Seelen wohnen in dem Haus von morgen, das ihr nicht besuchen könnt, nicht einmal in euren Träumen. Wenn ihr wollt, könnt ihr euch bemühen, zu werden wie sie; aber ihr dürft sie nicht dahin bringen wollen, zu werden wie ihr. Denn das Leben geht nicht rückwärts und hält sich nicht auf beim Gestern« (Kahlil Gibran). Wer will angesichts dieser Zeilen eine Abtreibung noch mit dem primitiven Satz rechtfertigen: »Mein Bauch gehört mir«? Selbstverständlich gehört jedem sein Bauch, aber nicht sein Kind. Kinder sind kein Eigentum. Ein Kind ist kein Ding. Ein Kind wohnt bei seinen Eltern zur Miete. Wenn einem Vermieter der Mieter nicht paßt, darf er ihn doch nicht einfach töten. Notfalls kann er bei Einhaltung von gewissen Fristen kündigen, d. h.: das Kind zur Adoption freigeben.

Unsere Verantwortung für das Leben ist eine Verantwortung für viele Generationen, nicht nur für eine Generation. Unsere Entscheidung für oder gegen Gewalt ist sowohl im Privaten wie auch im Politischen eine sehr langfristige Entscheidung. Die Forderungen der Bergpredigt – Gewaltlosigkeit, Liebe und

Barmherzigkeit – gelten selbstverständlich nicht nur gegenüber Menschen, sie gelten ganzheitlich, das heißt, gegenüber der gesamten Schöpfung, gegenüber Tieren und Pflanzen. Christlicher Glaube ist zunächst und grundsätzlich Schöpfungsglaube. Die gesamte Schöpfung ist das Werk Gottes. Religiöse Menschen müßten in Solidarität stehen mit allem Leben der Welt. Doch kirchliche Stimmen des Protests sind noch immer rar, wenn es in Kanada um jährlich 120 000 neugeborene Robbenbabies geht, die brutal zu Tode geknüppelt werden, oder um 200 Millionen Singvögel, die jährlich in Frankreich und Italien ihr Leben lassen müssen, obwohl sie mit ihrem Gesang und ihrem Dasein den schönsten Schmuck unserer Landschaft bilden. Weder Papst noch Bischofskonferenzen haben gegen brutale Massentierhaltung bei uns, gegen Stierkampf in Spanien und Portugal protestiert oder gegen das millionenfache Einfangen von Pelztieren in Kanada, in den USA und in der Sowjetunion – mit Eisenfallen, in denen die Tiere oft erst nach Tagen oder Wochen qualvoll verenden.

Wer die Forderungen der Bergpredigt ernst nimmt, muß sein Ohr öffnen für die Schreie und Qualen der geängstigten und verfolgten Kreatur. Allein der religiöse Schöpfungsglaube ist die geistige Kraft, die einen Gesinnungswandel in den modernen Industriegesellschaften herbeiführen kann. Wer oder was denn sonst? Wie immer wir Erfolg oder Mißerfolg, Sinn oder Unsinn der Gewaltlosigkeit einschätzen – Jesus ist eindeutig und präzise: Den Gewaltlosen verspricht Gott »die Erde zum Besitz«, und das Leben »mit ihm in der neuen Welt«. Was zählt nun mehr: Unser anhaltender Zweifel an Jesu Zusagen oder Jesu glasklare Zusage selbst? Wenn es Beweise dafür gibt, daß Jesu Religion keine Projektion und keine Wunschvorstellung ist, wie Feuerbach, Marx und Freud vermuten, dann sind es Jesu unpopuläre Forderungen: Der Mann aus Nazaret hat keine Gefälligkeitsreligion gepredigt, sondern die Gewaltlosigkeit der Bergpredigt und die Nachfolge, im Extremfall sogar Kreuzesnachfolge. »Freuen dürft ihr euch, wenn man euch beschimpft und verfolgt und euch zu Unrecht alles Schlechte nachsagt, weil ihr zu mir gehört. Freut euch und jubelt, denn Gott wird euch reich belohnen.«

Jesus redet nicht gefällig, er macht betroffen. Seine Forderungen und Vorschläge sind widerborstig. Er lockt gegen den Stachel. Der Gott Jesu ist kein bequemer Gott, sondern ein Gott der Liebe. Liebe und Gewaltlosigkeit und Frieden schaffen ist schon gar nicht identisch mit Bequemlichkeit. Aber: »Freuen dürfen sich alle, die . . .« Jesus beglückwünscht die Friedensstifter und Ja-Sager zum Leben.

Die Friedensbewegung wird zur Lebensbewegung, wenn sie ihr bisheriges »Nein zum Töten« ergänzt durch ein »Ja zum Leben«. Der Kampf für das Überleben der Geborenen beginnt mit der Achtung vor der einmaligen Persönlichkeit des Ungeborenen.

Diese Erkenntnis ruft zunächst heftige innere Widerstände und Abwehr in uns hervor. Am Anfang rebelliert es von »rechts« und von »links« gegen diesen Zusammenhang. Aber das macht die Erkenntnis nicht falsch. Nur die Wahrheit wird uns freimachen, frei von Angst, frei zum Leben. Die nächsten Kapitel »Die Wahrheit« und »Das Leben« machen dies deutlich.

II. Die Wahrheit

Salz für die Erde – Licht für die Welt

»Was das Salz für die Nahrung ist, das seid ihr für die Welt. Wenn aber das Salz seine Kraft verliert, wie soll es sie wiederbekommen? Man kann es zu nichts mehr gebrauchen. Darum wirft man es weg, und die Menschen zertreten es.
Ihr seid das Licht für die Welt. Eine Stadt, die auf einem Berg liegt, kann nicht verborgen bleiben. Auch brennt keiner eine Lampe an, um sie dann unter eine Schüssel zu stellen. Im Gegenteil, man stellt sie auf einen erhöhten Platz, damit sie allen im Haus leuchtet. Genauso muß auch euer Licht vor den Menschen leuchten: sie sollen eure guten Taten sehen und euren Vater im Himmel preisen.«

(Matthäus 5,13–16)

Es ist eine alte theologische Streitfrage: Wen wollte Jesus ansprechen? Wer ist mit der Bergpredigt gemeint? Die Theologen, Priester, Ordensleute, die Bischöfe, der Papst, die Heiligen, alle Christen, alle Menschen? Jesus hat diese Frage sehr eindeutig beantwortet. »Wer sucht, der findet.« Er wollte alle Suchenden, nicht die Satten und nicht die Alles-Wisser ansprechen. Jesus schließt niemanden aus. Man kann sich nur selbst ausschließen, indem man das Suchen nach Gott aufgibt. Jesus sucht die Sünder, nicht »die Gerechten«. Von den blind Glaubenden hat er nicht gesprochen. Er preist die Armen und Besorgten, die Leidenden und Friedensstifter selig, »alle, die nur von Gott etwas erwarten und nichts von sich selbst«. Eindeutiger geht es gar nicht. Ich finde es immer verräterisch, wenn gesagt wird, es sei ja gar nicht klar, wen Jesus angesprochen hat. Er spricht immer diejenigen an, die sich ansprechen lassen. Jesus zwingt nie. Das wäre seiner Auffassung nach Gewalt. Ein ewiges Ärgernis für die, die sich selbst zu den Gerechten zählen. »Nicht durch den Kampf um die Weltanschauung, sondern durch Erfahrung finden wir Gott« (Johannes Müller). Man kann Gott nicht haben, man kann ihn nur suchen. Das geht jedoch nur mit aufrichtigen Sinnen, mit kindlicher Entdeckerfreude, mit suchender Naivität. Licht kann nur der sein, der erleuchtet ist. Legt eure Masken ab, rät Jesus. Werdet diejenigen, die ihr sein könnt. Gebt euch unmittelbar, echt und nicht falsch. Strebt nach Einfachheit, Natürlichkeit, Offenheit und Harmonie. Laßt ab von falschen und unehrlichen Rücksichten. Entdeckt euer natürliches Wesen. Es kommt nicht darauf an, wie andere euch beurteilen, entscheidend ist, wie ihr seid. Stört euch nicht am Widerstand der trägen und behäbigen Mehrheit gegenüber allen Suchenden. Seid vielmehr »Salz für die Erde« und »Licht für die Welt«.

Ohne die Suchenden wäre die Menschheit längst verfault. Ohne die Suchenden gäbe es kein Licht in der Finsternis, sondern nur noch Finsternis. Was wäre die Menschheit ohne Jesus und Buddha, ohne Konfuzius und Sokrates, ohne Krishna und ohne die Mystiker in allen Religionen?

»Was das Salz für die Nahrung, das seid ihr für die Welt.« Salzlose Nahrung mögen wir nicht. Salz für sich allein ist allerdings sinnlos – es schmeckt auch nicht. Salz ist immer für das Ganze da. »Salz ist seinem Wesen nach Salz, oder es ist gar nichts. Das Sein des Salzes ist die Wirkung, die es ausübt« (Eberhard Arnold). Jesus kommt es auf das Wesen der Menschen an, auf ihr Inneres, nicht auf ihr Äußeres. Jesu Freunde sind die Menschen, die in seinem Geist leben. Sie sind das Salz der zukünftigen Welt. So wie eine Speise ohne Salz fade ist, so kann eine Menschheit ohne Salz nicht leben. Allerdings: Salz kann nicht wirken wollen, Salz kann nur wirken lassen. Salz schützt vor Fäulnis. Wenn es richtig ist, daß »man« mit der Bergpredigt nicht regieren kann, müßte man dann aber nicht versuchen, eine Leistungsgesellschaft mit der Bergpredigt so zu salzen, daß sie nicht verfault? Nur darauf kommt es an. Jesus war ein Menschenkenner und ein Realist. Ein wenig Salz kann Wunder wirken. Gandhi war Salz für die indische Gesellschaft. Ganz wenige können schon viel bewirken. Es kommt allerdings darauf an, daß die wenigen ganz sind. Fades Salz bewirkt gar nichts, es ist kraftlos und wird zertreten. Das Salz, der Geist Jesu, kann die Welt deshalb retten, weil es nicht von dieser

Welt ist. Jeder kann dieses Salz wirken lassen, der wirklich will. Aus dem Salz des Evangeliums darf nicht das Schmieröl einer bestehenden Gesellschaft werden.

»Ihr seid das Licht für die Welt.« Es geht hier nicht um irgend-*ein* Licht, es geht hier um *das* Licht. Bei den ersten Christen, äußerlich unauffälligen, durchschnittlichen Menschen, war die Wahrheit dieses Wortes zu spüren. Sie haben weniger durch ihre Botschaft die Menschen erobert als durch ihr Leben. »Seht, wie sie einander lieben.« Menschen sind »Licht für die Welt«, wenn durch ihr Leben deutlich wird: Liebe ist möglich. Darin liegt die wahre Aufklärung des Lebens. Jesus hat nicht gesagt: Stellt euch ins Rampenlicht. Aber er hat sehr deutlich gesagt: »Euer Licht muß vor den Menschen leuchten.« Und dieser Jesus soll unpolitisch gewesen sein? Die gesellschaftsverändernde und weltverändernde Kraft, die von Christen und anderen Jesus-Freunden ausgehen müßte, ist kaum klarer auszudrücken als in diesen Bildern: »Salz für die Erde« – nicht Zucker und nicht Sahne, »Licht für die Welt« – nicht Schatten und nicht Rampenlicht! Laotse sagt das Gleiche so: »Mach dich leer, so wirst du erfüllt.« Nur das Ursprüngliche und das Natürliche besitzen echte Leuchtkraft. Stellt euer natürliches Licht nicht unter den Scheffel, sondern auf den Leuchter, nicht um beleuchtet zu sein, sondern um zu leuchten – es soll die Finsternis erhellen. Religiosität ist niemals Privatsache. Jeder Mensch hat eine Lichtsphäre, die er erhellen kann; *jeder* Platz ist wichtig: der des Arbeiters, des Bauern und der des Bundeskanzlers; der einer Hausfrau, eines Akademikers und der eines Journalisten; der eines Arbeitslosen und der eines Beamten; der einer Studentin, einer Professorin und einer Schülerin. Ein kleines Kind leuchtet von selbst. Die Menschen, denen Jesus vor 2000 Jahren sagte: »Ihr seid das Salz für die Welt«, »Ihr seid das Licht für die Welt« – das waren sogenannte kleine und scheinbar unbedeutende Leute. Von denen, die in ihrer Zeit als »die großen Lichter« gelten, hat Jesus wenig gesprochen. Jeder kann »das Licht der Welt« sein. Jeder ist ein Botschafter. Jeder ist seine Botschaft. Jeder ist geliebt. Was uns Jesus offenbart hat, das ahnen wir zwar alle, es schwingt in uns, aber es will nicht in unseren Kopf. Bei Tanz und Musik, bei Gebet und Meditation, in der Liebe, also immer dann, wenn wir dem Kopf nicht die Alleinherrschaft überlassen, bricht diese Wahrheit aller Wahrheiten durch: Wir können lieben, weil wir schon immer Geliebte sind. Mir sind diese Zusammenhänge erst in den letzten Jahren auf Schloß Elmau – dem Vermächtnis Johannes Müllers – klargeworden. Dort ist bei Tanz und Musik auch ein Teil dieses Buches entstanden. Dort in den Bergen am Wetterstein erlebe ich den lebensnotwendigen Zusammenhang zwischen Natur und Kultur. Mit dieser Erfahrung kann man immer wieder neu Mensch werden. Salz- und Lichtsein wird dann nichts Krampfhaftes, sondern etwas Natürliches.

Entscheidend für alle Erfahrungen, die wirklich im Leben zählen, ist unser offenes Herz. Damit beginnt die Urquelle in uns zu sprudeln, die sonst verschüttet ist. Dann begreift man plötzlich auch mit dem Kopf, wie recht Jesus hat, wenn er von den »Strömen lebendigen Wassers« in uns spricht. Dann fängt man wieder an zu ahnen, was ganzheitliches Leben sein könnte. Nur wer gegen den Strom schwimmt, nähert sich seiner Quelle. Gesunde Fische schwimmen auch gegen den Strom, nur die toten lassen sich treiben. Wer sich bemüht, seine Urquelle zu finden, dem sind »Ströme lebendigen Wassers« verheißen. Der Weg zu diesem neuen Leben ist nirgendwo so klar beschrieben wie in der Bergpredigt. Wenn man die ersten Schritte in eine neue Richtung gegangen ist, spürt man, wie leicht diese Schritte plötzlich werden können. Der Weg zum Leben ist gar nicht so schwer, wir machen uns nur das Leben so schwer. Diesen Weg finden wir nicht nur in immer neuen Büchern. Wir finden ihn nur, wenn wir ihn gehen. Landkarten sind wichtig, aber von der wirklichen Welt erfahren wir nicht viel, wenn wir sie nur über Landkarten erfahren. Die Bergpredigt kann erst dann positiv werden für unser Leben, wenn wir uns der Bergpredigt positiv stellen. Eigentlich hat Jesus gar keine neue Religion gelehrt. In Wahrheit hat er uns *den* neuen Weg zum Leben gezeigt. Den Weg, den jeder gehen kann, der es wirklich will. Wir sind Meister in vielen äußeren Dingen. Die inneren Meister fehlen uns jedoch. Der Ruf nach ihnen wird immer lauter in diesen Jahren. Es fehlen Meister, die uns Wege zur inneren Reife zeigen. Graf Dürkheim: »Wer unter den Erziehern, Ärzten und Priestern hat in der Zeit seiner Ausbildung etwas über den inneren Meister erfahren und über seinen Auftrag zur Reife und über die Möglichkeit zu echter Selbstwerdung kraft seiner Fühlung mit seinem Wesen und der ihm innewohnenden Transzendenz?«

Die Beschränktheit der Heilkunst unserer Zeit begegnet uns jeden Tag. Psychopharmaka sind kein Ersatz für mangelnde seelische Reifeprozesse, aber oft deren Folgen. Den weitverbreiteten Ruf: Wo sind die inneren Meister, die uns helfen? beantwortet Jesus wiederum ganz eindeutig: »Das Reich Gottes ist *in* euch.« Der einzig wahre innere Meister ist schon immer da – von Anfang an. Wir müssen »nur« auf ihn hören lernen. »Ihr *seid* das Salz für die Welt.« »Ihr *seid* das Licht für die Welt.« Ihr seid euch dessen nur nicht bewußt. Wacht doch endlich auf! ruft uns Jesus zu. Die Wahrheit des inneren Meisters ist der Erkenntnisschatz jeder echten Religion. Alle äußeren Meister, jeder Personenkult in einer Religion sind Zeichen für Falschheit.

»*Ihr* seid das Salz für die Erde«, »*Ihr* seid das Licht für die Welt.«

Die Entwicklung dieses Bewußtseins hat schon immer über das Schicksal von einzelnen Menschen entschieden. Im Atomzeitalter entscheidet die Entwicklung dieses Bewußtseins jedoch über das Schicksal der Menschheit. Das ist *die* neue Herausforderung für alle Suchenden unserer Zeit.

»Ich aber sage euch . . .«

»Denkt nicht, ich sei gekommen, um das Gesetz Moses und die Weisungen der Propheten außer Kraft zu setzen. Ich bin nicht gekommen, um sie außer Kraft zu setzen, sondern um ihnen volle Geltung zu verschaffen. Ich versichere euch: solange Himmel und Erde bestehen, bleibt auch der letzte i-Punkt im Gesetz stehen. Das ganze Gesetz muß erfüllt werden. Wer also ein noch so unbedeutendes Gebot übertritt und auch andere dazu verleitet, der wird in der neuen Welt Gottes der Geringste von allen sein. Wer es aber befolgt und andere zum Gehorsam anhält, der

wird bei denen, die in der neuen Welt Gottes leben werden, hoch-
geachtet sein. Deshalb sage ich euch: Ihr werdet niemals in die
neue Welt Gottes kommen, wenn ihr seinen Willen nicht besser
erfüllt als die Gesetzeslehrer und Pharisäer.«

(Matthäus 5,17–20)

Gesetzesreligion oder Liebesreligion? Jesu Umwelt war gefangen in einer Gesetzesreligion wie die meisten religiösen Menschen heute noch. Jesus ist *der* große Befreier der Menschheit.
Dabei ist er nicht grundsätzlich gegen Gesetze und gegen das
Alte, aber er gibt den Gesetzen und dem Alten einen ganz
neuen Sinn. Es geht ihm um jene Wirklichkeit des Menschen,
die gesetzlich nicht zu fassen ist. Ist der Mensch für das Gesetz,
oder ist das Gesetz für den Menschen da? Bei Jesus trifft zu,
was vielen Politikern so leicht über die Lippen geht: Der
Mensch steht im Mittelpunkt, nicht das Gesetz oder die Partei
oder die Religion. Es geht Jesus auch nicht um das vielzitierte
Liebes-Gebot, sondern um die Liebe. Es geht ihm um ein
neues, lebendiges Bewußtsein, um eine größere Gerechtigkeit
in Freiheit. Die Ehre des Menschen, den Jesus anspricht, liegt
in der Freiwilligkeit, nicht in penibler und ängstlicher
Beachtung von Vorschriften. Gesetze verlieren durch Jesu
neue freiwillige Sittlichkeit nicht ihre Geltung, wohl aber ihre
strenge Bedeutung. Jesus war kein Umstürzler äußerer Ord-
nungen. Diese Art von Revolution wurde von ihm erwartet – er
wies sie souverän zurück. Jene Glaubensgenossen, die in ihm
den politischen Führer im Kampf Palästinas gegen die römi-
schen Besatzer sahen, hat er arg enttäuscht. Jesus war viel, viel
mehr als ein politischer Revolutionär. »Liebet eure Feinde« ist
kein einmaliger politischer Kraftakt *gegen* jemanden, sondern
ein lebenslanger Prozeß *in* uns, eine stufenweise Entwicklung,
ein ständiges Arbeiten an der Wahrheit. In-dividuum, also unteilbar, werden wir erst, wenn wir gegenüber Gott verantwortlich werden. Diese ganzheitliche Verantwortung umfaßt natürlich immer auch die Politik und die Politiker. An der Wahrheit
arbeiten im Sinne Jesu ist weit mehr, als jedes menschliche Gesetz es je ausdrücken könnte. »Kinder Gottes« werden wir
nicht dadurch, daß wir menschliche Gesetze mißachten, son-

dern dadurch, daß wir weit mehr als menschliche Gesetze beachten.

Menschen können ohne Gesetze nicht in Gemeinschaft leben. Aber wenn die Gesetze stärker sind als die Liebe und das Mitleid, dann sind wir auf dem Weg von Gott weg. Erst wenn die Liebe und die Barmherzigkeit stärker sind als die Gesetze, dann sind wir auf dem Weg zu Gott hin, zu unserer Urquelle.

Wenn in der Politik oder in gesellschaftlichen Institutionen oder in unseren Betrieben und Schulen die Gesetze und Paragraphen stärker sind als die Menschlichkeit, dann funktionieren vielleicht die Betriebe und die Schulen noch eine Zeitlang, aber die Menschen gehen kaputt.

»Moses bringt das Gesetz, Jesus bringt Wahrheit, Gnade, Liebe. Liebe kommt von Gott, Gesetz vom Menschen. Liebe ist göttlich, Gesetz menschlich« (Bhagwan Shree Rajneesh). Ein Mensch, der glücklich war in seiner Ehe und in seinem Beruf, wurde einmal gefragt: »Was ist dein Geheimnis?« Er sagte: »Wenn ich liebe, dann stehe ich nicht unter dem Gesetz der Schwerkraft, sondern unter dem Gesetz der Schwerelosigkeit.« Müttern und Vätern fällt es manchmal schwer, ihre Kinder zu lieben – wir stehen unter dem Gesetz der Schwerkraft. Einem Baby fällt es niemals schwer, seine Eltern zu lieben – es steht unter dem Gesetz der Schwerelosigkeit, der Liebe. Das Gesetz ist die alte Gerechtigkeit. Jesus meint eine weit größere Gerechtigkeit, die Liebe. Jesus war eine sehr ich-starke Persönlichkeit. Nur wer sich von Gott so ganz persönlich geliebt weiß wie Jesus, kann diese Ich-Stärke entwickeln. »Ich aber sage euch ...«: das ist der absolute Gegensatz zur Tradition seines Volkes. »Ich bin der Weg. Ich bin die Wahrheit. Ich bin das Leben. Ich bin das Brot.« Menschen, die diesem ich-starken Meister nachfolgen, verweigern sich immer mehr jedem Befehls- und Gehorsamsdenken.

»Ihr wißt, daß unseren Vorfahren gesagt worden ist: ›Morde nicht! Wer einen Mord begeht, soll vor Gericht gestellt werden.‹ Ich aber sage euch: Schon wer auf seinen Bruder zornig ist, gehört vor Gericht. Wer aber zu seinem Bruder sagt: ›Du Idiot‹, der gehört vor das oberste Gericht. Und wer zu seinem Bruder

sagt: ›Geh zum Teufel‹, der verdient, ins Feuer der Hölle gewor-
fen zu werden.
Wenn du zum Altar gehst, um Gott deine Gaben zu bringen, fällt
dir dort vielleicht ein, daß dein Bruder etwas gegen dich hat.
Dann laß deine Gabe vor dem Altar liegen, geh zuerst zu deinem
Bruder und söhne dich mit ihm aus. Danach kannst du Gott dein
Opfer darbringen.
Suche dich mit deinem Gläubiger gütlich zu einigen, solange du
noch mit ihm auf dem Weg zum Gericht bist. Sonst wird er dich
dem Richter ausliefern, und der wird dich dem Gerichtsdiener
übergeben, damit er dich ins Gefängnis steckt. Ich sage dir: Dort
kommst du erst wieder heraus, wenn du deine Schuld bis auf den
letzten Pfennig bezahlt hast.«

(Matthäus 5,21–26)

Jesus zitiert zunächst zustimmend das alte Gesetz »Morde
nicht«. Aber es geht ihm um mehr, um die Ursachen des Mor-
dens, um die Feindbilder. Er geht der Sache an die Wurzel. Vor
der Tat steht die Absicht. Die Tat beginnt mit der Absicht, in
der Gesinnung. Das ist so beim Ehebruch, beim Mord und
beim Atomkrieg. Damit hat die auch heute weitverbreitete
Trennung von Gesinnungs- und Verantwortungsethik bei Jesus
keine Grundlage. Alle haben theoretisch eine friedliche Gesinnung, aber praktisch bereiten viele, weil sie »Verantwortung«
tragen, den nächsten Krieg vor.
Der Zweck heiligt nicht die Mittel. Im Gegenteil: Falsche Mittel entheiligen selbst den besten Zweck. Viele Unionspolitiker
schrieben mir zu ihrem Abstimmungsverhalten in der Nachrüstung: Wir haben nur aus politischer Verantwortung für die Raketen gestimmt, in unserer Gesinnung sind wir natürlich dagegen. Aus lauter »Verantwortung« hat man für etwas gestimmt,
was man niemals vertreten kann. Und viele würden auch jede
Verantwortung ablehnen, wenn es knallt. »Das haben wir nicht
gewollt.« Natürlich nicht. Aber auch der Dritte Weltkrieg kann
nur geführt werden, wenn er vorbereitet wurde. Beide Seiten
sind bestens vorbereitet. Es kann sein, daß wir nicht in einer
Nachkriegszeit, sondern in einer Vorkriegszeit leben. Wir können nach Jesus immer nur ernten, was wir säen. Das ist ein

Naturgesetz. Es gibt keine Gesinnungs- und keine Verantwortungsethik, es gibt nur eine richtige und eine falsche Ethik. Helmut Kohls richtige Erkenntnis – »alles, was privat gut und richtig ist, ist auch in der Politik gut und richtig« – stand am Anfang meines Umdenkens. Es gibt nicht zweierlei Ethik. Was ethisch falsch ist, kann politisch nicht richtig sein. Jesu neue Ethik macht uns darauf aufmerksam, daß unsere Feindbilder schlimmer sind als unsere Feinde. Äußere Feinde erkennen wir sehr schnell, die inneren Feinde am liebsten gar nicht. Weil wir sie nicht wahrhaben wollen, sind sie so gefährlich. Und die Illusion über uns selbst ist immer angenehmer als die Wahrheit – zumindest eine Zeitlang. Unsere modernen Feindbilder heißen: *die* Kommunisten, *die* Kapitalisten, *die* Bullen, *die* Chaoten, *die* Herrschenden, *die* Ausländer, ja sogar *der* andere Fußballverein, *die* Frauen, *die* Männer. Wir beten zwar »Erlöse *uns* von dem Bösen«, aber wir meinen es nicht so. Wir meinen natürlich »Erlöse uns von *den* Bösen.« Unsere Alltagssprache verrät uns: Da machen wir jemanden fertig, kaputt, stellen ihn kalt, schießen ihn ab und erledigen ihn. »Offenbar, meint unsere Sprache, gibt es eine mörderische Einstellung zum Leben ... Man kann Schlagwörter wie Schlag-Waffen gebrauchen.« (Franz Kamphaus)
Illusionslos weist uns Jesus auf unser inneres Aggressionspotential hin. In jedem von uns steckt einen Mörder. Ein Gefängnisgeistlicher erzählte mir: »Erst seit ich den möglichen Mörder in mir akzeptiere, kann ich Mördern im Gefängnis helfen, und die Mörder haben mir geholfen, den möglichen Mörder in mir zu akzeptieren.« Solange wir uns für besser halten als einen Mörder, sind wir – im Sinne Jesu – schlechter als ein Mörder, der bereut. Ein Mörder, der bereut und umkehrt, ist vor Gott besser als ein moralisierender Pharisäer. Nur wer die möglichen Mörder und Abtreiber und Ehebrecher in sich anerkennt, kann Jesu Forderung verstehen: »Nicht siebenmal verzeihen, sondern siebzigmal siebenmal.« Also grenzenloses Verzeihen. »Wer aber zu seinem Bruder sagt ›Geh zum Teufel‹, der verdient, ins Feuer der Hölle geworfen zu werden.« Das ist schonungslose Analyse. Macht euch über euch selbst nichts vor, heißt das, wer in anderen den Teufel sieht, ist selber einer; je-

der Mord beginnt vielleicht mit schönen Worten, aber sicher mit bösen Absichten. Der sowjetische Außenminister Gromyko im amerikanischen Fernsehen: »Jede amerikanische Familie muß wissen, daß die Sowjetunion Frieden und nur Frieden mit den USA will.« So reden Pharisäer: Sie sagen Frieden und bauen Bomben. Nur ein Funke von Selbsterkenntnis des eigenen Bösen, und Politiker könnten so oberflächlich nicht mehr reden. Aber viele reden so, weil sie das eigene Böse verdrängen und es auf den Gegner projizieren. Ronald Reagan, der den höchsten Rüstungshaushalt in der Geschichte der USA zu verantworten hat: »Die Sowjetunion ist das Reich des Bösen.« Dasselbe hatte Juri Andropow über die USA gesagt. Die Biedermänner, die den Aggressor und Mörder in sich selbst nicht wahrhaben wollen, haben einerseits weiße Westen, aber andererseits sehr viele Atombomben. Atombomben kann man sogar im Smoking zünden.

Die Dummheit der Regierenden

Die Dummheit der Regierenden von Troja bis Vietnam und Afghanistan und bis zum atomaren Wettrüsten ist so grenzenlos wie unser aller Dummheit. Das Problem ist allerdings, daß einige Regierende von heute über viele Atomwaffen verfügen. Das heißt: Die Dummheit muß erstmals in der Geschichte begrenzt werden, oder Geschichte und Dummheit werden ein für allemal beendet – für Regierende wie für Regierte. Nach einem Atomkrieg gibt es keine Gescheiten und keine Dummen mehr, sondern nur noch Tote. »Den nächsten Krieg gewinnt der Tod« (Kirchenpräsident Hild). Der Pressesprecher der deutschen Botschaft in einem skandinavischen Land sagte mir nach einem Vortrag allen Ernstes, letztlich sei die Friedensbewegung schuld an der Stationierung neuer Raketen in Mitteleuropa. Seine messerscharfe Begründung: Weil die Friedensbewegung Nachrüstung ablehne, mußte die Bundesregierung nachrüsten, damit ihre Politik berechenbar bleibe. Der Pressesprecher hat viele Semester studiert. Ohne Studium ist es wohl nicht möglich, solch eine »Logik« zu erfinden. Jawohl, Herr Pressesprecher: Wir brauchen Raketen, um berechenbar zu bleiben. Hauptsache, die Deutschen bleiben berechenbar, auch wenn die Welt dabei zugrunde geht. Eine sehr deutsche Logik. Und schuld an den Raketen ist die Anti-Raketenbewegung. Schließlich waren die Pazifisten auch an Auschwitz schuld.

Das ist Logik ohne Selbsterkenntnis, Logik, die jede eigene Verantwortung ablehnt. Schuld sind immer die anderen, vor allem an den eigenen Fehlern. Jesus: Selig bist du, wenn du dich selber kennst.

Tief im Innern unserer menschlichen Natur lauern die Mächte des Bösen darauf, entfesselt zu werden – jeden Tag neu, in jedem Menschen, also auch in jedem Leser und im Schreiber dieses Buches. Weil wir aber oft das Böse in uns nicht wahrhaben wollen, suchen wir es um so intensiver bei anderen. Im Privatleben suchen wir es beim Partner, beim Lehrer, beim Vorgesetzten, bei Mitarbeitern, bei unseren Kindern, bei unseren Eltern. In der Politik suchen wir es beim Feind.

Keine Frage ist die Existenz des Bösen im Menschen. Aber die existentielle Frage des Menschen ist, ob wir das Böse in uns erkennen und wie wir damit umgehen. Jesu neues Bewußtsein: »Sucht den Splitter nicht im Auge des anderen, entfernt den eigenen Balken.«

Der Realist Jesus fragt ganz einfach: Wer hat in Gedanken nicht schon getötet? Wer hat noch nie »Ich könnte dich umbringen« gesagt? Jesus deckt die ganze menschliche Wirklichkeit auf. »Glaubt nicht, daß ich gekommen bin, Frieden in die Welt zu bringen. Nein, ich bin nicht gekommen, Frieden zu bringen, sondern Streit.« Aggressivität, Zorn und Wut werden also nicht verteufelt, sondern offengelegt. Sein Frieden ist keine Friedhofsruhe. Jesus ist kein sanfter Harmonisierer, sondern ein friedlicher Streiter. Er ist nicht gegen Konflikte, aber er will sie fruchtbar machen. Der Sinn des Konflikts ist die Fruchtbarkeit, die er bewirkt, und nicht Konflikt an sich. Wir kehren Konflikte jedoch lieber unter den Teppich. Jesus wendet sich gegen ein oberflächliches Gerede vom Frieden. Es geht ihm immer um Inhalte und Hintergründe, nicht um schöne Worte. Kein fauler Frieden also, sondern ein gerechter Frieden. Und den gibt es nicht ohne Kampf und Widerstand. Für den jüdischen

Theologen Pinchas Lapide ist Jesus nicht so sehr der Stifter des Christentums als vielmehr der Anstifter zum Christsein. Sechsmal zitiert Jesus zunächst die alten Gesetze – setzt dann aber seine neue Wahrheit dagegen: »Unseren Vorfahren ist gesagt worden ... Ich aber sage euch ...« Jesus spricht mit unerhörter Autorität. Der Gott, der sich ihm offenbart und den er erkannt hat, beansprucht den ganzen Menschen in seinem Denken, Reden, Fühlen und Tun.

Ehe: Liebe oder Gleichgültigkeit?

»Ihr wißt auch, daß es heißt: ›Zerstöre keine Ehe!‹ Ich aber sage euch: Wer die Frau eines anderen auch nur ansieht und sie haben will, hat in Gedanken schon ihre Ehe zerstört. Wenn dich dein rechtes Auge verführen will, dann reiß es aus und wirf es weg! Es ist besser für dich, du verlierst ein Glied deines Körpers, als daß du ganz in die Hölle geworfen wirst. Und wenn dich deine rechte Hand verführen will, dann hau sie ab und wirf sie weg! Es ist besser für dich, du verlierst ein Glied deines Körpers, als daß du ganz in die Hölle kommst. Bisher hieß es: ›Wer sich von seiner Frau trennen will, muß ihr eine Scheidungsurkunde ausstellen.‹ Ich aber sage euch: Wer sich von seiner Frau trennt, außer er hat mit ihr in einer vom Gesetz verbotenen Verbindung gelebt, der zerstört ihre Ehe. Und wer eine Geschiedene heiratet, wird zum Ehebrecher.«

(Matthäus 5,22–32)

In Europa wurde 1983 jede dritte Ehe geschieden. Wenn der derzeitige Trend so weitergeht, werden bis zum Jahr 2000 85 % aller Ehen geschieden. Die meisten Menschen sehnen sich nach einer dauerhaften, verläßlichen Beziehung in einer harmonischen Partnerschaft, aber alle fünf Minuten geht in der Bundesrepublik eine Ehe in die Brüche – die Nächte inbegriffen! Wieder einmal nimmt Jesus zu einem aktuellen Thema pointiert Stellung. Die meisten Ehen brechen auseinander, weil Besitzdenken und Gleichgültigkeit herrschen. Angst vor dem Alleinsein hält viele Ehen zwar äußerlich noch zusammen, aber Liebe und Geborgenheit sind längst der Entfremdung und Resignation gewichen. Die Ehe »hält« nur noch so lange, bis einer sich aus der verängstigten Umklammerung löst. Jedes menschliche Leben entsteht aus Vereinigung und Trennung. Jeder lebendige Fortschritt, jede Entwicklung in der Liebe und Ehe hat dieser Gesetzmäßigkeit zu folgen. Sobald eine Ehe kein Prozeß mehr ist, sondern ein Zustand, stirbt die Liebe ab. Dann bringt die Balance zwischen Nähe und Distanz, zwischen Geben und Nehmen nicht mehr zum Schwingen und Wachsen; dann beherrschen vielmehr Angst und innere Kälte, Haß und Streitsucht zwei oder mehr Menschen. Das Klima wird frostig. Die Ehe wird zum Gefängnis. Aus einem Gefängnis und aus einer Ehe kann man nur noch »ausbrechen«, man kann seine Zeit absitzen oder aber das Leben neu beginnen. Der Gegensatz von Liebe ist zuerst Gleichgültigkeit und später Haß.

Alle Menschen sehnen sich nach Liebe, aber viele haben Angst davor. »Man« liebt sich kaum noch, »man« hat eine »Beziehung«. Die moderne »Beziehungs«-Artistik ist Ausdruck einer kalkulierten Vergänglichkeit. Bernd Guggenberger in der Frankfurter Allgemeinen Zeitung: »Man ›pflegt‹ eine Beziehung, solange sie pflegeleicht bleibt; wenn Ansprüche ins Spiel kommen, Rechtfertigungen nötig werden, also die beiderseitige Geschäftsgrundlage nicht mehr stimmt, gibt man sie preis – und sucht sich eine neue … ›Beziehung‹ macht's möglich, eine Vielzahl von Menschen flüchtig und doch ›intim‹ zu streifen, ohne sich einem einzigen ganz und gar hinzugeben.«

Bei Gesprächen über Scheidung und Geschiedene hört man fast nie: »Sie haben sich nicht mehr geliebt.« Aber fast immer wird gesagt: »Sie gingen auseinander, sie waren am Ende, ›es‹ ging nicht mehr mit ihnen!« Was ist »es«? Viele geschiedene und verheiratete Frauen sagen bei anonymen Umfragen: Männer verstehen unter Sexualität entweder Hochleistungssport oder einseitige rasche Bedürfnisbefriedigung, aber sie wissen nichts von Zärtlichkeit, emotionaler Nähe und Zusammenspiel. Eine erfahrene Psychotherapeutin: »Es gibt keine frigiden Frauen, es gibt aber sehr viele gefühllose und hilflose Männer im Bett.« Und die meisten sexuell frustrierten Frauen wagen es einfach nicht, mit ihren Männern ihre sexuellen Empfindungen und Wünsche offen zu besprechen. Entsprechend roh und gefühllos ist dann wieder das Reden vieler Männer über die Sexualität, wenn ihre Frau nicht in der Nähe ist. Die meisten Männer-Witze über Sex sind ganz banale Hilfe-Rufe nach Liebe. Viele Männer begreifen nichts, wenn ihre Frau ihnen sagt: »Mit dir kann man nicht mehr reden.« Die Unfähigkeit, miteinander wirklich zu sprechen, wird von vielen Frauen als erste Trennungsursache angegeben. Vielleicht gibt es im Jahre 2000 Roboter, die uns einen »guten Morgen« wünschen und uns küssen, weil viele Ehepartner dies nicht mehr tun.

Jesu Einstellung zu Liebe und Treue ist hochaktuell. Er vertritt eine radikale Ehemoral: Eine Ehe ist nur eine Ehe, wenn die »Geschäftsgrundlage« stimmt: Liebe, Wärme und Geborgenheit von beiden Seiten.

Wer mit Ehebruch spielt, begeht schon Ehebruch. Wer mit dem Atomkrieg spielt und ihn innerhalb von Minuten möglich macht, ist schon für ihn verantwortlich. Diese inneren Zusammenhänge darf nicht verdrängen, wer Jesus verstehen will. Und nur wenn wir anfangen, diese *inneren* Zusammenhänge zu verstehen, ist Rettung möglich. Jesus kann in einem geradezu atemberaubenden Sinne unser Erlöser im Atomzeitalter werden. Aber: Wir können nur erlöst werden, wenn wir aufwachen und uns erlösen lassen wollen. *Er* hat uns bereits erlöst – jetzt liegt alles an *uns*.

Die Kraft dieser Erlösung erfahren wir nur in der Praxis. Jesu Radikalität – vom Ehebruch bis zur Friedenspolitik – macht auf den ersten Blick mutlos. Das schaffe *ich* doch nicht! Aber wenn man erste Schritte versucht, spürt man irgendwann: Das ist tatsächlich der Weg, die Wahrheit und das Leben. Jesus ist *der* Befreier schlechthin.

»Wer die Frau eines anderen auch nur ansieht und sie haben will, hat in Gedanken schon ihre Ehe zerstört.« Dieser Brocken liegt uns zunächst schwer im Magen, Männern wie Frauen. Verliebtheit und Liebe zwischen Mann und Frau hat den meisten von uns schon solche Streiche gespielt, daß wir wohl erst zweimal lesen müssen, was Jesus da tatsächlich sagt. In jedem zweiten Film, in fast jeder Illustrierten und von den meisten Bekannten hören und sehen wir das Gegenteil. Der moderne

Zeitgeist ist weitgehend ein Zeitungsgeist. Er will Ergebnisse im Rhythmus der Tageszeitungen. Damit kann die Seele nicht dienen. Die Seele ist nie in Eile. Aber eiliger Ehebruch ist an der Tagesordnung. Macht er die Menschen glücklicher? Oft siegt die Neu-Gier über die Erfahrung.

Nach dem Nahrungstrieb ist der Sexualtrieb die wohl stärkste Macht, die wir an uns kennen. Dieser Trieb verwirrt uns, macht uns glücklich, macht uns traurig, wirft uns aus der gewohnten Bahn, läßt uns Gott ahnen, treibt uns in Abenteuer wie keine andere Kraft. Erst in der zweiten Lebenshälfte aber erkennen viele, daß der Schöpfer dieser Welt seine Schöpfung so ausgestattet hat, daß es genug gibt für jedermanns Bedürfnisse, aber nicht genug für jedermanns Habgier. Sexuelle Treue ist die Harmonie einer Ehe. Es gibt keine Liebe ohne Verzicht. Unsere persönliche Geschichte steht nicht in dicken Büchern, aber sie steckt zum Teil im Blut. Was wir sind und wie wir sind, ist auch die Summe vieler tausend Jahre menschlicher Entwicklung. Warum wir so sind, wie wir sind, ist uns zum großen Teil unbewußt. Frauen spüren oft in der Ehe keine Sicherheit, wenn sie merken, daß die Gefühle und Gedanken ihres Partners ihnen davonlaufen und er bloß zu vernünftig oder zu feige ist, ihnen nachzulaufen.

Auch ihre eigene Treue gilt ihnen nicht mehr viel, wenn sie damit nur ihren »legalen Besitz« verteidigen, aber dabei ihre Seele vernachlässigen. Frauen spüren häufiger als Männer den Wert der Treue, einer Treue im Geist und im Tun. Das ist die Vorstellung Jesu von der Ehe.

Männer sind oft mehr in ihr Auto verliebt als in ihre Frau. Eine Kollegin sagt gelegentlich: »Mein Mann betrügt mich mit immer neuen Autos.« Joachim Fernau beschreibt den modernen Mann so: »Oben Mensch und unten Volkswagen. Das Gespräch des Mannes mit seinem Auto ist unvergleichlich nuancenreicher, vielseitiger und origineller als das nächtliche Liebesgeflüster mit seiner Frau.«. Richtig ist: Ein Auto kann man leichter be-herr-schen als eine Frau, wenn die Frau nicht schon krank gemacht ist.

Laßt uns von Jesus die Sprache der Zärtlichkeit lernen. Vom Glück der Zärtlichkeit ist innerhalb und außerhalb unserer

Schlafzimmer oft wenig zu spüren. Frauen empfinden dieses Defizit stärker als Männer. Aber auch vielen Männern dämmert allmählich, was sie vermissen oder verschlafen haben: Immer mehr Männer fühlen sich für ihre Kinder verantwortlich, schieben den Kinderwagen, haben für die Familie mehr Zeit als früher. Langsam gibt es Fortschritt – auch Schnecken kommen zum Ziel –, falls sie ihr Ziel kennen.

Aus vielen Schlafzimmern weht jedoch noch immer mehr Mißmut als Lebensfreude. Das einzige Heilmittel gegen sexuelles Vagabundieren, Langeweile und Herrschsucht ist die Liebe. Die amerikanische Musikerin und Mutter Tine Thevenin hat das anregende Buch »Das Familienbett« geschrieben. Sie fragt: Welches Tier setzt seine Kinder in einem anderen Nest aus? Kein einziges Säugetier. Auch die meisten Menschen in der Dritten Welt nicht. Das Wort Kinderbett war auch in den Industrieländern noch am Beginn des letzten Jahrhunderts tatsächlich ein Fremdwort. Das gemeinsame Schlafen im Familienbett war so selbstverständlich wie das Stillen eines Babys für lange Zeit. Beides verhindert Isolationsprobleme von Kleinkindern – die Ursache vieler seelischer Krankheiten. Kinder brauchen nachts Eltern und/oder Geschwister in ihrer Nähe, um Urvertrauen zu lernen. Das Wort »soziale Indikation« ist schon deshalb so fatal, weil es suggeriert, man brauche in erster Linie Geld, um ein Nest für seine Kinder zu bauen.

Reich ausgestattete, aber isolierte Kinderzimmer machen Kinder krank. Und: Was Kindern guttut, ist immer auch gut für verliebte und liebende Ehepartner. Die schönsten Stunden für Verliebte sind immer, wenn sie das Kind in sich entdecken und angstfrei miteinander spielen, reden, arbeiten, beten, lieben, schweigen und hören können.

Bei vielen sogenannten primitiven Völkern gibt es auch heute keine Kinderbetten, sondern Familienschlafstätten. Ergebnis: Viel weniger Aggressionen innerhalb der Familie. Liebe hat viel mit familiärer Geborgenheit und Nestwärme im eigentlichen Sinne des Wortes zu tun. Eskimos, so wird berichtet, sind trotz extremer Umweltbedingungen so liebenswerte Menschen, weil sie als Kinder mehr Nestwärme spüren: Die Familie schläft zusammen, hat engen Körperkontakt, das Baby darf jahrelang ungehindert trinken. Das Schlafzimmer ist auch Kommunikations-Zimmer. Christliche Missionare berichten über die Eskimos, wie glücklich die Kinder und wie zufrieden die Erwachsenen sind – nicht die Eskimos, sondern die Weißen müßten bekehrt werden. Es kommt auch hier nicht auf das Kopieren an. Wir leben unter anderen Bedingungen. Aber Bücher wie »Das Familienbett« sind eine ganz konkrete Frage an unsere Phantasie, Lern- und Liebesfähigkeit. Freunde von uns in einer westdeutschen Kleinstadt – zwei Erwachsene, drei Kinder – haben nie etwas anderes gekannt als ein Familienbett. Von dieser Familie geht viel Kraft und Liebe aus. Sie hat durch ihr Engagement in armen Ländern dort Tausenden von Menschen das Leben gerettet.

Die meisten Männer und viele Frauen sehnen sich nach außerehelicher Abwechslung. Wie kann man diese sexuelle Sehnsucht leben? Arthur Janov schreibt in seinem »Urschrei«: »Der Neurotiker verbringt einen guten Teil seines Lebens als Erwachsener damit, seinen Urschmerz mit neuen Freundinnen, Liebschaften und Flirts zu verdecken. Je mehr Freundinnen und Affären er hat, um so unwahrscheinlicher ist es paradoxerweise, daß er fühlen kann. Die Jagd scheint endlos.« Sexualität ohne Treue trennt mehr, als daß sie vereint. Die Sehnsucht nach Einheit wird stärker. Die Neurosen wachsen mit. Wenn wir Hunger haben, meinen wir, wir seien die glücklichsten Menschen der Welt, falls wir zu essen bekämen. Aber wenn wir satt sind, haben wir neues Verlangen. Dann wollen wir eine Wohnung, dann ein Haus, dann einen Swimming-Pool – und werden doch nicht glücklicher. Wir brauchen das Lebensnotwendige, aber Glück hängt nicht vom äußeren Haben, sondern wesentlich vom inneren Sein ab. Glück kann man nicht kaufen, glücklich kann man nur sein. »Glück wächst dort, wo der Mensch in Harmonie mit der Welt kommt« (Thorwald Dethlefsen). Auch das Leid gehört zum Glück des Menschen, weil es Stillstand verhindert und uns immer neu auf die Suche schickt. Wer nicht hören will, muß leiden. Leid ist ein Umweg, aber auch über Umwege kommen wir zum Ziel. »Gott schreibt gerade auch auf krummen Zeilen.«

Ehen gehen nicht kaputt, wenn ein Dritter zwischen die beiden tritt. Ehen sind kaputt, wenn sich die beiden nicht mehr ganzheitlich lieben. Zur Ehe gehört Treue und Verläßlichkeit, Freiheit und Urvertrauen, wie die Luft zum Atmen. Warum erlischt das Feuer der Liebe so oft nach einigen Jahren? Es gibt keine Liebe ohne Liebesarbeit. Liebesarbeit ist der *tägliche* Kampf gegen die Verliebtheit in unser eigenes Ich. Wenn das Feuer der Liebe erlischt, fragen wir sehr rasch: »Warum werde ich nicht mehr geliebt?« Wir müßten eher fragen: »Warum liebe ich nicht mehr?«

Mann und Frau sehnen sich nach Einheit, seit sie sich seit Adam und Eva – ihrer Polarität bewußt sind. Sexuelle Vereinigung ist die Sehnsucht nach Ganzheit. Sexualität kann ein spirituelles Erlebnis und ein Gotteserlebnis sein. Es könnte ja viel mehr als eine fromme Harmlosigkeit sein, wenn Christen beten: »Entzünde in uns das Feuer *deiner Liebe*.« Je weniger Egoismus wir besitzen, desto stärker wird die Liebe von uns Besitz ergreifen.

Liebe und Treue zu einem einzigen Menschen kann unsere Seele tatsächlich so ausfüllen, daß kein Raum für Ehebruch bleibt. In einer guten Ehe wollen Frau und Mann eine unantastbare Einheit bilden. Es gibt zwischen Ehepartnern einen heiligen Raum, den nur sie bewohnen können und wollen. Der Eros ihrer Liebe macht dies möglich. »Nur die konsequente Hinwendung zum Menschen, und damit zu einem großen Ziel, löscht die unendliche Gier aus, die viele Ziele kennt« (Siegfried Umlandt). Ehebruch geht oft Hand in Hand mit anderen Treulosigkeiten: beruflichen und finanziellen. Wer in seinem Beruf über Leichen geht oder finanziell skrupellos ist, wird auch einem geliebten Menschen kaum die Treue halten können. Für ihn wird auch ein Mensch ein austauschbares Ding oder ein Sexualobjekt. Wenn wir mit der Wahrheit irgendwo vagabundieren, können wir auch einem Partner nicht treu sein. Eheliche Treue ist die Gerechtigkeit in der Liebe. Untreue ist Ungerechtigkeit gegen sich selbst, den Partner und die Kinder. Liebe dich wie deinen Nächsten heißt auch: Sei zu dir so gerecht wie zu deinem Nächsten. Jesu Hinweis: »Wer die Frau eines anderen auch nur ansieht und sie haben will ...« meint die schlichte Tatsache, daß Ehebruch beginnt, *bevor* zwei Menschen miteinander ins Bett gehen – »*haben* will« heißt, ungerecht besitzen wollen, nicht lieben *können*. Wieder ist schon die Absicht, die Intention das Entscheidende, nicht erst die Tat selbst. Im partnerschaftlichen Verhältnis zwischen Mann und Frau zeigt sich wie nirgends sonst, was uns der Nächste und wir uns selbst wert sind. Lieben wir unseren Nächsten wie uns selbst, oder ist er oder sie ein Ausbeutungsobjekt? Liebe oder Ausbeutung? Das ist die Grundfrage jeder Ehe.

Kein anderes Bild über die Ehe wird so oft gebraucht und ist zugleich so gefährlich wie dieses: Hafen. Wer »im Hafen der Ehe gelandet« ist, für den muß die Katastrophe der leichten und lieblosen Ausbeutung ihren Lauf nehmen. Ehe bleibt nur als ein Fluß lebendig. Im Fluß bewegt sich was, im Fluß ist Leben, im Bergbach ist noch frisches Wasser. In den meisten Häfen aber stinkt's: Das Wasser steht, das Leben im Wasser ist so tot wie das Wasser selbst. Ein Bergbach reinigt sich von selbst, aber ein Hafen wird verunreinigt. Der größte Feind von Ehe und Treue sind die Illusionen: Wenn ich jemandem den ganzen Tag sage: »Ich liebe dich«, ist das so unecht, wie wenn ich niemals sage: »Ich liebe dich«. Häufige Realität ist: Liebende sagen es am Anfang zu oft und zu rasch und danach gar nicht mehr. Entscheidend ist, daß wir die Liebe im Herzen hegen wie ein Saatkorn, das wächst. Ein Saatkorn wächst nicht, wenn wir es immer wieder ausgraben, um es vorzuzeigen. Aber gelegentlich sollten wir uns doch um das Wachstum kümmern. Sinnvolles Leben ist wie eine Schule, nicht wie ein Erholungsheim. Aber in dieser Schule fehlt das wichtigste Lehrfach: die Liebe. Für Liebe und Treue sind wir ausgerüstet wie jemand, der eine Wüsten-Expedition ohne Karte und Kompaß machen will.

Die vordergründig freizügige Diskussion der Sexualität in unseren Massenmedien verdeckt oft das eigentliche Problem: das der seelischen Beziehung zwischen Mann und Frau. Adam und Eva sind polare Wesen, aber sie sehnen sich seit dem Verlust des Paradieses nach Einheit. Als polare Wesen sind wir nicht lösbar von Schuld, aber wir sind erlösbar, wenn wir wollen. Die Voraussetzungen liegen *in* uns. Die Ein-Ehe ist Ausdruck unseres Verlangens nach Ein-heit. Alles andere ist weitverbreitete – meist männliche – Illusion, die nicht zur Befriedigung und zum

Glück führt, sondern nach immer neuen »Abenteuern« sucht und oft genug für alle Beteiligten in Leid und Chaos endet, weil das *eine* Abenteuer in der Ehe nicht mehr gelebt wird. Es wird so wenig Liebe auf der Welt gelebt, weil die Welt voll langweiliger Ehen ist. Gleichgültigkeit ist eine besonders brutale Form von Gewalt.

Jesu Ehe-Radikalität ist wie der tiefe Schnitt des Chirurgen, der allein zur Heilung führt und zum Frieden in einer Familie. Es ist tröstlich, daß Jesus die Ehebrecherin nicht verurteilt. Aber mit Ehebruch, sagt er, tut ihr euch und anderen keinen Gefallen. Sein letztes Wort an die Ehebrecherin wird bei dieser Geschichte oft unterschlagen: »Tu's jetzt nicht mehr.« Hier und jetzt fällt die Entscheidung für die Zukunft. Jesus demütigt nie. Aber er weist unmißverständlich darauf hin: Körperliche Liebe ohne seelische Beteiligung stumpft nicht nur die Seele ab, sondern macht auch den Körper kaputt. »Streß« sagt man heute beschönigend, wenn die Herzen gebrochen sind. Ursache eines Herzinfarktes bei Männern ist fast immer ein gebrochenes Herz. Jeder Herzinfarkt ist ein Geschenk unseres Gewissens. Wenn wir die Drohung verstehen und die Chance ergreifen, ist Wandlung und Umkehr möglich, ist Liebe neu möglich. So barmherzig Jesus gegen die Ehebrecherin war, so unbarmherzig ist er gegen Ehebruch. Jesus kennt die Menschen durch und durch. Er ist *der* Realist. Er zeigt in seiner Radikalität, daß unsere Sehnsucht nach Einheit – auch durch Sexualität – unsere Suche nach Gott ist.

Die meisten Verheirateten haben ein feines Gespür dafür, daß Ehebruch die Grundlage einer Ehe erschüttert. Wenn »es« passiert, sollen die Kinder nichts davon erfahren. Sie sollen ja für ihr späteres Leben nicht damit belastet werden. Nur wenige wissen, daß dann allerdings die Kinder schon längst belastet sind, ob sie »es« wissen oder nicht. Sexuelles Vagabundieren ist auch gegenüber Kindern unverantwortlich. Viele heutige Mitteleuropäer sind sehr rasch bereit, Gurus zu vertrauen, die von »jeder sexuellen Unterdrückung« befreien wollen, aber wir übersehen zu rasch die großartigen Schätze einer jahrtausendealten Lebenserfahrung. Eheliche Treue kann zur großen Glückserfahrung und Erfüllung des Lebens werden. Freilich nicht deshalb, weil »man« sich treu ist, sondern deshalb, weil Liebe möglich ist, wenn sie frei und schöpferisch macht. Die formale Einhaltung von Gesetzen kann zu Not und Heuchelei führen und wird nur die Begierden stärken. Jesus meint Freiheit, nicht Gesetz. Und nur daraus erwächst Glück.

Durch Liebe verliert ein Gesetz nicht seine Gültigkeit, wohl aber seine Bedeutung. Die »alte« Gerechtigkeit ist ein Leben nach sittlichen Grundsätzen. Jesu neue Sittlichkeit ist ein Leben nach sittlichem Empfinden. Jesus: Wer unsittlich empfindet, *ist* schon unsittlich, so sehr er auch das Sittengesetz auf seiner Seite hat. Wer aus Mangel an Gelegenheit »moralisch« lebt, oder wer »moralisch« lebt, weil er Angst vor unbequemen Konsequenzen hat, lebt nach Jesus noch lange nicht moralisch, wie »moralisch« er sich auch immer vorkommen mag. Wer nach seinen sittlichen Empfindungen lebt und handelt, lebt nach Jesus sittlich.

Jesus klagt nicht an, aber er klärt auf und weist den Weg zum natürlichen Leben. Er meint nicht nur sittliches Wollen, sondern vor allem sittliches Handeln. Jetzt erst ist Liebe möglich, wo vorher Angst und Zweifel regierten. Nicht die Furcht, die Ehrfurcht voreinander bestimmt das liebende Verhalten zwischen Mann und Frau. Voraussetzung für Liebe ist die Ebenbürtigkeit der Partner: Gewaltfreiheit im Bett und außerhalb, Zärtlichkeit, auch außerhalb des Bettes. Alle Liebe- und Lustrufe sind Signale und Appelle an das freie Gefühl des oder der Geliebten. »Was bleibt, stiften die Liebenden« (Jörg Zink). Das ist die Lehre eines Menschen, der der erleuchtetste war, der je auf Erden lebte.

Im Alten Testament ist Gott oft ein Gott, der straft. Das ist nicht Jesu Gott. Der Gott Jesu ist ein Gott der reinen Liebe. Jesus hat sehr deutlich gesagt, daß an uns immer so gehandelt wird, wie wir an anderen handeln. Liebe und Treue strahlen als Liebe und Treue zurück. Ein größeres Glück kann es für Menschen nicht geben. Wir hören auf, andere Leute zu tadeln, wenn wir begriffen haben, daß *wir* es sind, die das Gute oder das Böse in Bewegung setzen. Die Freiheit in unseren Bindungen läßt uns immer die Wahl, diesen oder jenen Weg einzuschlagen. Die Entscheidung liegt immer bei uns. Was heißt das?

Ein reicher Mann kam zu einem Propheten und bat: »Verkaufe

mir eine Pille für Gottes-Liebe.« »Dafür gibt es keine Pille«, sagte der Prophet, »liebe deinen Nächsten, und du liebst Gott.« Eine Pille als Liebes-Ersatz unter den Menschen gibt es ebensowenig. Die Arznei sind wir selbst. Die freie Liebe hat einen ganz anderen Sinn, als wir vordergründig ahnen. Wirklich frei kann eine Liebe nur in Verantwortung und Bindung sein. Und wirklich verantwortlich ist die Liebe in jeder Partnerschaft nur, wenn sie ganz frei ist. Das ist Jesu Erkenntnis, die uns frei macht. Die Bergpredigt ist die hilfreichste Botschaft, die der Menschheit je gegeben wurde: »Es steht geschrieben . . . Ich aber sage euch . . .« Das ist die neue Offenbarung eines Lebens, das uns teilhaben läßt an der einen Liebe, an der Liebe Gottes.

Karl Herbert Mandel weist in seinem Buch »Frieden in der Ehe« auf eine interessante Statistik hin: In den USA wird heute schon jede zweite Ehe geschieden. Aber: »Von denjenigen Ehepaaren, die täglich miteinander beten, kommt es nur bei jedem eintausendeinhundertundfünften Fall zur Scheidung.« Gelebtes religiöses Leben hat viel mit der inneren Lebensfähigkeit von Ehe und ehelicher Treue zu tun. Um fromme Mißverständnisse zu vermeiden: Wirkliches Gebet ist nicht rituelles Lippenbekenntnis, sondern gemeinsam erfahrener Alltag, gemeinsam empfundenes Reden und Beten, Lachen und Diskutieren über Gott und die Welt. Liebende, die im Geliebten ein Geschöpf Gottes sehen, legen mit diesem sittlichen Empfinden das entscheidende Fundament für die Beständigkeit ihrer Liebe und Ehe. Eine Liebe und eine Ehe sind beglückend, wenn zwei Menschen darin übereinstimmen, daß Gott ihr Schöpfer und die Quelle ihrer Liebe und Lust ist. Je mehr Liebe du ausstrahlst, um so mehr Liebe empfängst du.

Wer um diese inneren Gesetze einer Liebes-Ehe weiß und nach ihnen zu leben versucht, geht vorwärts, aufwärts, gottwärts. Durch jede Liebe zwischen Menschen schimmert ein Schein des Göttlichen. Dieses Göttliche an der Liebe ist das Wunder der Liebe. Partner, die sich durch Liebe inspirieren, bringen ihre Seele zum Schwingen und Reifen. Sie können viel aus sich herauslieben, was ohne ihre Liebe nie zum Leben erwacht wäre. Was durch Lieben erweckt wird, verändert unser Leben und uns selbst. Es gibt keine größere Macht als die Liebe. Das spürt man schon bei jeder Verliebtheit. Macht ist häufig lieblos, aber wirkliche Liebe ist niemals machtlos. »Ohne Liebe ist alles nichts« (Teresa von Avila). Noch kein Materialist konnte mir befriedigend das Phänomen Liebe erklären. Einer meinte:»Im Zweifel ist es immer die Schilddrüse.« Liebe ist die wichtigste Realität und die größte Macht in unserem Leben. Selig, wer dies täglich erlebt. Liebende haben wenig Emanzipationsprobleme; sie werden emanzipiert, indem sie sich gegenseitig zur Emanzipation verhelfen. Das Glück zweier Menschen kann viel größer sein, als sie sich das am Hochzeitstag erträumten.

Liebe und Treue: Das heißt, du bist ein Mensch und kein austauschbares Ding.
Liebe und Treue: Das heißt, du und gerade du!
Liebe und Treue: Das ist Gottes Gegenwart in uns.
Liebe und Treue: Das ist unsere seelische Energie.
Liebe und Treue: Das ist der innerste Kern unseres gemeinsamen Seins.
Liebe und Treue: Das heißt, einen Menschen so sehen, wie Gott ihn gemeint haben könnte.
Liebe und Treue: Das heißt, mich in Freude und Hingabe selbst so zu erleben, wie Gott mich gemeint haben könnte.
Liebe und Treue: Das heißt, in einen geliebten Menschen seine besten Möglichkeiten hineinzulieben und sie aus ihm herauszulieben.
Liebe und Treue: Das ist ein ständiges Geben und Nehmen – ein lebenslanges Geschenk.
Liebe und Treue: Das ist Ermutigung, nicht Entmutigung.
Liebe und Treue: Das ist Hilfe, nicht Triumph.

Treue ist die Wurzel der Liebe. »Liebe entzündet das Feuer, die Treue hütet es« (Maria Nels). Erst Lieben macht uns bewußt, daß Liebe möglich ist. Alle Verliebten wissen es: Liebe verdoppelt die Kräfte. Die Schweizer Psychotherapeutin Verena Kast: Was von außen oft als die »Blindheit« der Liebe erscheint, ist von innen her »die Sehergabe, die Chance der Liebe«. Liebe ist

Ausdruck innerer, seelischer Produktivität. Lieben heißt nicht, sich treiben lassen, sondern aktive Entfaltung der eigenen und der geliebten Person.

Liebe kann niemals heißen: einander *alles* sein. Das schafft kein Mensch. Lieben heißt zwar: gemeinsam leben, aber auch: den anderen sein und leben lassen. Liebe ist nicht, wenn der andere *meinen* Weg geht, Liebe kann nur gedeihen, wenn der andere auch *seinen* Weg geht und gehen kann. Millionen Ehen gehen deshalb kaputt oder sind zumindest langweilig, weil keiner den anderen so akzeptiert, wie er ist, sondern eine Kopie seiner selbst aus ihm machen möchte. Menschenoriginale sind schön, Menschenkopien sind langweilig. Lieben heißt: verzeihen können und um Verzeihung bitten können. Lieben heißt auch: loslassen, nicht besitzen. Trennung kann so wichtig sein wie Nähe, weil die Trennung der Gegenpol der Vereinigung ist. Nach einer Zeit des Abstandes spürt man die Nähe um so intensiver.

Ohne die klirrende Kälte des Winters empfinden wir nicht mehr die prickelnde Wärme des Sommers. Wir brauchen extreme Erfahrungen, Grenzerfahrungen, um uns kennenzulernen. So wie die Natur Kälte und Hitze braucht. Wir sind ein Teil von ihr.

Liebende sind immer auch einzelne Menschen mit eigenen Interessen und eigenen Bedürfnissen. Abhängigkeit ist das Gegenteil von Liebe und Treue. Wahrhaftig lieben und treu sein kann man nur in Freiheit. Die Freiheit, nicht das Gesetz ist der Urquell einer wahrhaftigen Liebe und Treue, wie Jesus sie meint. Das ist kein Plädoyer gegen das Gesetz – wir haben es alle nötig und wissen das, falls wir Realisten sind –, aber in der ehelichen Liebe geht es um mehr als um das Einhalten von Gesetzen. Moralisten meinen immer nur das Gesetz, Liebende meinen Freiheit. Moralisten wollen immer nur die anderen ändern, Liebende wollen sich selbst ändern. Moralisten wollen alle Menschen gleich machen – Liebende sehen im anderen seine Einmaligkeit. Viele lieben nicht den Partner, sondern nur sich selbst im Partner. Liebe ist bei Jesus eine Frage des Klimas, nicht des Gehorsams. Lieben heißt: Schafft um euch ein gesundes, frohes, ansteckendes Klima. Die Menschen um Jesus fühlten sich von ihm geliebt und angesprochen, weil sein Klima stimmte. Liebe verwandelt und heilt. Liebe wächst, wenn man sie verschwendet. Wer liebt, weiß, daß sein Leben einen Sinn hat. Die Sinnfrage ist immer die Frage nach der Liebe.

Welch ein Schindluder wird heute mit dem Wort Liebe getrieben. Wer seine Informationen über Liebe tagtäglich nur aus den Medien bezieht, wo die Neurosen unserer Zeit wie sonst nirgendwo sich austoben, *muß* krank werden. Die Schlagertexte zum Thema Liebe und die billigen Romane über angebliche Liebe sind lediglich Ausdruck der seelischen Krankheiten unserer Zeit. Kein Wort von außen macht uns wohl so krank wie das Wort Liebe – so wie es jeden Tag in Illustrierten auf uns einstürmt. Liebe wächst nur in der Stille. Die Heilkräfte liegen in den heiligen Schriften der Menschheit und in uns selbst. Aber zu beidem haben wir kaum noch einen wirklichen Zugang. Die beste Medizin hilft nicht, wenn wir sie nicht nehmen. Wenn aber die »Ströme lebendigen Wassers«, die von Anfang an in uns angelegt sind, wieder zu fließen beginnen, dann fangen wir an, die Tiefe und Einmaligkeit des Jesus-Wortes zu ahnen: »Ich bin der Weg, die Wahrheit und das Leben«. Jesus hat das Höchste und Reinste und Wahrste gesagt, was je auf dieser Erde gesagt wurde. Deshalb ist er der Eckstein unseres privaten Lebens und der ganzen Menschheitsgeschichte. Durch ihn kam das Licht in die Finsternis dieser Welt wie durch niemand sonst.

Jesus: Ja oder Nein!

»Ihr wißt, daß unseren Vorfahren gesagt worden ist: ›Schwört keinen Meineid und haltet, was ihr Gott mit dem Eid versprochen habt.‹ Ich aber sage euch: Ihr sollt überhaupt nicht schwören – nehmt weder den Himmel zum Zeugen, denn er ist Gottes Thron; noch die Erde, denn sie ist sein Fußschemel; und auch nicht Jerusalem, denn es ist die Stadt des großen Königs. Nicht einmal mit eurem eigenen Kopf sollt ihr euch für etwas verbürgen; denn es steht nicht in eurer Macht, daß auch nur ein einziges Haar darauf schwarz oder weiß wächst. Sagt ganz einfach Ja oder Nein; jedes weitere Wort ist vom Teufel.«

(Matthäus 5,33–37)

Die Würde des Menschen ist die Wahrheit. Jesu Wahrheit ist die Einheit von Reden und Tun. Die Wahrheit gehört zur Liebe wie die Liebe zur Wahrheit. Jeder weiß, daß wir uns um solche hehren Ziele allenfalls bemühen können. Voraussetzung für das Bemühen um Wahrheit ist das Bemühen um Wahrhaftigkeit. Wir werden nicht immer alles sagen können, was wahr ist; aber was wir sagen, sollte immer wahr sein. Ich schreibe diese Zeilen in der Weihnachtszeit. Alle Politiker reden wieder einmal vom Frieden – vor allem diejenigen, die für immer mehr Rüstung sind. Ich bin überzeugt, sie wollen wirklich Frieden. Keiner der Hauptverantwortlichen will den Atomkrieg. Auch Politiker wissen, daß am Atomkrieg nur wenige verdienen, die meisten seine Vorbereitung bezahlen und alle ihm zum Opfer fallen würden. Aber der Atomkrieg wird dennoch vorbereitet. Alle reden von Abrüstung, aber fast alle betreiben Aufrüstung. Das ist der totale Widerspruch zwischen Tun und Reden. Dieser Widerspruch wird oft von den Betroffenen gar nicht wahrgenommen. Und wer sie darauf aufmerksam macht, muß eher mit Widerständen rechnen als mit Besinnung. Woher kommt es, daß Politiker und Nichtpolitiker oft gar nicht wissen (wollen), was sie tun? Woher kommt es, daß alle von Frieden reden, aber in Wahrheit der Weltuntergang immer perfekter vorbereitet wird? Woher kommt es, daß so viele das Gute, das sie eigentlich wollen, nicht tun und das Böse, das sie eigentlich nicht wollen, vorbereiten? Geht uns das im Privatleben nicht manchmal auch so? Woher kommt das?

Albert Camus: »Die Macht macht den verrückt, der sie besitzt.« Selbsterkenntnis ist in außergewöhnlichen Positionen noch schwieriger als anderswo. Sokrates' Forderung: »Erkenne dich selbst« kann realistischerweise nur heißen: Versuche, dich selbst zu erkennen! Nur ganz tiefe Denker wie C. G. Jung können am Schluß ihres Lebens sagen: »Mein Leben ist die Geschichte einer Selbstverwirklichung des Unbewußten.« Als im Deutschen Bundestag über die Aufstellung von atomaren Mittelstreckenraketen debattiert wurde, war vor allem von »Gleichgewicht«, »Sicherheit«, »Entspannung«, »Friedensordnung«, »Nachbarschaft« und »Solidarität« die Rede. Hier wird mit Hilfe einer alles vernebelnden Sprache schreckliche Gewalt durch beinahe rührende Unschuld ersetzt. Zur Rettung einer Schein-Moral ist unsere Phantasie grenzenlos. Viele Politiker können sich kaum noch vorstellen, was sie anstellen. Der dabei zur Schau getragene Optimismus ist Ausdruck von Verzweiflung. Die Gefahr dabei ist, daß die eigentliche Gefahr wegmanipuliert wird. Das ist immer der Fall, wenn wir von unseren Emotionen ganz und gar abgeschnitten sind. Politiker reden dann über Massenvernichtungswaffen, als ginge es um Schlagstöcke für die Polizei. Welche Streiche spielt uns unser Unbewußtes, wenn wir das Gegenteil dessen sagen, was wir tun?

Etwa fünf Monate vor der Nachrüstungsabstimmung im Bundestag, als der Kanzler in Moskau vom sowjetischen Verteidigungsminister und von führenden sowjetischen Generälen gehört hatte, welche Gegenmaßnahmen die Sowjets planten, falls der Westen nachrüste, hatte er von der »jetzt möglich gewordenen atomaren Apokalypse« gesprochen. Die Erschütterung über das eigene geplante Tun war zu erkennen. Aber sie hat hinter den »Sachzwängen« der Politik – »Bündnistreue« vor allem – nicht lange angehalten. Sie war nicht tief genug. Als ich damals mit Helmut Kohl in Moskau war, fragte ich mich: »Wie kann es eigentlich ein Politiker innerlich aushalten, zu Menschen auf dem Roten Platz sehr freundlich zu sein, Hände zu schütteln und sie trotzdem mit Raketen zu bedrohen?« Helmut Kohl hat in Moskau auch eine kleine katholische Kirche besucht. Das war für die unterdrückten Katholiken in Moskau sehr wichtig. Beim Abschied bat er den Priester dieser Kirche: »Beten Sie für mich.« Ob dem Politiker Helmut Kohl in diesem Augenblick nicht hätte bewußt werden können, daß er jemanden um ein Gebet bittet, den er mit Raketen bedroht? Wir müssen diese Frage so konkret stellen, weil die atomare Bedrohung so konkret ist. Als der Bundeskanzler mit dem Zug durch Japan fuhr, ist er eine Station *vor* Hiroshima ausgestiegen, ohne die Stadt zu sehen. Wir alle aber müssen innerlich nach Hiroshima und durch Hiroshima, wenn wir ein weltweites Hiroshima verhindern wollen. Wir müssen uns das Unvorstellbare vorher vorstellen und durchleiden, weil wir uns danach nichts mehr vorstellen könnten und auch nicht mehr leiden. Die Herausforderung ist eine moralische. Die Waffen sind nur äußere Zeichen. Die Ursache der Krise liegt *innen*, aber auch die Lösung liegt *innen*.

Im Deutschen Bundestag wurde über Massenvernichtungswaffen so abstrakt diskutiert, weil Politiker es innerlich gar nicht aushalten könnten, bei diesem Thema konkret zu werden. Aber nur wenn wir konkret werden, wenn wir ganz konkret über die möglichen Folgen unseres Tuns nachdenken, wird uns bewußt, was wir eigentlich tun. Ein führender NATO-General beklagt, daß der Bundeskanzler sich bis mindestens 1985 geweigert hat, an einem atomaren Planspiel teilzunehmen und wenigstens einmal hinter den Vorhang zu schauen. Um überhaupt mit Atombomben leben zu können, muß man sie verdrängen, aber weil wir sie täglich verdrängen, können wir kaum noch leben. Nur die Wahrheit, das klare Ja und das klare Nein, kann uns befreien aus diesem Teufelskreis, der in Wahrheit ein *Menschen*kreis ist. Das Verdrängen dieser Wahrheit ermöglicht erst das »gute Gewissen« der heute politisch Handelnden. Dieses »gute Gewissen« ist der Mangel an Wissen-Wollen über die Folgen des politischen Tuns. Dieses krankhaft gute Gewissen verhindert die Umkehr. Daß wir Sünder sind, ist nicht immer schlimm, das ist menschlich. Das gehört zu unserer Natur. Unsere Sündhaftigkeit wird erst dadurch zum großen Problem, daß wir uns einreden, wir seien gar keine Sünder. Das mangelnde Sündenbewußtsein – der Papst spricht zunehmend vom sozialen Sündenbewußtsein – läßt uns volljährig sein für das Böse, aber minderjährig für das Gute.

Solange wir uns der Wirkkraft des Unbewußten, auch des unbewußt Bösen in uns, nicht bewußter werden, solange handeln wir nicht, solange werden wir lediglich gehandelt, weil wir gar nicht wissen, was wir tun. Deshalb wollen wir so oft das Gute und erreichen exakt das Gegenteil. Der Kanzler setzte die neuen Raketen, die er natürlich nicht wollte und die nach seinen eigenen Worten den Weltuntergang mit vorbereiten können, parlamentarisch durch. Er hatte versprochen: »Frieden schaffen mit weniger Waffen«. Aber er handelte anders. Alle,

die mithelfen wollen bei einem Stopp der jetzigen Über-
rüstung, müssen den Kanzler geduldig, aber nachdrücklich an
sein Versprechen erinnern: »Frieden schaffen mit immer weniger Waffen.« Sag Ja oder Nein, aber nicht: Na ja, jein, jein! Sei
wahr und klar, das heißt einfach: Sag nicht das Gegenteil dessen, was du tust.

Wenn der Sinn unseres Kampfes gegen die Raketen ein Kampf
gegen Politiker sein sollte, dann sollten wir diesen Kampf lieber
sein lassen. Wir stiften damit mehr Unfrieden als Frieden. Frieden stiften wir mit Erfolg, wenn der Sinn unseres Kampfes
allein darin besteht, Politikern zu helfen, von ihrem jetzigen
Kurs abzuweichen und umzukehren. Auch hier kommt alles
auf Gesinnung und saubere Phantasie an. Jede Umkehr beginnt mit der Klarheit des Denkens. Manipulation beginnt mit
falschen Worten. Das ist in der Liebe so und in der Politik
ebenso. Eine Schwangerschaftsunterbrechung ist natürlich
keine »Unterbrechung«. Oder kann, was da »unterbrochen«
wurde, je wieder verbunden werden? Tot ist tot und bleibt tot.
Alles andere ist sentimentaler Selbstbetrug. Mit derselben
»Logik« müßten wir dann das Töten von geborenen Babies als
»Pflegeunterbrechung« bezeichnen.

Denselben Selbstbetrug leisten wir uns mit den Atomwaffen zu
unserer »Sicherheit«. Atomwaffen haben nichts mit Verteidigung zu tun. Damit kann man nicht einen einzigen Menschen
verteidigen, aber die ganze Menschheit töten. Ist das Sicherheit? Sagt die Wahrheit, jedes weitere Wort ist vom Teufel, fordert Jesus. Und der Teufel tut euch nur scheinbar einen Gefallen. Durchschaut eure inneren Teufel. Laßt euch von ihnen
nicht alles bieten. Allein unsere sprachlichen Manipulationen
könnten uns die Augen darüber öffnen, was wir tun, aber nicht
wahrhaben wollen. Die politische und private Sprache wäre er-
träglicher, bekömmlicher und kürzer, wenn man sich drei Fragen stellen würde, bevor man redet: Ist es wahr? Ist es notwendig? Ist es gütig? Was für die Politik und für unser Privatleben
wichtig ist, gilt auch für die Kirchen und die Theologie. Die
Geschichte der Bergpredigt innerhalb der kirchlichen Theologie ist keine Geschichte des »Ja, Nein« im Sinne des Bergpredigers, sondern eine Geschichte des »Sowohl-Als-auch«. Des-

halb ist bis heute so wenig von einer wirklich christlichen Identität zu spüren. Die Kirchen und ihre Repräsentanten haben oft Angst vor den einfachen Wahrheiten Jesu.

Es gibt Ausnahmen. Aber meistens begegnet uns halt die Regel. Die Angst vor der Erkenntnis, daß Jesus die Friedenssucher tatsächlich selig gesprochen hat, scheint besonders groß. Der Bischof von Fulda schloß im Herbst 1984 seinen Dom zu, weil die Friedensbewegung auf dem Domplatz eine Kundgebung machte. Er hat angeblich überhaupt keine Angst vor Atomwaffen, aber er hatte Angst vor Menschen, die vor Atomwaffen Angst haben. Die bischöfliche Angst vor Menschen, die beten wollen, offenbart eine ganz banale, christlich verbrämte Spießbürgerlichkeit. Dieser Bischof würde wahrscheinlich auch vor Jesus seinen Dom zusperren, wenn der Mann aus Nazaret heute die Friedensstifter ermutigen wollte. Wenige Wochen vor Fulda wurde einigen Ordensleuten das Beten im Augsburger Dom verboten. Die jungen Mönche hatten es gewagt, die schlichte Wahrheit auf ihre Kirchenfahne zu schreiben: »Wir rüsten – andere verhungern.« Die Angst vor den einfachen Wahrheiten ist bei vielen kirchlichen und politischen Repräsentanten so groß, daß sie nur noch irrational funktionieren können. Jesus ist der Meister der einfachen Wahrheiten. Einfachheit und Wahrheit sind seine Kennzeichen.

In Fragen der Sexualität weiß die katholische Kirche immer ganz genau, was natürlich ist und was nicht. Warum spürt sie es oft nicht bei anderen wichtigen Fragen: in den Fragen des natürlichen Friedens? Oder auch in den Fragen des natürlichen Essens? Auch das natürliche Essen wird allmählich zur Überlebensfrage. In *allen* Überlebensfragen sind die Kirchen herausgefordert. Das ist ihr Auftrag von der Bergpredigt her. Viele Menschen wenden sich nicht deshalb von den Kirchen ab, weil sich die Kirchen an Jesus orientieren, sondern deshalb, weil sich die Kirchen nicht am lebendigen, am ganzen Jesus orientieren. Jesus kann man nicht *haben*, man kann ihn nur *suchen*. Es wird zu wenig gesucht in unseren Kirchen. Kirchen-Männer – warum eigentlich nicht Frauen, wenn man sich wirklich an Jesus orientiert? – wissen alles und suchen deshalb oft nichts mehr. Liebende Menschen müssen ständig auf der Suche nach dem Reich Gottes sein.

Ein Beispiel für Hartherzigkeit statt christlicher Liebe: Der New Yorker Erzbischof O'Connor hat 1983 vor dem Ausschuß für Außenpolitik des Repräsentantenhauses gesagt, daß Atomwaffen nach reichlicher Überlegung eingesetzt werden dürfen, wenn eine »geringstmögliche Schädigung von Zivilpersonen gewährleistet ist«. Der Tod von wieviel Personen ist denn ethisch vertretbar? Von eintausend, von einer Million oder von einer Milliarde? Natürlich ist der Papst und natürlich sind die Bischöfe auf der ganzen Welt mehrheitlich anderer Meinung. Aber: Warum führt diese prominente Äußerung des New Yorker Bischofs nicht zu einem Aufschrei in der Kirche? Hans Küng und Leonardo Boff bekommen Schwierigkeiten mit dem Vatikan, wenn einige Sätze auf mehreren tausend Seiten ihrer Bücher der Kirchenleitung nicht gefallen. Aber der Erzbischof einer wichtigen Diözese kann sogar den Einsatz von Massenvernichtungswaffen rechtfertigen, und nichts passiert! Hier wird die Verantwortungslosigkeit »toleriert« – aus taktischen Gründen. Das ist nicht Liebe. Das ist Perversion der Liebe – die schlimmste, die es gibt, weil eine Perversion im Namen Gottes, also eine Perversion mit bestem Gewissen. So bleibt nicht nur Gott, so bleibt auch der Mensch auf der Strecke. Dieses Denken des New Yorker Erzbischofs ist nach klassisch katholischer Lehre eine Tod-Sünde im wahrsten Sinne des Wortes. Nach Jesu Lehre beginnt Sünde nicht erst mit dem Tun, sondern schon beim Denken an mögliches Tun.

(Leider muß, wer Kirchenkritik übt, immer noch deutlich machen, daß er es aus Liebe zur Kirche tut. Ich werde der Kirche immer dankbar dafür sein, daß ich über sie den Weg zur Bergpredigt gefunden habe. Und manchen Kritikastern kann man gar nicht deutlich genug sagen: Die Kirche sind wir alle, die dazugehören. Schimpft weniger auf die Dunkelheit. Zündet Lichter an!)

Im Frühjahr 1983 haben die katholischen Bischöfe der Bundesrepublik ein Bischofswort zum Frieden publiziert. Darin hielten sie atomare Abschreckung ethisch »noch« für vertretbar, wenn damit keine militärische Überlegenheit erstrebt wird. Ein solches Streben darf nicht einmal »vermutet« werden. Alle Verantwortlichen, sagen die Bischöfe, haben »die dringende Pflicht, mit aller Anstrengung nach Alternativen zur Androhung der Massenvernichtung zu suchen«. Da der Einsatz von Massenvernichtungswaffen »niemals« erlaubt sei, könne die Produktion und Androhung nur »in einer Übergangsphase« erlaubt sein.

Inzwischen sind Jahre vergangen, und nichts deutet darauf hin, daß die Politik sich an die Mahnung der Bischöfe hält. Sie sprachen 1983 von einer »Gnadenfrist«, die wir noch haben. Doch das Wettrüsten hat sich beschleunigt. Gnadenfristen dauern nicht ewig. Und was machen die Bischöfe! Sie schweigen. Sie haben in den Wind gesprochen. Und sind damit zufrieden. Von dem klaren »Ja oder Nein« der Bergpredigt keine Spur.

Ängstlichkeit und Anpassung sind wieder einmal stärker als der Glaube an Jesus, den Befreier und Erlöser. Wenn heute im Angesicht der jeden Tag möglichen Vernichtung der Menschheit kein Widerstand geboten ist, wann gab es dann je Grund zum Widerstand, ihr Vertreter der katholischen Kirche? Und wenn bei mehr als 200 000 Abtreibungen pro Jahr keine deutliche Sprache im Sinne des Analytikers und Menschenfreundes Jesus nötig ist, wann war sie dann nötig, ihr Vertreter der evangelischen Kirchen? Gedankenlose Vernichtung ist der Anfang vom Ende. Keiner kann diesmal sagen, er habe nichts gewußt. Kirchen machen sich spätestens im Atomzeitalter der unterlassenen Hilfeleistung schuldig, wenn sie, statt Gewissen zu schärfen, mit schönen Worten die Gewissen einschläfern.

Gibt es denn wirklich gar keine Schuldigen, wenn es zur atomaren Katastrophe kommt? Die Kirchen sind mitschuld, wenn die Täter anonym bleiben. Gerade die Anonymität der Täter macht den Holocaust so wahrscheinlich. Die Technik des Tötens ist furchtbar einfach geworden. Die Täter bleiben im Atomzeitalter für die Opfer völlig unsichtbar. Kirchen müßten mithelfen, daß die Täter vorher sichtbar werden. Sonst kann die Tat klammheimlich geschehen, geräuschlos und ohne jede Warnung – in makabrer Friedlichkeit und brutaler Harmlosigkeit am Schreibtisch. Die Tat muß bereut werden, bevor sie geschieht. Das ist noch die einzige Chance, sie zu verhindern.

Aber ohne phantasievolle Hilfe der Kirche kann die vorzeitige Reue kaum gelingen.

Die wahre Ursache für die Atombombe ist verdrängte Angst (wahrscheinlich auch die wahre Ursache der meisten Abtreibungen). Angst ist die Mutter der Gewalt. Besonders die Angst derer, die immer behaupten, sie hätten keine Angst. Wozu Atombomben, wenn es keine Angst gäbe? Aber oft fehlt der Mut, sich zu dieser Angst zu bekennen. Wir wollen sie lieber nicht wahrhaben. Wir leben nicht im Zeitalter der Angst, wie oft behauptet wird, wir leben im Zeitalter der Angst vor der Angst. Wir sind unfähig zur Angst, obwohl wir so viel Grund haben, uns zu ängstigen. Um von diesem inneren Defekt geheilt werden zu können, stellt der Philosoph Günter Anders dieses »Postulat« auf: »Habe keine Angst vor der Angst, habe Mut zur Angst. Auch den Mut, Angst zu machen. Ängstige deinen Nachbarn wie dich selbst.« Die furchtlose Angst, die wir heute brauchen, schließt auch den Mut ein, uns Angsthasen nennen zu lassen von denen, die angeblich gar keine Angst haben. Nur wenn wir unsere Angst als Teil unserer inneren Realität im Atomzeitalter annehmen, wird uns die Gelassenheit geschenkt, die wir brauchen für produktive Friedensarbeit. Auch Jesus hatte Angst, aber er ließ sich nicht von der Angst beherrschen. Günter Anders spricht von einer »belebenden Angst, da sie uns statt in die Stubenecken hinein in die Straßen hinaustreiben soll«, und von einer »liebenden Angst, die sich *um* die Welt ängstigen soll, nicht nur *vor* dem, was uns zustoßen könnte«. Wenn wir Mut haben zur Angst, finden wir auch den Mut zur Wahrheit – in Wort und Tat. Dann erst gelangen wir zu jener Selbsterkenntnis, die uns den befreienden Hinweis Jesu verstehen läßt: »Sagt ganz einfach Ja oder Nein; jedes weitere Wort *ist* vom Teufel.« Wer den Rüstungswahn nicht als Bedrohung erlebt, und wer seine Angst davor verdrängt, ist nicht angstfrei, sondern gefühlsarm. Nur die Annahme der begründeten Angst verhilft zu Friedens-Aktivität und damit zu einem neuen Freiheitsempfinden. Das Freiheitsempfinden der Friedensbewegung heißt: Wenn ihr Politiker euch die Freiheit nehmt, die ganze Menschheit mit Massenvernichtungswaffen zu bedrohen, dann wird sich ein Teil der Menschheit die Freiheit des Widerstandes gegen diese verrückte Politik nehmen.

Nie ist mir so klargeworden, was verdrängte Angst in der Politik bewirken kann, wie bei einem Besuch im hessischen Dorf Hattenbach. Dort hat die Lehrerin Brunhilde Miehe zusammen mit Freunden eine sehr aktive Friedensgruppe organisiert. Die Friedensarbeit in diesem Dorf begann, als bekannt wurde, daß Hattenbach nach der US-Strategie als Ausgangspunkt (»Ground Zero«) für einen begrenzten Atomkrieg in Deutschland gedacht ist. Die amerikanische Fernsehgesellschaft CBS hatte darüber berichtet und kommentiert: »Was die Europäer überraschen und wahrscheinlich erschrecken würde, ist die Tatsache, daß in den USA Armee-Offiziere zum erstenmal Taktiken für die atomare Kriegsführung auf einem Schlachtfeld namens Europa entwickeln und lehren.« Im Modell-Film gibt es zwei Atomexplosionen um Hattenbach, um einen sowjetischen Angriff zu stoppen. Ein Offizier dazu im Film: »Diese zwei Atomexplosionen haben etwas mehr Wirkung in dieses Terrain gebracht.« Dies alles wurde im US-Fernsehen gezeigt, nachdem Präsident Reagan erklärt hatte, ein atomarer Konflikt zwischen den USA und der UdSSR müsse nicht zwangsläufig auf das Gebiet der USA übergreifen.

Die Friedensgruppe wollte den US-Film in Hattenbach als Aufklärung vorführen. Aber der Bürgermeister wehrte sich mit einer bemerkenswerten Begründung dagegen: »Einem Schwein, das geschlachtet werden soll, sage ich das am Vorabend doch auch nicht.« Der Bürgermeister hat völlig recht. Sein einfaches Bild beschreibt die Lage viel besser als dieses Buch: Wir wollen die schreckliche Wahrheit nicht wahrhaben, weil sie so schrecklich ist. Nur keine Angst! heißt die angstbesessene Devise. Aus Angst vor der atomaren Wahrheit verdrängen wir die Gefahr viel lieber, als daß wir ihr ins Angesicht schauen und sie damit abzuwenden beginnen. Das Bild des Bürgermeisters mit dem Schlachtschwein bedarf allerdings der Ergänzung durch ein anderes Sprichwort: »Nur die allerdümmsten Kälber wählen ihren Metzger selber.« Müssen Menschen so unwissend bleiben wie die allerdümmsten Kälber? Viele wollen es. Sie entscheiden sich lieber fürs Geschlachtet-Werden als für die Wahrheit – wenn es sein muß, ganz demokratisch. Doch Mehrheitsentscheidungen sind nicht unfehlbar. Mehrheit muß nicht Wahrheit sein. Wer krank ist vor Angst, will seine Angst nicht wahrhaben. Ein Freund, dem ich diese Geschichte von Hattenbach erzählte, sagte nur: »Das kann und das will ich nicht wahrhaben.«

Die Angst vor Atomwaffen ist begründet. Deshalb ist diese Angst die lebensrettende Voraussetzung zur Bekämpfung der Atomwaffen. Diese Erkenntnis führt zu jenem »Nein ohne jedes Ja zu Vernichtungswaffen« vieler junger Menschen heute. Hier ist Jesu »Sagt einfach Ja oder Nein« ganz verstanden. Zur Liebe gehört auch der Mut, »Nein« zu sagen: in der Erziehung, in der Ehe und in der Politik. »Sagt Ja oder Nein.« Politiker, die selbstverständlich für Frieden sind und trotzdem Atombomben aufstellen – Menschen, die selbstverständlich gegen das Töten sind, aber trotzdem abtreiben –, erinnern an Eltern, die selbstverständlich gegen Gewalt sind, aber trotzdem ihre Kinder schlagen – natürlich nur aus Gründen der Erziehung. Wer muß hier erzogen werden? Eine vordergründige Pädagogik spricht immer vom Kind, das »erzogen« werden muß. Dahinter steht fast immer die Angst vor dem unerzogenen Kind im Erwachsenen. Selbsterziehung ist die beste Erziehung, so wie Selbsterfahrung die tragfähigste ist. Kinder kann man im herkömmlichen Sinn so wenig erziehen, wie man sie verwöhnen kann, man kann Kinder nur lieben und mit ihnen leben. Lao tse: »Erst wenn die Liebe bei den Menschen erloschen ist, pocht man auf Kindespflicht und Elternrecht.«

Was in uns selbst nicht ganz ist, das wollen wir zunächst immer in unseren Kindern und in unserem Partner heilen. Kinderpsychologie steht vielleicht deshalb so hoch im Kurs, weil wir Erwachsenen psychisch so unterentwickelt sind und unsere Probleme dorthin abschieben. Wir schlagen unsere Kinder, wenn wir in ihnen unser Eigentum sehen. Wir lieben sie, wenn wir in ihren Augen Gottes Licht strahlen sehen. Wo hat denn Jesus Gott gesucht? Zunächst in sich selbst – danach in Kindern und in allen, die ihm begegnet sind: in Zöllnern und Sündern, in Huren und Heiligen, in Armen und Reichen, in Pazifisten und Militaristen, in *jedem* Menschen. »Sagt ganz einfach Ja oder

Nein« heißt auch: Es kommt immer auf eure Absicht an! Eure Absicht muß sauber sein.

Darf man einen Film über das Entstehen werdenden Lebens oder gar über Abtreibung im Fernsehen senden? Diese Frage haben wir mehrfach in der REPORT-Redaktion diskutiert. »Kann das schlechte Gewissen, das ein solcher Film auslösen kann, nicht dazu führen, daß sich Frauen, die abgetrieben haben, nach der Sendung umbringen?« fragte ein Kollege. Alles kommt auf die Intention an. Wenn es Absicht wäre, per Fernsehen ein schlechtes Gewissen zu verabreichen, dürften wir einen Film zu diesem Thema tatsächlich nicht senden. Urteilen oder verurteilen? Das ist die Grundsatzfrage für jeden Journalisten! Wenn Aufklärung die Absicht ist, dann müssen wir den Film senden. Am Tag nach der Sendung dieses Films rief tatsächlich eine Frau an und »drohte« mit Selbstmord. Ich habe nicht zu beschwichtigen versucht, dazu habe ich kein Recht. Auch ein Selbstmord ist Sache eines jeden einzelnen. Ich habe gesagt: »Tun Sie, was Sie für richtig halten. Das ist Ihre Entscheidung.« Ihre Reaktion: »Zum erstenmal seit langem traut mir ein Mann etwas zu.« Sie erzählte mir ihre Geschichte. Mich wunderte nichts mehr. Die Frau eines Millionärs hatte auf Drängen ihres Mannes abgetrieben und danach kaum noch Widerstandskraft.

Millionen Männer machen aus ihren Frauen lebenslang emotionale Krüppel, weil sie ihnen nichts zutrauen. Männer trauen ihren Frauen nichts zu, weil sie sich selbst nichts zutrauen. Sie trauen ihren Frauen allenfalls »Seitensprünge« zu – vor allem dann, wenn sie selbst welche machen. Was wir anderen unterstellen, ist meist unser eigenes uneingestandenes Problem. Der Mann, dessen Frau sich nach unserem Film umbringen wollte, ist für seine Frau einer jener Millionen »Göttergatten« – ein Wort, das alles sagt. Es überfordert jeden Mann, wenn seine Frau nicht Ehrlichkeit von ihm fordert, sondern nach dem billigen Motto lebt: »Was ich nicht weiß, macht mich nicht heiß«: Er treibt alles – sie schluckt alles. Der Kreis schließt sich und wird zum Teufelskreis, wenn keiner ihn durchbricht. Abtreibung – häufig von Männern gefordert – ist nur ein weiteres Glied in der Kette der Abhängigkeit einer Frau von einem

Mann. Teufelskreise sind nur mit konsequenter Liebe zu durchbrechen – nie mit Gewalt und Abtreibung. Auch die seelischen Wunden einer Abtreibung sind heilbar, wenn man das Problem nicht verdrängt, indem man sich und anderen etwas vormacht.

Es gab auch ganz andere Reaktionen zu diesem Film. Ein Mann berichtete: Seine Frau wollte abtreiben, er war dagegen. Sie hatte schon einen Termin, er stellte den Wecker falsch, damit sie frühmorgens den Termin verschlief. Sie vereinbarte einen neuen Termin. Am Vorabend sahen die beiden den Film über das Entstehen menschlichen Lebens. Am nächsten Morgen ging die Frau nicht mehr zum Arzt; sie kaufte ein: Baby-Kleidung.

Eine klare Sprache ist Voraussetzung jeder Aufklärung. Journalisten und Politiker werfen viel zu oft Nebelkerzen: Vernebelung statt Aufklärung. Motto: Jein!

Es gibt wohl kaum ein anderes Thema, bei dem in der öffentlichen Meinung bei Politikern und Journalisten so ausdauernd und leidenschaftlich mit »Jein«-Nebelkerzen gearbeitet wird wie bei den Themen Abtreibung und Aufrüstung: Kein Argument und keine Ausrede ist zu billig! »Sagt ganz einfach Ja oder Nein; jedes weitere Wort ist vom Teufel.« Kein Lehrbuch für politische oder journalistische Ethik könnte knapper, präziser und sachlicher formulieren. Die Wahrheit braucht nicht immer viele Seiten.

Feindesliebe: Jesus oder Solschenizyn?

»Ihr wißt, daß es heißt: ›Auge um Auge, Zahn um Zahn.‹ Ich aber sage euch: Ihr sollt euch überhaupt nicht gegen das Böse wehren. Wenn dich einer auf die rechte Backe schlägt, dann halte ihm auch die linke hin. Wenn jemand mit dir um dein Hemd prozessieren will, dann gib ihm noch die Jacke dazu. Und wenn einer dich zwingt, ein Stück weit mit ihm zu gehen, dann geh mit ihm doppelt so weit. Wenn einer dich um etwas bittet, dann gib es ihm; wenn einer etwas von dir borgen möchte, dann leih es ihm.«
(Matthäus 5,38–42)

Diese Forderungen Jesu habe ich noch vor einigen Jahren für eine so große Provokation und Dummheit gehalten, daß ich in meinem Friedensbüchlein um sie einen großen Bogen gemacht habe. Doch das hilft nichts. Jesus hat es gesagt. Also ist an diesen Worten etwas dran. Was aber? Was heißt das für uns moralische Normalverbraucher? War Jesus doch ein Illusionist? Hat er uns wirklich empfohlen, uns alles bieten zu lassen?

Franz Kamphaus weist in seinem Friedens-Buch auf Alexander Solschenizyn hin. Der russische Dichter spielt im »Archipel Gulag« auf die Bergpredigt an und erzählt über seine Empfindungen unter der Tyrannei der Kommandanten in Stalins Straflager: »Den Spitzeln das Messer in die Brust bohren! Messer schmieden und auf Schnitzeljagd gehen! – Das ist es! Jetzt, da ich dieses Kapitel schreibe, türmen sich auf den Regalen über mir humanitätsschwere Bücher und blinken mir mit ihren mattschimmernden, gealterten Einbänden vorwurfsvoll zu, wie Sterne durch Wolkenstreifen: Man darf nichts in der Welt durch Gewalt zu erreichen suchen! Wer zum Schwert, zum Messer, zum Gewehr greift, wird nur zu rasch seinen Henkern und Bedrückern gleich. Und der Gewalt wird kein Ende sein. ... Hier am Schreibtisch, im warmen, sauberen Wohnzimmer bin ich völlig einverstanden. Doch wer grundlos zu 25 Jahren Lager verdammt wird, wer seinen Namen verliert, ... täglich bis zur Erschöpfung robotet ..., für den hören sich alle Reden der großen Menschenfreunde wie das Geschwätz satter Spießer an. ... Nicht umsonst hat das Volk aus langer Bedrückung die Lehre gezogen: Mit Güte kommt man gegen das Böse nicht an!«

Ist die Bergpredigt Jesu also doch das Geschwätz eines satten Spießers? Wer könnte Solschenizyn nicht verstehen? Seine Position bestimmt noch immer den Lauf der Weltpolitik. Mao Tse-tung: »Wir wollen den Krieg nicht, aber man kann den Krieg nur durch den Krieg abschaffen. Wer das Gewehr nicht will, der muß zum Gewehr greifen.« Das ist die Politik der alten Revolutionen. Ihr Ergebnis ist bekannt: Gewalt erzeugt wirklich immer wieder Gewalt. Die Revolution Jesu, die Revolution der Liebe ist ganz anders. Spätestens jetzt im Atomzeitalter wird immer deutlicher, daß Jesu Weg der einzige ist, der unseren Untergang noch aufhalten kann. Jesus zeigt den Weg zu einer intelligenten Politik. Die Politik der westlichen Nachrüstung hat eben nicht dazu geführt, daß die Sowjetunion mit ihrer Rüsterei aufhört. Im Gegenteil – sie rüstet weiter. Und die USA bereiten inzwischen vor, was man neckisch »Krieg der Sterne« nennt. Wenn keine Seite bereit ist, den ersten konsequenten Schritt zum Rüstungsstopp zu tun, ist unser Untergang vorprogrammiert. Es geht im Atomzeitalter nicht mehr um Krieg oder Frieden – es geht nur noch um Vernichtung oder Frieden. Einen so »harmlosen« Krieg wie den Zweiten Weltkrieg mit »nur« 55 Millionen Toten wird es in Europa nie mehr geben. Es kann ja sein, daß die Sowjetunion uns 23mal umbringen kann, aber wir sie »nur« 20mal. Selbst, wenn das so ist: Ist es intelligent, durch Nachrüstung dafür zu sorgen, daß wir die Sowjetunion auch 23mal umbringen können, wo wir doch wissen, daß die Sowjetunion danach ihrerseits durch Nachrüstung versuchen wird, uns 25mal umzubringen? Ist diese Politik sachlich und klug? Gibt es wirklich keinen klügeren Weg als den der ewigen und primitiven Vergeltung?

Alle nennen die heutige Rüstungspolitik Wahnsinn. Aber alle großen Staaten und ihre Chefs und viele Wähler machen diesen Wahnsinn mit. Jesu »Feindesliebe« ist die Alternative zum heutigen Wahnsinn. Aber: Sollen wir schutzlos sein gegen einen Gegner, der eine aggressive Ideologie vertritt und ein System, das wir nicht haben wollen? War Jesus dumm? Nein, er war ein großer Realist und Menschenkenner. Jesus wird total falsch verstanden, wenn »Feindesliebe« so interpretiert wird, als müßten wir uns alles gefallen lassen. Der Gott des Jesus von Nazaret, der mütterliche Vater, will nicht, daß seine Kinder gegen ihren Willen versklavt werden. Er will aber auch nicht, daß sie sich alle umbringen. Intelligente Formen der Verteidigung (Verteidigung! nicht Vernichtung!) werden wir noch lange brauchen. Die »andere Backe hinhalten« heißt: Habt den Mut, den ersten Schritt zu tun. Durchbrecht als erste den Teufelskreis der Gewalt. Wenn nicht ihr, wer denn sonst? »Feindesliebe« heißt, dem Gegner nicht Angst machen, sondern Angst nehmen. Also brauchen wir eine Rüstung, die wirklich auf Verteidigung angelegt ist und nicht auf Vernichtung.

Braucht man Panzer, wenn man sich verteidigen will – braucht man nicht vielmehr Panzerabwehrwaffen? Braucht man Kampfflugzeuge, wenn man sich verteidigen will, braucht man nicht vielmehr Flugzeugabwehrwaffen? Konventionelle Abwehr als Notwehr ist sinnvoll und sittlich erlaubt, aber atomare Drohung ist gefährlich. Wir müssen endlich fragen: Was haben denn Atombomben mit Verteidigung zu tun? Mit Atombomben können wir, wenn die Abschreckung versagt, keinen einzigen Menschen verteidigen, aber die gesamte Menschheit vernichten. Es gibt militärische Konzeptionen – zum Beispiel von Horst Afheldt, Jochen Löser oder von Carl Friedrich von Weizsäcker – die realistische konventionelle Alternativen zum atomaren Wahnsinn aufzeigen.

Politische Umkehr gelingt nur Schritt für Schritt. Die Wegzeichen zur Umkehr können praktisch nur so lauten: atomarer Rüstungsstopp – zuerst einseitig, dann wechselseitig, Umrüstung auf konventionelle Verteidigung, und erst dann Abrüstung. Das wäre im Sinne Konrad Adenauers, der den »ersten Schritt« so definierte: »Es ist meines Erachtens falsch, das Gute zu unterlassen, weil man das Bessere erstrebt, dieses aber noch nicht realisierbar ist. Genauso halte ich es für falsch, den Schritt, der heute möglich ist, zu unterlassen, weil der größere, weitere Schritt erst morgen gelingen könnte.« Viele in der Friedensbewegung werfen meiner Schritt-für-Schritt-Konzeption mangelnde Konsequenz vor. Vielen Politikern hingegen geht selbst mein erster Schritt schon zu weit. Gegenüber vielen in der Friedensbewegung bleibe ich dabei: Man kann den fünften Schritt nicht vor dem ersten tun – das geht nicht in der Politik. Radikalpazifisten machen es den Politikern viel zu leicht, ihre politikfernen Positionen abzulehnen. Es kommt nicht nur darauf an, recht zu haben. Es kommt in der Politik auch darauf an, recht zu bekommen. Und die sogenannten Realpolitiker haben nichts von der Intention Jesu begriffen, wenn sie nicht einmal den ersten Schritt in Richtung Abrüstung konsequent wagen. Den ersten Schritt des Rüstungsstopps kann es nur geben, wenn einer anfängt zu stoppen, einseitig und bedingungslos. Das Märchen von der gleichzeitigen Abrüstung können wir nicht mehr länger glauben, wenn wir Realisten sind. Wir müssen den Mut haben, auch mal eine Backe hinzuhalten, sonst gibt es – wir leben im Atomzeitalter – bald gar keine Backen mehr. Was heißt das konkret? Wenn wir nicht weiter nachrüsten würden, wäre dann die Chance nicht größer als heute, daß die Sowjetunion auch aufhört? Als Antwort auf unsere Nachrüstung stellt jetzt die Sowjetunion in der DDR und in der CSSR neue Atomraketen auf. Wir haben dafür Vorwarnzeiten von zwei Minuten! Unser Überleben ist immer für die nächsten Minuten garantiert! Wie lange kann das »gut«gehen? Es gibt für alles eine Frist. Auch Manfred Wörner sagt, diese neuen Raketen wären nicht in unmittelbarer Nähe Westdeutschlands aufgestellt worden, wenn wir nicht die Pershing II und Cruise Missiles stationieren würden. Wir wüßten nicht, *wie* gefährlich die Lage heute ist, wenn wir nicht nachrüsten würden, aber wir wissen, daß die Lage nicht ganz so gefährlich wäre wie jetzt. Die immer kürzer werdenden Vorwarnzeiten und die daraus resultierenden möglichen Fehler machen die Lage so irrational. Manfred Wörner: »Die Vorwarnzeiten machen auch mir große Sorgen.« Das müßte *so* nicht mehr sein heute, wenn wir schon 1983 den Mut zum ersten konsequenten Schritt in eine neue Richtung gehabt hätten. Nur wer es wagt, auch mal die andere Backe hinzuhalten, wenn er geschlagen wird, kann erfahren, daß der andere gar nicht zuschlägt – wenn auch zuerst nur aus lauter Überraschung, aber danach aus Einsicht! Das ist der einzig realistische Weg zur Umkehr: Die Ent-Feindung des Feindes. Jesus: Ihr könnt, wenn ihr *wirklich* wollt und nicht nur sagt, daß ihr wollt. Die Wahrheit liegt in der Praxis, nicht in schönen Worten über Abrüstung.

Wir sind zwar nicht bereit, auch mal eine Backe hinzuhalten, aber an der Nase lassen wir uns herumführen. Was ist nun vernünftiger: Jesu Vorschlag oder unsere heutige Politik? Wenn die Politik nicht mit der Intention der Bergpredigt übereinstimmt: Muß man dann die Politik ändern oder die Bergpredigt? Wie viele Jahrzehnte wollen wir uns noch an der Nase herumführen lassen? Tschernenko hat Ende 1984 gesagt, die Sowjetunion sei zu den »radikalsten Abrüstungsverhandlungen« bereit. Er soll es nicht nur sagen, er soll den ersten Schritt tun. Ronald Reagan hat im Herbst 1984 vor der UNO gesagt, die USA wollten »wirkliche Abrüstung«. Er soll es nicht nur sagen, er soll es tun. Sie sollen bereit sein, auch mal eine Backe hinzuhalten, dann werden sie erleben, daß der andere nur darauf gewartet hat, daß man selbst den ersten Schritt tut. Ist es aber nicht Illusion zu meinen, eine Diktatur wie die sowjetische hätte die Kraft zum ersten Schritt, den man selbst nicht tun will? Wenn Sie, liebe Leserin, lieber Leser, mir in der Einschätzung der Sowjetunion zustimmen, was bleibt dann übrig? Der Klügere gibt als erster nach. Das ist die Umschreibung des Vorschlags: »Wenn dir jemand auf die rechte Backe schlägt, dann halte ihm auch die linke hin.« Ein klügerer Vorschlag ist uns bis heute nicht eingefallen.

Jesus zeigt den einzig realistischen Ausweg aus der heutigen Sackgasse: »Behandelt die Menschen so, wie ihr selbst von ihnen behandelt werden wollt.« Das heißt: Tut, was ihr von anderen erwartet. Nur dann werden sie es auch tun. Also nicht sofort und total einseitige Abrüstung. Das ist illusorisch. Aber: Wenn wir den ersten Schritt auf den anderen zugehen, geht auch er einen auf uns zu. Einer muß also den ersten Schritt tun. Nur so bahnen wir uns, zunächst einseitig und dann wechselseitig, Schritt für Schritt, den Weg zurück zu etwas mehr Sicherheit. Atomare Abrüstung schaffen wir nur über konventionelle Umrüstung. Es ist möglich, eine effektive militärische Verteidigung so zu organisieren, daß der Gegner sich davor nicht mehr fürchten muß. Die USA müßten zunächst aufhören, die Sowjetunion atomar »totzurüsten«. Erst danach kann es Kooperation in sicherheitspolitischen Fragen geben und atomwaffenfreie Zonen. Andererseits muß die Sowjetunion endlich aufhören, dem Westen mit konventioneller Überlegenheit Angst zu machen. Aber trotz sowjetischer Überlegenheit bei konventionellen Waffen sieht auch Franz-Josef Strauß ein: »Die Kreml-Führung ist sehr risikobewußt und risikoscheu.« Und Lothar Späth: »Die Sowjetunion will keinen Krieg in Europa.« Wenn das alles stimmt, dann kann ich immer noch verstehen, daß eine US-Regierung atomar nachrüsten will, daß aber eine Regierung in Bonn dieses atomare Spiel mitspielt, bleibt absolut unverständlich. »Bündnistreue« darf doch nicht blind machen gegenüber unseren nationalen Interessen.

Eine wirkliche Verteidigungspolitik ist Voraussetzung einer aktiven Menschenrechtspolitik des Westens gegenüber dem Osten. Jeder Angriffsplan aus dem Westen ist selbst eine Verletzung der Menschenrechte. Solange die NATO-Pläne, konzipiert in Washington, ähnlich offensiv und siegorientiert sind wie die des Warschauer Pakts, konzipiert in Moskau, ist auch nur der Gedanke an einen Rüstungsstopp illusorisch. Die NATO beklagt seit Jahren zu Recht die bewußt offensive Militärstrategie des Ostens, einen »Verteidigungskrieg« grundsätzlich auf dem Gebiet des Gegners zu führen. Die »Sicherheit« West- und Mitteleuropas wird nicht sicherer, wenn die NATO jetzt dasselbe plant, was sie dem Osten vorwirft.

Als erste Schritte zu einer Umkehr in der Friedens- und Sicherheitspolitik fordert die katholische Friedensbewegung Pax Christi:

1. die Rücknahme der Stationierung von Pershing II und Marschflugkörpern im Westen;
2. die Rücknahme der SS 20- und SS 23-Raketen in Mitteleuropa und den Beginn der Reduzierung der SS 20 durch die Sowjetunion;
3. atomwaffenfreie Zonen und panzerwaffenfreie Zonen in Mitteleuropa.

Hier wird ein realistischer Ausweg aus der heutigen Sackgasse aufgezeigt. Mittel- und Westeuropa haben gemeinsame Interessen gegenüber Moskau *und* gegenüber Washington. Hier ist das Feld *unserer* Friedenspolitik. Sie schließt Paris und Warschau, Berlin und Budapest, London und Prag, Rom und Bukarest ein. Und Bonn und Ostberlin haben eine Schlüsselrolle – Helmut Kohl und Erich Honecker könnten viel enger zusammenarbeiten. Unser Friedensauftrag heißt Europa. Es ist verantwortungsloser Unsinn, von Belgien oder der Bundesrepublik aus Atomraketen gegen die DDR, Polen, die Tschechoslowakei und Ungarn zu richten. Viel Zeit für die Rettung Europas haben wir nicht mehr.

Wenn zwei mit verbundenen Augen auf den Abgrund zurasen und jeder mit der Raserei erst aufhören will, wenn der andere auch aufhört, rasen beide in den Abgrund. Das ist die Philosophie der tödlichen Sicherheit. Wenn der Abgrund gar ein atomarer Abgrund ist und das Ende der Menschheit bedeuten kann, ist es erst recht eine Frage der Klugheit, als erster den Wahnsinn zu beenden. Erst damit gebe ich dem anderen die Chance, dasselbe zu tun. Das Positive ist so ansteckend wie das Negative. Aber an die ansteckende Kraft des Positiven glauben wir fast nicht mehr. Das ist unser Problem. Das Problem des Wettrüstens ist letztlich ein religiöses Problem, ein Problem des Vertrauens und des Glaubens an das Gute. Weiterrüsten im »christlichen« Anti-Kommunismus-Komplex heißt: die Lehre Jesu mißbrauchen zur moralischen Bewältigung unmoralischer Verhaltensweisen. Einseitiger Rüstungsstopp heißt: im Sinne Jesu den ersten Schritt in eine neue Richtung zu wagen. Unser Freiraum gegenüber Washington schafft der DDR Freiraum gegenüber Moskau. Feindesliebe heißt: Der Frieden beruht nicht auf Waffen, sondern auf entwaffnender Klugheit. Nicht nur Kriege, auch der Frieden beginnt immer heute, nicht erst morgen. Jesus schlägt also genau das Gegenteil dessen vor, was eine geistlos wörtliche Interpretation ihm unterstellt. Jesus redet niemals der Gewalt das Wort, auch nicht der Gewalt *gegen* uns. Er ermuntert uns jedoch, aktiv eine neue Situation zu schaffen, neu und anders als bisher initiativ zu werden. Jesus »setzt auf die Gegenkraft des Guten und vertraut darauf, so das Böse aus den Angeln zu heben« (Franz Kamphaus). Also gerade nicht passives Erdulden ist gemeint, sondern ein ganz neues Handeln, klüger als unser altes Handeln, in unserem eigenen *und* in des anderen Interesse. Das ist der Weg aktiver Friedenspolitik und nicht passiver Rührseligkeit. Die alte Politik des »Auge um Auge« ist passiv und reagierend, die neue Politik Jesu ist aktiv und schöpferisch, eine Einladung zum ersten Schritt. Doch heute herrscht noch immer das Vergeltungsdenken vor: Rakete gegen Rakete, Panzer gegen Panzer. Diese Politik der Vergeltung nennt man realistisch. »Das Evangelium ist kaum zu vernehmen« (Franz Kamphaus). Wir orientieren uns noch immer viel lieber an dem, was zu den »Alten« gesagt worden ist. Es ist aber exakt der alte sogenannte gesunde Menschenverstand, der uns an den atomaren Abgrund geführt hat. Welcher Weg führt denn zurück vom Abgrund, wenn nicht der neue Weg Jesu, des »Ich aber sage euch . . .«? Auf dem alten

Weg werden wir stolpern und stürzen. Es gibt keinen anderen Weg aus der zerstörerischen Vergeltung als den Weg der schöpferischen Vernunft der Bergpredigt. Wenn Gott für uns wirklich der einzige Herr der Geschichte wird, dann finden wir den Ausweg aus Resignation und Illusion. Jesus meint keinen feigen, sondern einen klugen Pazifismus. Sein Frieden ist ein Frieden in Gerechtigkeit und nicht der faule Friedhofsfrieden einer Diktatur. Lieben heißt nicht feige nachgeben, sondern human und gerecht urteilen und handeln. Jesu Liebe, auch Jesu Feindesliebe, ist nicht der Gegensatz zur Gerechtigkeit, sondern Gerechtigkeit. Gerechtigkeit ist allerdings mehr als das Gesetz. Gerechtigkeit bei Jesus heißt immer auch Mut zum ersten Schritt. Jesus ist kein bequemer Schön-Redner, sondern ein unbequemer Wahr-Redner. Er drängt mit größter Entschiedenheit zur Entscheidung. Dieser Weg kann über Streit und Leid führen, ist aber der neue Weg zum Leben. Heute gehen wir noch den alten Weg in den Atomtod. Jesu Worte sind Fingerzeige auf die Grundgesetze des Lebens.

Je mehr wir uns von der bisherigen Politik treiben lassen, desto mehr sind wir außenbestimmt. Wenn wir uns aber von Jesus aufwecken lassen und anfangen selbst zu bestimmen, dann werden wir nicht mehr gelebt, dann fangen wir an zu leben, weil unser Selbst mit dem wahren Leben in Einklang steht. »In dieser Unbedingtheit beruht der Adel, die Freiheit und die Überlegenheit der wahren Menschen« (Johannes Müller). Hier liegen die Bedingungen einer wirklichen Revolution für Europa, die eine Weltrevolution werden könnte, verborgen. Es kommt darauf an, endlich die Schätze zu heben, die Jesus uns hinterlassen hat. Im Atomzeitalter hat uns Jesus etwas unerhört Neues und vollkommen Revolutionäres zu sagen. Sind wir reif genug, es zu verstehen? Man kann über der Beschäftigung mit Jesus zeitweise den Boden unter den Füßen verlieren. Vieles kann schwanken, was vielleicht jahrzehntelang sicherer Grund schien. Aber das Ergebnis dieses Abenteuers wird sein, daß wir schließlich und endlich mit beiden Beinen auf der Erde landen, befreit von allen Illusionen der Sicherheit. Dann erweist sich die Bergpredigt nicht nur als ein privater Weg zur Selbsterkenntnis, sondern auch als der politische Weg zur Welterkenntnis. Jesus schont uns nicht, er geht noch einen Schritt weiter.

Intelligente und spirituelle Feindesliebe

»Ihr wißt auch, daß es heißt: ›Liebe alle, die dir nahestehen, und hasse alle, die dir als Feinde gegenüberstehen.‹ Ich aber sage euch: Liebt eure Feinde und betet für die, die euch verfolgen. So erweist ihr euch als Kinder eures Vaters im Himmel. Denn er läßt die Sonne scheinen auf böse wie auf gute Menschen, und er läßt es regnen auf alle, ob sie ihn ehren oder verachten. Wie könnt ihr von Gott eine Belohnung erwarten, wenn ihr nur die liebt, die euch auch lieben? Sogar Betrüger lieben ihresgleichen. Was ist denn schon Besonderes daran, wenn ihr nur zu euren Brüdern freundlich seid? Das tun auch die, die Gott nicht kennen.«

(Matthäus 5,43–47)

Das halten wir oft im Kopf nicht aus. Aber Jesus sagt es tatsächlich: Christen seid ihr erst, wenn die Nächstenliebe die Feindesliebe mit einschließt. »Bei aller Liebe – irgendwo ist doch Schluß«, reagiert normalerweise unser Verstand. Dagegen Jesus: Nein, das Wesen der Liebe ist ihre Grenzenlosigkeit. Nur Liebe, die vor keinem Bereich unserer Existenz Halt macht, ist Liebe. Also muß die Liebe auch die Politik durchdringen. Schon das Wort Feindesliebe wäre ein Widerspruch in sich, wenn Jesus seine Vorstellung von Liebe unpolitisch gemeint hätte. Jesus war nicht schizophren. Wir können Gott nicht lieben, wenn wir ihn nicht in den Menschen lieben. Wer aber Menschen wirklich liebt und Gott in ihnen liebt, darf der seinen Schwestern und Brüdern millionenfach mit atomarer Vernichtung drohen? Wer auf Jesu Zusagen und auf Gott vertraut, braucht nicht nur keine Atomwaffen, er *darf* auch keine brauchen. Religion und Frömmigkeit versagen, wenn sie sich nicht im Alltag, auch im politischen Alltag, bewähren. Auch das Beten ist Selbstbetrug, wenn nicht unser Beruf und unser Alltag, auch der politische Alltag, ein Gebet ist. Das Befürworten von Massenvernichtungswaffen und die Möglichkeit ihres Einsatzes können nicht Gotteslob, sondern nur Gotteslästerung sein.

Albert Schweitzer gab eine gute Definition von »gut« und »böse«: »Gut ist: Leben erhalten, Leben fördern, entwicklungsfähiges Leben auf seinen höchsten Wert bringen. Böse ist: Leben vernichten, Leben beeinträchtigen, entwicklungsfähiges Leben hemmen.« Schweitzer sah das Leben sehr realistisch – immer in Verbindung mit anderem Leben. Das »Ja« zu Massenvernichtungswaffen sieht immer nur das eigene Leben – und nicht einmal mehr dieses realistisch, denn im Ernstfall wird auch das eigene Leben vernichtet, das angeblich geschützt werden sollte.

Feindesliebe heißt: begreifen, daß wir uns im Atomzeitalter nur noch *gemeinsam* schützen oder aber gemeinsam vernichten können. Feindesliebe ist keine Utopie, Feindesliebe wäre *der* Realismus in unserer Zeit. Feindesliebe ist die Fähigkeit zum alles entscheidenden, konsequenten ersten Schritt. Die verfeindeten Weltmächte brauchen eine Solidarität in der Gegnerschaft, das was innerdeutsch »Verantwortungsgemeinschaft« heißt. Das geht aber nicht mit immer mehr Raketen gegeneinander. Die Forderung nach Feindesliebe ist heute nicht nur die Forderung nach einer menschlicheren, sondern auch die Forderung nach einer intelligenteren Politik.

Der amerikanische Leutnant Calley war wegen der Ermordung von Bewohnern des vietnamesischen Dorfes My Lai angeklagt. Er sagte in seinem Prozeß zu seiner Verteidigung: »In all meinen Jahren in der Armee hat mir nie jemand gesagt, daß Kommunisten Menschen sind.« Feindbildpolitik und Feindeshaß sind in Diktaturen beinahe eine Voraussetzung ihrer Existenz. Aber auch Demokratien sind nicht frei von dieser Krankheit. Unsere Alternative heißt nicht wirklich: lieber rot als tot. Vernünftige Politik kann nur heißen: weder rot noch tot, weder Diktatur noch Vernichtung. Die Risiken des atomaren Wettrüstens sind viel größer als die Risiken des einseitigen atomaren Stopps. Nicht die Atomwaffen gefährden letztlich den Frieden, sondern unsere Gefühllosigkeit gegenüber den Folgen ihres möglichen Einsatzes. Am irrationalsten ist dabei die Lieblosigkeit uns selbst gegenüber. Feindesliebe heißt: eine Politik aus der Sicht der Opfer machen, zu denen wir im Atomkrieg selber gehören werden. Wir können das nur tun, *bevor* die Opfer geopfert sind, also jetzt noch.

Liebe im Atomzeitalter heißt: Resignation überwinden durch Liebe zum Leben, durch Liebe zum eigenen Leben und durch Liebe zu allem Leben. Das Wichtigste ist: Wir müssen unsere Gefühle mobilisieren für die Opfer eines möglichen Holocaust wie für die Opfer der Abtreibung. Den Todesmief der heutigen Zeit überwinden wir nur noch durch eine Umkehr zum Leben. Wenn Menschen, die sich ein solches Buch bis dahin zumuten, Feindesliebe nicht verstehen: Wer soll sie dann noch verstehen und tun? Feindesliebe heißt: mutig werden – auch für den, der bisher mein Feind war. Also: Pershings wieder abbauen, wenn man begriffen hat, daß ihre Stationierung den anderen nicht zum Stopp, sondern zum Weiterrüsten treibt. Sie gefährden uns und andere.

General Kießling und die Feindesliebe

Der wichtigste Satz, den ich in den letzten Jahren von einem deutschen General gelesen habe, stammt von General Kießling, um den es wegen angeblicher Homosexualität Anfang 1984 in der Bundesrepublik so viel Wirbel gegeben hat. Für mich hat der ganze, zunächst albern und unverständlich scheinende Wirbel erst seinen tieferen Sinn bekommen, als ich diesen Satz von Kießling gelesen habe: »Auch ein sowjetischer Rotarmist ist mein Bruder.« Das hat der damals ranghöchste deutsche Soldat mitten in der Nachrüstungsdebatte tatsächlich in einer kleinen Schweizer Zeitung geschrieben. Wochen später braute sich der öffentliche Sturm über ihm zusammen. Wenn ein führender Soldat eine solch praktische Einstellung zur Feindesliebe zeigt, dann wird er tatsächlich gefährlich. Den Mann muß man entlassen.

Ich kenne nicht die wahren Hintergründe der Entlassung – nur wenige werden sie kennen. Die Hintergründe scheinen eher im NATO-Hauptquartier in Brüssel als im Bonner Verteidigungs-

ministerium zu liegen. Aber ich versuche mir ganz einfach vor-zustellen, wie die Einstellung des Generals »Auch ein sowjeti-scher Rotarmist ist mein Bruder« im NATO-Hauptquartier ge-wirkt hat. Ganz offensichtlich mußte der General auf jeden Fall weg. Man brauchte in Bonn unbedingt einen Grund, weil ein NATO-Wunsch offenbar blind macht. Der vorgeschobene Grund hat sich als unhaltbar und infam erwiesen. Also muß es einen anderen Grund geben. Jesus hat, soweit wir es wissen, zu keinem einzigen Soldaten gesagt: »Du sollst dein Land nicht verteidigen.« Er hat auch nie gesagt, es gibt keine Feinde. Der große Realist aus Nazaret hat aber ohne Wenn und Aber ge-sagt: »Liebt eure Feinde und betet für die, die euch verfolgen.« Daß General Kießling mitten während seiner Verfolgung den Bonner Verteidigungsminister noch wissen ließ, er werde für ihn beten, und bis zum heutigen Tag sich sehr nobel gegen seine »Verfolger« verhält, nimmt mich für den Mann zusätzlich ein.
Es gibt Politiker, die sagen im Brustton tiefster Überzeugung: »Aber natürlich liebe ich meine Feinde, ich bin doch Christ.« Aber im Bundestag stimmen sie dann für Massenvernichtungs-waffen gegen diejenigen, die sie angeblich lieben. Ist das ehr-lich? Könnten wir jemand, den wir wirklich lieben, mit Atom-raketen bedrohen? Kann jemand, dem eigenes Leben wirklich etwas wert ist, sich selbst und seine Kinder mit Atomwaffen bedrohen? Ist das Liebe oder Einbildung? Wer sagt, er kann seinen Feind nicht lieben, kann sich bei dieser Haltung zwar nicht auf Jesus Christus berufen, aber er ist wenigstens ein ehr-licher Mensch und kein unehrlicher Christ. »Es ist besser, hohe Grundsätze zu haben, die man befolgt, als höhere, die man au-ßer acht läßt« (Albert Schweitzer). Aber wer sagt, er liebe sich und andere, und dennoch Atomraketen aufstellt, betrügt sich und andere. Wer weiß, daß er zur Feindesliebe nicht fähig ist, bleibt Jesus gerade in seiner Ehrlichkeit immer auf der Spur.
Gerade bei seiner Forderung nach Feindesliebe erweist sich Je-sus als der große Realist. Feindesliebe ist nichts Sentimentales und nichts Schwärmerisches, vielleicht nicht einmal etwas Pazi-fistisches. Jesus erkennt zunächst an, daß wir immer Feinde haben werden. An Feinden wird man niemals Freude haben. Vor ihnen muß man auf der Hut sein. Ganz unchristlich ist mit

Sicherheit jener sentimentale Pazifismus, der das Böse als Tatsache leugnet. Hier wird Pazifismus mit Trottelhaftigkeit verwechselt, die mit Jesus nicht das geringste zu tun hat. Genau diese ewige Verwechslung ist es, die vielen Menschen Jesus als eine unwirkliche Kitsch- und Kultfigur erscheinen läßt. Unkritischer Pazifismus verhindert den Weg zu einem gerechten Frieden ebenso wie blinder Militarismus. Helmut Kohl nennt den einzig realistischen Weg, wenn er immer wieder betont: »Frieden schaffen mit immer weniger Waffen.« Er muß diesen Weg jetzt »nur« noch gehen. Wenn die Friedensbewegung gut ist, versucht sie, ihm oder einem anderen dabei zu helfen. Der Geist weht immer, wo er will. Wir Kleingeister haben oft zu wenig Vertrauen, zu wenig Phantasie und zu wenig Mut.

Auch Sadat ist nach Israel geflogen, als ihm dies niemand zugetraut hatte. Er wurde Friedensnobelpreisträger. Wer nicht von den Realitäten ausgeht, sollte sich besser nicht auf Jesus berufen. Pazifismus, der sich auf Jesus beruft, meint: Erkenne auch in deinem Feind deinen Bruder – aber es kann dennoch sein, daß er dein Feind bleibt. Streitet, aber bringt euch nicht um! Und vergiß nicht: Dein größter Feind sitzt *in* dir. Auch ihn sollst du lieben, das heißt annehmen und nicht verdrängen. Das Böse ist ein Teil von dir. Sei realistisch zu dir selbst. Feindesliebe heißt: Geh' immer von den Realitäten aus, aber bleib' niemals bei ihnen stehen!

Die tiefste Erkenntnis Jesu über Feindesliebe: Dein Feind, er ist wie du. Wohlwollen allein ist noch keine Liebe – auch keine Feindesliebe. Realistische Feindesliebe im Atomzeitalter heißt: Frieden in Freiheit und Gerechtigkeit auf der Grundlage von Wahrheit und Vernunft. Karl Jaspers: »Ohne Freiheit verliert das Überleben seinen Sinn und ohne Überleben die Freiheit ihre Basis.« Freiheit ist allerdings mehr als äußere Freiheit. Freiheit ist immer die Chance zur Freiheit. Wir haben die Freiheit schon verloren, wenn wir nicht mehr gegen Unfreiheit und Ungerechtigkeit aufbegehren, und wir haben den Frieden schon verloren, wenn wir den möglich gewordenen atomaren Holocaust als etwas Gottgewolltes hinnehmen. Rettung im Atomzeitalter ist nur noch möglich, wenn wir uns unserer Freiheit, und das heißt immer auch unserer Verantwortung für das

Leben, bewußt werden. Freiheit wendet sich nicht an die »kleine Vernunft«, die wir Verstand nennen, sondern an die »große Vernunft« (Jaspers), die beim Handeln auch an die möglichen Folgen unseres Handelns denkt.

Ein Staatsmann zeichnet sich durch die Verbindung von tiefem Denken und konkretem Handeln aus. Tiefes Denken bedarf der Inspiration. Realistische Friedenspolitik kann nicht einfach durch die Proklamation von Feindesliebe ersetzt werden, wohl aber inspiriert. Das ist der Beginn der Wandlung. Die Absicht, die Intention ist entscheidend. Das ist ursprüngliches, jesuanisches Denken und Fühlen. »Selig bist du, wenn du weißt, was du tust.« Intelligente Feindesliebe heißt: erste Schritte wagen – auch im eigenen Interesse. Spirituelle Feindesliebe ist mehr: erste Schritte wagen und dann ohne Unterlaß weitergehen auf das Ziel einer waffenfreien Welt zu. Eine waffenfreie Welt meint Jesus, wenn er vom »neuen Himmel« und von »neuer Erde« spricht. Wir würden Wunder erleben, wenn wir uns darauf einließen. Jesus meint letztlich spirituelle Feindesliebe. Wer mir nachfolgt, sagt Jesus, hat keine Feinde mehr, auch wenn ihm Menschen noch so feindlich gesinnt sind. Wer sich auf Jesus einläßt, der ist immer geborgen, dem kann überhaupt nichts mehr passieren, auch wenn ihm noch soviel passiert. Der Weg zum Ziel der spirituellen Feindesliebe heißt intelligente Feindesliebe. Selbsterkenntnis ist die Voraussetzung für Gotteserkenntnis. Wenn wir diesen Weg konsequent gehen, führt er immer auch in die Politik. Denn Liebe meint nicht nur privates Glück.

Ich habe in den letzten Jahren durch die internationale Friedensbewegung viel geschenkt bekommen. Überall auf der Welt haben sich Menschen auf den Weg zu intensiver Friedenssuche gemacht. Das Glück des gemeinsamen Suchens konnte ich erfahren mit Freunden aus den USA und Tibet, der Bundesrepublik und der DDR, Schweden und Griechenland, Frankreich und der Schweiz. Niemand wird uns mehr von diesem Weg abbringen können – es sei denn wir selbst. Die Suche nach Frieden ist die Suche nach Gott. Wir sollten Gott keine Grenzen setzen. Wenn wir uns selbst treu sind, erfahren wir Treue. Das gilt privat wie politisch. Wer Treue gibt, erfährt sie. Wer Liebe gibt, erfährt sie – nicht immer sofort, oft auf Umwegen, aber dennoch. Nie ist mir die Wirkkraft der alten christlichen Weisheit: »Liebe deinen Nächsten wie dich selbst« so bewußt geworden wie in den letzten Jahren auf der Suche nach Frieden. Der zweite Teil dieses Satzes wird oft vergessen. Ohne den zweiten Teil, die Liebe zu sich selbst, kann der erste Teil, die Liebe zum Nächsten, nicht erfahren werden. Wer sein Ich liebt, ist ein Egoist; wer aber sein wahres Selbst liebt, wird reif für die Liebe. Das ist keine graue Theorie. Das ist uralte Erfahrung aller weisen Menschen.

Können wir vollkommen sein?

»Ihr sollt vollkommen sein, weil euer Vater im Himmel vollkommen ist.«

(Matthäus 5,48)

Spätestens jetzt scheint uns Christen von heute, Jesus sei übergeschnappt. Wir sollen vollkommen sein? Das ist doch total verrückt. (Ruhig Blut und ganz langsam, Freunde.) Das ist ja wirklich das Tollste, was je ein Mensch gesagt hat. Wir wissen, daß die Unvollkommenheit zu unserem Wesen gehört. Wer sich einbildet, vollkommen sein zu können, betrügt sich und andere. Und trotzdem sagt Jesus »Ihr sollt vollkommen sein«, und dazu noch: »weil euer Vater im Himmel vollkommen ist«. Nur wenn wir die Bergpredigt als »Gesetz« mißverstehen, stolpern wir über die von Jesus geforderte Vollkommenheit. Menschen mit einem Vollkommenheits-Tick sind niemals vollkommene Menschen, sondern eher unausstehlich für alle anderen. Die Bergpredigt ist ein Hinweis darauf, das höchste Ziel, das Reich Gottes, doch bitte niemals aus den Augen zu verlieren. C. G. Jung hatte wenige Tage vor seinem Tod diesen Traum: Er erblickte auf einem hohen Sockel einen großen, runden Stein, der die Inschrift trug: »Zum Zeichen deiner Ganzheit und Einheit.« Dieser Traum ist für mich der Schlüssel zum Verständnis der Vollkommenheitsforderung Jesu. Der Schweizer Psychotherapeut war kein Perfektionist, aber ein Suchender wie kaum ein anderer in diesem Jahrhundert. Er hat seinen Weg gefunden und hilft Zehntausenden auf der ganzen Welt heute noch, ihren Weg zu finden. Wenn wir Vollkommenheit nicht als Perfektion, sondern im Jungschen Sinne als Ganzheit und Einheit sehen, bekommt Jesu Wort einen neuen, realistischen Klang. Es kommt nicht darauf an, daß wir *morgen* am Ziel sind. Es kommt aber immer darauf an, daß wir uns *heute* auf den Weg zum Ziel machen und *jetzt* den ersten Schritt auf das Ziel zugehen. Das heißt: Habt den Mut, Umwege zu gehen und auch Fehler zu machen. Aber macht euch auf die Suche nach Utopia! Wenn schon ein Minister (Friedrich Zimmermann, CSU) im Deutschen Bundestag ausruft: »Die Utopien von heute sind die Realitäten von morgen«, dann wird da doch etwas dran sein. »Wer sucht, der findet.« Die Suchenden sind die Vollkommenen im Sinne Jesu, nicht die Pharisäer, die sich aus Angst vor Strafe vollkommen an den Buchstaben des Gesetzes halten. Der Weg des ängstlichen und bequemen Spießers ist nicht der Weg Jesu. »Die Vollkommenheit der Liebe«, sagt Thomas von Aquin, »besteht nicht in der Gewißheit der Erkenntnis, sondern in der Stärke des Ergriffenseins.« Christen, die kühle Lippenbekenntnisse in der Kirche mit Gebet verwechseln, sind von der Vollkommenheit des Bergpredigers weit entfernt. Wem es aber unter die Haut geht, daß in Afrika Menschen verhungern, oder wer darunter leidet, daß von Menschen millionenfach unbarmherzig und unnötig Tiere gequält werden, ist der Vollkommenheit Jesu auf der Spur in dem Augenblick, wo er zu handeln beginnt. Wer seinem Partner treu bleibt, weil er Angst hat vor Komplikationen, ist vielleicht ein braver Ehemann, aber wahrscheinlich kein guter Liebhaber. »Seid vollkommen« heißt: Setzt euch dem Geist der Freiheit aus, werdet risikobereit für euch und andere. Nehmt einander an – annehmen ist das Gegenteil von abtreiben! Weder hergebrachte Moral noch veröffentlichte Mehrheitsmeinung sind für freie Menschen entscheidend, sondern ihr Gewissen. Im CDU-Grundsatzprogramm heißt das politische Gewissen »verantwortete Freiheit«. Das müßte praktisch heißen: Mut zur Verantwortung, Mut zum Risiko, keine Angst vor Blamage, keine Angst vor Politik. Nur wer gar nichts tut, macht keine Fehler – nicht einmal das! Diese Freiheit, die Jesus meint, fordert nicht, fehlerlos zu sein, wohl aber, zu seinen Fehlern zu stehen. Nur so können wir reifen – nur so bleiben wir verschont von erstarrten Prinzipien und toten Dogmen; nur so bleiben wir schöpferisch und lebendig. »Gottes SEIN ist unser WERDEN«, sagt Meister Eckehard. Die zartesten Regungen der liebevollen Verbundenheit zwischen Schöpfer und Geschöpf äußern sich durch unser Gewissen. Gewissen ist eine manchmal auch körperlich spürbare Empfindung, etwa in der Herzgegend. Wenn wir ständig gegen unser Gewissen handeln – oft mit bestem »Gewissen« –, dann sind Herzinfarkte die logische Folge. Gewissen ist unser Empfinden über die Differenz zwischen Wahrheit und Handeln. Wenn wir aber wahr handeln, das heißt in Übereinstimmung mit dem Schöpfer, wird die Verbindung zwischen ihm und uns wieder aufgenommen: Dann sind wir schöpferisch im Sinne des Schöpfers. Dann ist die Nabelschnur zwischen dem mütterlichen Schöpfer und seinem Kind voll in Funktion. Dann sind wir geborgen, sicher und angstfrei, wie nur ein Kind im Mutterleib es sein kann. Im Gegensatz zu uns denkt Gott nie an Abtreibung – seine Liebe ist allumfassend. Negative Handlungen und negative Gedanken entfernen uns vom Schöpfer – positive Gedanken und positive Handlungen bringen uns in innige Vereinigung. Dann herrscht Leben und Liebe aus dem Geist. Aber diese Liebe muß wachsen und reifen und werden. Daran müssen wir Tag und Nacht, im Sommer und im Winter arbeiten. Und dazwischen dürfen und müssen wir auch mal ausruhen. Auch die schönste Musik hat Pausen. Das meint Jesus mit dem zunächst unglaublichen Auftrag: »Ihr sollt vollkommen sein, weil euer Vater im Himmel vollkommen ist.« Vollkommenheit im Sinne Jesu ist also keine Veranstaltung für Weltmeisterschaftsanwärter in Sachen Moral, sondern für Menschen, denen der Menschenkenner Jesus sagt: Ihr sollt nicht siebenmal verzeihen, »sondern siebzigmal siebenmal«. Wer sovielmal verzeihen soll, wird auch einigemal sündigen. Die Suchenden, nicht die Perfekten preist er selig. Der Weg zum Reich Gottes führt über Selbsterkenntnis und Selbstverwirklichung zu Gottes-Erkenntnis und Gottes-Verwirklichung: *unser* Lebensprogramm. Das Reich Gottes hat sich Jesus auch nicht als eine Kaserne von Uniformierten vorgestellt. »In meines Vaters Haus sind viele Wohnungen.« Es gibt viele Wege zum Ziel, bestimmt mehr, als es Religionen gibt. Jesus ist nicht der Verkünder einer ethischen Ideologie, aus der man buchstäblich Regierungs- oder Parteiprogramme abschreiben könnte. Wäre er Ideologe gewesen, hätte er uns heute weder privat noch politisch irgend etwas zu sagen. Die Welt ist voller Ideologen, aber Jesus ist ein-zig. Sein Auftrag für die, die ihm nachfolgen wollen, heißt: »Seid Salz für die Welt, Licht für die Welt, seid Sauerteig. Seid Instrument für den einen großen Dirigenten dieser und jener Welt: Seid Instrument Gottes.« Es gibt Instrumente, die klingen wunderbar, und andere sind total verstimmt.

Jesu Auftrag gilt immer, weil die Welt zu allen Zeiten der Verwandlung und Verbesserung bedarf. Wie das gehen soll? Jesus: Das könnt ihr nur selbst wissen. Bemüht euch! Handelt konkret, lebensnah und wirklichkeitsorientiert. Handelt als wirklich freie Menschen, die nur die eine große Abhängigkeit von Gott anerkennen. Diese Liebe macht euch frei. Dann seid ihr Kinder Gottes. Dann handelt ihr richtig, dann lebt ihr richtig! Fangt nie an aufzuhören. Hört nie auf anzufangen. Dietrich Bonhoeffer: »Jesus Christus ist der verantwortlich Lebende schlechthin.« Der Inhalt der christlichen Verantwortung für die Welt ist die Liebe, ihre Form ist die Freiheit. Jesus fragt nicht nach dem »Guten an sich«, aber nach dem Guten unter den gegebenen Umständen. Wir können immer nur vollkommen sein im Rahmen unserer Möglichkeiten. Aber die Größe dieses Rahmens und seinen Inhalt bestimmen entscheidend wir selbst. Gott fordert nie etwas Übermenschliches von uns. Er freut sich, wenn wir wahrhaft menschlich sind. Menschen kann es nur um das Menschenmögliche gehen. Es geht Jesus nicht um Definitionen des Lebens, sondern um das Leben, niemals um die Theorie, aber immer um die Praxis. Das hat die Pharisäer zur Weißglut gebracht. Pharisäer sind Weltmeister in Theorie. Jesus ist weder Schwärmer noch Anpasser, aber durchdrungen vom Willen zur Veränderung. »Kehrt um und baut das Reich Gottes auf.« Ihr seid Kinder Gottes, werdet erwachsen und reif. Mit diesem neuen Menschenbild, das ein Abbild des neuen Gottesbildes war, hatte sich Jesus total vom traditionellen Judentum und von aller versteinerten Religion emanzipiert.

Viele Atheisten lehnen einen Gott als »himmlischen Zaubermeister« ab. Das tat Jesus auch. Sein Gott ist kein Zauberer, sondern ein Liebender und ein Heilender für die, die sich vertrauensvoll lieben lassen wollen. Wahrscheinlich gäbe es weniger Atheisten auf der Welt, wenn Christen mehr von dem neuen befreienden Gottesbild Jesu wüßten. Jesus: Strebt zuerst nach dem Reich Gottes, und ihr bekommt alles, was ihr braucht. Unsere Gottesdienste müßten Feiern sein, Meß-Feiern dieser einmalig frohen und heilenden Botschaft Gottes. Aber in Wirklichkeit sind unsere Gottesdienste meist eine ziemlich traurige Angelegenheit. Nichts passiert, obwohl dort Entscheidendes passieren müßte. Wir glauben, Gott pflegen zu müssen, und übersehen, daß wir der Pflege Gottes bedürfen. Ich habe bei einem Weihnachtsgottesdienst in Deutschland erlebt, wie Christen körperlich und seelisch regungslos die Christmette absitzen. Viele wagten noch nicht einmal, sich die Hand zum Friedensgruß zu geben, obwohl der Pfarrer dazu einlud. Da wird Christi Geburt gefeiert – und die Christen bleiben total steif, gefühls- und körperblind. Bei einem Ostergottesdienst von Schwarzen in Chicago erlebte ich beglückt das Gegenteil. Eine Feier voller Sinnlichkeit und Freude: mit Tanz und Musik, mit Stille und lautem Entzücken, mit Tränen und Lachen. Der ganze Mensch war dabei – eine Wonne. Es gibt beides: Kirchen als Jubelstätten unsterblicher Seelen, aber auch als Leichenkammern des Geistes, in die sich der Heilige Geist kaum verirren dürfte.

Jüngere Christen drängen zwar seit Jahren auf Kirchen- und Katholikentage, aber in die Kirchen zu Hause gehen sie kaum noch. Warum wohl? Sie suchen, aber sie finden kaum. »Die tödliche Krankheit der Religion ist nicht die Naivität, sondern die Banalität« (Johann Baptist Metz). Das wirksamste Heilmittel gegen die Banalität ist die Naivität, die Ursprünglichkeit. Der Materialismus hat auch längst Einzug gehalten in unsere Kirchen. Von Seele ist kaum noch die Rede. Der Materialismus ist eine Religion ohne Gott und ohne Geist. Geld regiert fast immer die Welt und oft auch die Kirchen.

Das kommunistische Denken im Osten hat für das Geheimnis Gott ebensowenig Platz wie das konsumistische Denken im Westen. Die neuen Götter, östlicher Kommunismus und westlicher Konsumismus, sind Zwillingskinder einer rein materialistisch verstandenen Aufklärung. Demgegenüber ist wahre Religion immer eine gefährliche Erinnerung daran, daß der Mensch nicht nur vom Brot allein lebt.

III. Das Leben

Beten – aber wie?

»Hütet euch, eure Frömmigkeit vor den Menschen zur Schau zu
stellen! Denn dann habt ihr keinen Lohn mehr von eurem Vater
im Himmel zu erwarten.
*Wenn du also jemand hilfst, dann häng es nicht an die große
Glocke! Benimm dich nicht wie die Heuchler in den Synagogen
und auf den Straßen. Sie wollen nur von den Menschen geehrt
werden. Ich sage euch: Sie haben ihren Lohn schon kassiert.
Wenn du also jemandem hilfst, dann tu es so unauffällig, daß
nicht einmal dein bester Freund etwas davon erfährt. Dein Vater,
der auch das Verborgenste sieht, wird dich dafür belohnen.
Wenn ihr betet, dann tut es nicht wie die Scheinheiligen! Sie stellen sich gern zum Gebet in den Synagogen und an den Straßen-
ecken auf, damit sie von allen gesehen werden. Ich versichere
euch: Sie haben ihren Lohn schon kassiert. Wenn du beten willst,
dann geh in dein Zimmer, schließ die Tür zu und bete zu deinem
Vater, der im Verborgenen sieht. Dein Vater, der auch das Verborgenste sieht, wird dich dafür belohnen.
Wenn ihr betet, dann leiert nicht endlos Gebetsworte herunter
wie die Heiden. Sie meinen, sie könnten bei Gott etwas erreichen, wenn sie besonders viele Worte machen. Ihr sollt es anders
halten. Euer Vater weiß, was ihr braucht, bevor ihr ihn bittet. So
sollt ihr beten:
Unser Vater im Himmel!
Bring alle Menschen dazu, dich zu ehren!
Komm und richte deine Herrschaft auf!
Was du willst, soll nicht nur im Himmel
geschehen,
sondern auch bei uns auf der Erde.
Gib uns, was wir heute zum Leben brauchen.
Vergib uns unsere Schuld,
wie auch wir jedem verzeihen, der uns Unrecht getan hat.
Laß uns nicht in die Gefahr kommen,*

dir untreu zu werden,
sondern schütze uns vor der Macht des Bösen.

Wenn ihr den anderen verzeiht, was sie euch angetan haben,
dann wird auch euer Vater im Himmel euch eure Schuld verge-
ben. Wenn ihr aber den anderen nicht verzeiht, dann wird euer
Vater euch eure Verfehlungen auch nicht vergeben.
Wenn ihr fastet, dann setzt keine Leidensmiene auf wie die
Heuchler. Sie machen ein saures Gesicht, damit jeder merkt, daß
sie fasten. Ich sage euch: Sie haben ihren Lohn bereits kassiert.
Wenn du fasten willst, dann wasche dein Gesicht und kämme
dich, damit niemand es merkt außer deinem Vater, der im Ver-
borgenen sieht. Dein Vater, der auch das Verborgenste sieht,
wird dich dafür belohnen.«

(Matthäus 6,1–18)

Wir können Gott nicht durch Gebete oder Almosen herbeizau-
bern und uns gnädig stimmen. Er ist schon immer da. Wir müssen ihn nur sehen und hören: In jedem Grashalm, in jeder
Fliege, in jedem Menschen, in jeder Rakete, in Sonne, Mond
und Sternen. Ernst Joachim Berendt wollte ein Buch über das
Hören schreiben (»Nada Brahma – Die Welt ist Klang«) – es
wurde ein spannendes Buch über Spiritualität in unserer Zeit:
»Der neue Mensch wird ein hörender Mensch sein – oder er
wird nicht sein.« Könnten wir das »Vater unser« noch einmal so
hören, als hätten wir es nie gehört, dann würden wir es verstehen. Dann kämen wir aus dem Staunen nicht mehr heraus. Wir
erwarten immer, daß Gott uns er-hört – das kann er nur, wenn
wir ihn hören. Weil wir aber beim Beten nicht mehr hören,
können wir dabei nichts mehr erleben. Und deshalb können wir
auch nicht mehr staunen über die Wirkung des Gebets. Jesus
hat nicht kultisch gebetet, sondern intim und spontan. Er
wußte sich vom Vater geliebt. Aus seinem Gebet spricht die
Sicherheit des Geliebten. Nur Geliebte wissen, ob sie sich
trauen können oder nicht. Mißtrauen ist meist ein Anzeichen
eigener Untreue und Unsicherheit. Jesus hatte Urvertrauen.
Deshalb *hörte* er seinen Vater sagen: »Du bist mein geliebter
Sohn.« Das war die magische Sekunde im Leben Jesu. Solche

Erlebnisse haben wir nur, wenn wir hören können. Unsere Gebete erschüttern uns kaum noch und müssen deshalb folgenlos bleiben. Wir hören die Urquelle in uns nicht mehr. Das ist unser Problem.

»Unser Vater«. Sagt einfach »Vater«! Kluge Diskussionen mit Gott könnt ihr euch ersparen. Jesus sagte »Abba« – das ist die intimste Form der väterlichen Anrede: Papa. Es ist sinnlos, Gott um etwas zu bitten, was wir selbst tun sollten. Meinen wir wirklich im tiefsten Herzen, was wir sagen? Ist wenigstens unser Gebet ehrlich? Das »Vater unser« ist eher ein soziales als ein individuelles Gebet: *unser* Vater, *alle* Menschen, bei *uns* auf der Erde, gib *uns*, was wir brauchen, schütze *uns* vor der Macht des Bösen, usw. Wer Lust verspürt auf die Kraft dieses Gebets, der nehme sich eine stille Zeit für das »Vater unser«, um es durchzustottern und durchzuerleben: Wort für Wort. Bei stillem Gebet und in der Meditation erfahren wir einen Gott, der ganz anders ist als der, den wir von vielen Kanzeln bei lauten Predigten vernehmen. Viele Prediger und Theologen sind deshalb unglaubwürdig, weil man spürt: Sie glauben selbst nicht, und sie beten kaum. Deshalb machen sie angst. Ihre Theologie ist häufig angelernte Wissenschaft, aber keine innere Erkenntnis und kaum persönliche Erfahrung. Theologen haben oft kein Liebesverhältnis zu Gott, sondern ein akademisches. Es gibt Theologen, die Karl Marx besser erklären können als Jesus Christus. Und es gibt Theologen, die genau wissen, daß die Bergpredigt unpolitisch gemeint war, weil sie selbst kaum ein Gespür für Jesus haben. Das Urchristentum war so sehr »unpolitisch«, daß es ohne einen Schwertstreich das Römische Reich eroberte. Hätten Theologen heute jenen Glauben, der Berge versetzt, die Welt sähe anders aus. Unserer Zeit fehlen nicht theologische Köpfe, sondern religiöse Herzen. Weder eine kirchliche Karriere noch ein Theologiestudium sind der Anfang der Weisheit, sondern die Liebe zu Gott. Man kann Gott nicht lieben ohne Beten und Meditieren. Nicht nur für die theologische, sondern für jede Wissenschaft gilt: Ohne Gebet und Ruhe kann man zwar vieles erklären, aber fast nichts verstehen. Wissenschaft vermittelt Wissen, das Gebet schenkt Weisheit und Verständnis für die Welt.

Für viele Menschen ist Beten eine Fremdsprache geworden – früher war es für viele die Muttersprache. Wenn Mütter und Väter aber selbst nicht mehr beten – woher sollen Kinder es lernen? Der Naturwissenschaftler Max Thürkauf, der nach einem atheistischen Umweg von zwei Jahrzehnten Jesus wiedergefunden hat: »Zum Studium religiöser Texte ist eine tiefe Sprachkenntnis erforderlich, man muß die Sprache der Sprachen beherrschen – das Gebet.« Das »Unser Vater« ist *das* große Gebet, das uns von Jesus, der ein Meister des Gebets war, überliefert ist. Ich habe einige gute theologische Interpretationen über das »Vater unser« gelesen. Keine packt mich so sehr wie das Gebet selbst. Versucht es einfach! Man kann Wunder dabei erleben.

Beten heißt letztlich: so intensiv wie möglich und so bewußt wie möglich *leben*.

Was aber heißt leben bei Jesus, der gesagt hat: »Ich bin das Leben«?

Die Bergpredigt: Heute schon gelebt?

»Sammelt keine Reichtümer hier auf der Erde! Denn ihr müßt damit rechnen, daß Motten und Rost sie auffressen oder Einbrecher sie stehlen. Sammelt lieber Reichtümer bei Gott. Dort werden sie nicht von Motten und Rost zerfressen und können auch nicht von Einbrechern gestohlen werden. Denn euer Herz wird immer dort sein, wo ihr euren Reichtum habt.

Das Auge vermittelt dem Menschen das Licht. Ist das Auge klar, steht der ganze Mensch im Licht; ist das Auge getrübt, steht der ganze Mensch im Dunkeln. Wenn aber dein inneres Auge – dein Herz – blind ist, wie schrecklich wird dann die Dunkelheit sein! Niemand kann zwei Herren zugleich dienen. Er wird den einen vernachlässigen und den anderen bevorzugen. Er wird dem einen treu sein und den anderen hintergehen. Ihr könnt nicht beiden zugleich dienen: Gott und dem Geld.

Darum sage ich euch: Macht euch keine Sorgen um Essen und

Trinken und um eure Kleidung. Das Leben ist mehr als Essen und Trinken, und der Körper ist mehr als die Kleidung. Seht euch die Vögel an! Sie säen nicht, sie ernten nicht, sie sammeln keine Vorräte – aber euer Vater im Himmel sorgt für sie. Und ihr seid ihm doch viel mehr wert als alle Vögel!

Wer von euch kann durch Sorgen sein Leben auch nur um einen Tag verlängern?

Und warum macht ihr euch Sorgen um das, was ihr anziehen sollt? Seht, wie die Blumen auf den Feldern wachsen! Sie arbeiten nicht und machen sich keine Kleider; doch ich sage euch: Nicht einmal Salomo bei all seinem Reichtum war so prächtig gekleidet wie irgendeine von ihnen. Wenn Gott sogar die Feldblumen so ausstattet, die heute blühen und morgen verbrannt werden, wird er sich dann nicht erst recht um euch kümmern? Habt doch mehr Vertrauen!

Macht euch also keine Sorgen! Fragt nicht: ›Was sollen wir essen?‹ ›Was sollen wir trinken?‹ ›Was sollen wir anziehen?‹ Damit plagen sich Menschen, die Gott nicht kennen. Euer Vater im Himmel weiß, daß ihr all das braucht. Sorgt euch zuerst darum, daß ihr euch seiner Herrschaft unterstellt, und tut, was er verlangt, dann wird er euch schon mit all dem anderen versorgen. Quält euch nicht mit Gedanken an morgen; der morgige Tag wird für sich selber sorgen. Ihr habt genug zu tragen an der Last von heute.«

(Matthäus 6,19–34)

Nach dem Zweiten Weltkrieg hörte ich als kleines Kind in meinem badischen Heimatdorf Untergrombach die Leute sagen: »Das war die Strafe Gottes. Sie hatten Gott vergessen.« Wer hatte Gott vergessen? Viele hatten übersehen, daß man nicht Gott *und* den Nazis dienen kann. »Nie wieder« wurde gesagt. Äußere Nazis gibt es heute fast keine mehr. Wie aber ist es mit dem inneren Nazi? Die alte Frage stellt sich neu, wenn man an die vielen Nazis in uns denkt und Nazis mit Geld oder Egoismus ersetzt: Gott oder Geld? Geld kann von Gott genauso entfernen wie blinder politischer Eifer. Jesus: Was auch immer ihr anbetet, wenn es nicht Gott ist, geht es schief. »Ihr könnt nicht zwei Herren dienen.« Das tut uns allen weh, weil wir von Gott so weit entfernt sind, obwohl er *in* uns ist. Wir wollen unsere Gottesferne nicht wahrhaben. Aber was uns weh tut, *ist* wahr.

Als Mann kann ich den obigen Text auch anders lesen: »Niemand kann zugleich zwei Frauen dienen. Er wird die eine vernachlässigen und die andere bevorzugen. Er wird der einen treu sein und die andere hintergehen. Ihr *könnt* nicht beiden zugleich treu sein: Liebe oder Habsucht?« Frauen können den Text in der Urfassung auch als Frauen lesen – ganz wörtlich, ganz geschlechtsspezifisch. Eine Prophezeiung der Cree-Indianer drückt Jesu Intention in diesen Worten aus: »Erst wenn der letzte Baum gerodet, der letzte Fluß vergiftet, der letzte Fisch gefangen ist, werdet ihr feststellen, daß man Geld nicht essen kann.« Geld steht für Habsucht, für Egoismus, für unser altes, ewig junges, herrschsüchtiges Ego, das immer zu wenig Rücksicht nimmt auf die anderen und auf unser wahres Selbst. Jesu Ermunterung zu einem natürlichen Leben ist heute aktueller denn je: Luft, Wasser und Boden sind krank. Viel Leben in der Natur ist schon gestorben und wird sterben. Einen Weg aus der Sackgasse zeigt der Gründer der Salem-Kinder-Dörfer Gottfried Müller: Im Jahre 1957 begann er, sich der »Nichtseßhaften« in Deutschland anzunehmen: der Penner, Fixer, Dirnen, Strafentlassenen, Kriminellen. Diese entwurzelten Menschen haben meist nicht mehr die Kraft, den Weg in ein geordnetes Leben zu finden. Gottfried Müller und seine Helfer konnten Tausenden helfen. In Salem-Siedlungen und Salem-Häusern finden Kinder und Jugendliche eine bleibende Heimat, Ausbildung und Arbeitsplatz. Zur Dorfgemeinschaft gehören auch ältere Menschen, Handwerksbetriebe und Tiere. Aufsehen erregt haben medizinische Untersuchungen dieser einstmals entwurzelten Kinder: Sie sind weit überdurchschnittlich gesund – ein Beweis für die Richtigkeit der ganzheitlichen, natürlichen Denk- und Handlungsweise in den Salem-Gemeinschaften. Die wichtigsten Salem-Grundsätze: giftfreie biologische Nahrung – körperliche Gesundheit; Erziehung im Geiste der Zehn Gebote und der Bergpredigt – religiöse Gesundheit; jedes Kind lernt ein Handwerk – schöpferische Arbeit; musische Betätigung, Musik und Tanz – Nahrung für die Seele. Salem betreibt eigene Forschung zur Bekämpfung der Tierversuche. Grundsatz: Wer Tieren Leiden, Qualen, Schmerzen zufügt, kann nur ernten, was er selbst sät: Leiden, Qualen, Schmerzen.

Körperlich und seelisch werden die Menschen in den Industriestaaten immer kränker. Aber der Kinderarzt, Prof. Helmut Mommsen, sagt: »Es gibt in Europa, ja in der ganzen zivilisierten Welt, meines Wissens nirgendwo eine gleich große Zahl so überdurchschnittlich gesunder Kinder wie in Salem.« Unter dem Motto: »Geborene für Ungeborene« leistet Salem Schwangerenhilfe. Der Gründer Gottfried Müller über die Ziele seines Werkes: »Biologisch, das heißt lebensgesetzlich, also nach gottgewollter Weise leben, denken und handeln und dies auch in unsere Umgebung auszustrahlen. Dazu die Tat der Barmherzigkeit allen Mitgeschöpfen gegenüber, Mensch, Tier und Pflanze.«

Das ist praktizierte Bergpredigt heute. Die Wege natürlichen Lebens, die jungen Menschen hier wieder gezeigt werden, könnten Vorboten eines neuen natürlichen Zeitalters sein. Professor Mommsen: »Die analytische Naturwissenschaft, die seelenlos, herzlos und ein Feind des Seelenfriedens und der Schönheit ist, hat eine Technik entwickelt, die in brutaler Weise im Begriff steht, das höhere Leben unserer Mutter Erde zu vernichten, da sie glaubt, das Lebendige wie eine tote Sache manipulieren zu können.«

Unsere Verantwortung gegenüber *allem* Leben beginnt beim Kauf unserer Frühstückseier. Sind wir bereit, drei Pfennige mehr zu bezahlen für ein Ei, das von einem Huhn in Freiheit gelegt wurde, oder unterstützen wir die grausame Tierquälerei der Hühner in Legebatterien?

»Tiere sind meine Freunde. Meine Freunde esse ich nicht«, hat George Bernard Shaw gesagt. Gesinnungsethisch begreifen wir das – danach zu handeln fällt mir noch immer schwer. Wer wie ich viele Jahre gewohnt war, ziemlich bedenkenlos Fleisch und Wurst zu essen, dem fallen Entziehungskuren gar nicht leicht. Bei den heutigen chemischen Zutaten in Fleisch und Wurst sind wir geradezu süchtig danach geworden. Doch viele Menschen sind auch in ihren Eßgewohnheiten auf dem *Weg* zu einem natürlicheren Leben – viele sind in Be-*weg*-ung. Weg, der Jesus war, hat *immer* etwas mit Bewegung zu tun. Gott will bewegte, keine unbewegten Menschen. Heute, am 30. Januar ist nicht nur der Jahrestag von Hitlers Machtergreifung, sondern auch der Jahrestag von Gandhis Ermordung. Hitler ist der politische Vertreter der Habsucht und des schieren Egoismus in diesem Jahrhundert. Gandhi ist der Vertreter eines neuen politischen Realismus: »Zivilisation im wahren Sinne des Wortes besteht nicht in der Vervielfachung der Bedürfnisse, sondern in der freiwilligen, wohlüberlegten Einschränkung der Wünsche.« Gandhi *lebte* die Bergpredigt auch in seiner Politik.

Jesu Worte sind Ur-Wahrheiten des Lebens. Sie treffen immer. Wir müssen nur den Mut haben, sie in unser Leben zu übersetzen. Für jede uns fremde Sprache brauchen wir einen Dolmetscher. Wenn es um Jesus geht, muß letztlich jeder sein eigener Dolmetscher sein. Freilich braucht auch der beste Dolmetscher Wörterbücher, Grammatik- und andere Nachschlagewerke. Das heißt: Wir brauchen auch die Kirche als Hilfe.

Jesus: Es ist absolut unmöglich, Gott *und* dem Mammon zu dienen. Das widerspricht der heute landläufigen Meinung: »Geld regiert die Welt.« Wenn Geld oder Macht oder Sex oder sonstiger Egoismus unser Gott sind, dann haben wir schon verloren! Man spürt den tiefen Ernst, mit dem Jesus diese Worte sagt, kompromißlos und voller Liebe zu den Menschen. Wahre Reden sind nicht immer schön. Und schöne Reden sind nicht immer wahr. Wer dem Geld oder einer Ideologie dient, hat alles verspielt. Wenn das Geld uns beherrscht, werden wir hartherzig, unbarmherzig, kalt und gefühllos, wir sind nur noch wandelnde Leichname. Schauen wir doch in die traurigen und gehetzten Augen vieler Menschen heute. Die Augen sind ein Spiegel der Seele.

Nach 1945 hatten die Menschen in Deutschland viel weniger materielle Güter. Aber von vielen Älteren höre ich immer wieder: Damals gab es mehr Freundlichkeit und Hilfsbereitschaft. Heute jedoch herrscht die typische Wohlstandsillusion: immer mehr Geld verdienen bei immer weniger Arbeitszeit. Das deutsche Wirtschaftswunder geht dem sicheren Ende entgegen. Die mittlere und jüngere Generation, die keine Armut kennengelernt haben, werden sich sehr schwer damit tun. Die ältere Generation, die noch erlebt hat, was Hunger und Kälte ist, verkraftet die neue Bescheidenheit, die kommen muß und kommen wird wie das Amen in der Kirche, besser. Luise Rinser schrieb 1981: »Denke ich an unsere nächste Zukunft, so spüre ich keine Angst vor dem, was uns da abverlangt werden wird: die Armut. Ich habe sie 1945 erlebt, und es ließ sich mit ihr leben, schwer, das wohl, aber auch schön, denn sie lehrte uns, den Menschen mehr zu lieben als den Besitz.« Unsere heutige Spendenpraxis gegenüber den Millionen Armen in der Dritten Welt ist erst ein ganz kleiner Schritt auf dem langen Weg in eine neue Bescheidenheit unseres Lebensstils. Das Motto dieses Weges in die Zukunft kann realistischerweise nur heißen: bescheidener leben, damit andere überhaupt leben können. In den reichen Ländern wird auch künftig niemand verhungern müssen, aber wir alle müssen bescheidener werden. Welche Partei sagt das ihren Wählern ehrlich? Auch die Politik der Grünen orientiert sich mehr am »Haben« als am »Sein«, solange gilt: Ausstieg aus der Industriegesellschaft bei vollem Lohnausgleich. Sein oder Haben? Auch in dieser Frage ist die kleine Ökologisch-Demokratische Partei Herbert Gruhls am ehrlichsten und glaubwürdigsten. Sie hat sich das »C« nicht in den Parteinamen geschrieben; aber die ÖDP hat ein Programm, das von der Bergpredigt inspiriert ist.[1]

Jesus: Was nützt es dem Menschen, wenn er die ganze Welt gewinnt, aber seine eigene Seele schädigt? Wir leben länger als die Menschen früher, und wir arbeiten weniger. Und trotzdem sagen immer mehr Menschen heute: »Keine Zeit« oder »Zeit ist Geld«. Ein Kind ist noch stolz, wenn es eine Uhr hat. Aber als Erwachsene spüren wir: Die Uhr hat uns! Ein Sprichwort sagt: »Dem Glücklichen schlägt keine Stunde.« Uns schlagen sogar die Minuten. Ist unsere Hektik Glück? Auch unser Geld ist nicht unser Eigentum. Alles ist uns geschenkt – deshalb sollen wir auch mit unserem Geld haushälterisch und verantwortlich umgehen. Je mehr Sorgen wir uns um andere machen, desto mehr wird für uns gesorgt. Geld oder Gott? Beides geht

1 Das Programm ist zu bestellen bei: ÖDP, Friedrich Ebert-Allee 120, 5300 Bonn 1.

nicht: Entweder – oder! Jesus drängt immer zur Entscheidung! Wir glauben oft, mit Geld alles kaufen zu können, auch Liebe. Prostitution ist viel weiter verbreitet, als das Wort zunächst vermuten läßt: Ein Blick in viele, mit technischen Spielsachen überfüllte Kinderzimmer zeigt, daß manche Eltern ganz offensichtlich sogar die Liebe ihrer Kinder kaufen wollen. Kinder haben oft alles an moderner Technik, »nur« die Liebe der Eltern fehlt. Je aufwendiger die äußeren Geschenke werden, die ein Ehemann seiner Frau kauft, desto mehr Grund hat häufig die Frau, an der wahren Liebe ihres Mannes zu zweifeln, und umgekehrt. Geld oder Gott? Geld oder Liebe? Macht oder Gott? Was zählt? Aktueller könnte Jesus gar nicht sein. Die wahren Werte sind unbezahlbar. Je mehr Geld wir haben, desto schwerer ist es, die wahren Werte zu finden. Je mehr Freizeit und Lebenszeit wir haben, desto öfter sagen wir »Keine Zeit«. Zu keiner Zeit sind diese Wahrheiten so deutlich geworden wie in unserer mit ihrem alles beherrschenden Materialismus. Auch diese Wahrheit können wir verdrängen – sie holt uns aber immer wieder ein. Ihre Ergebnisse: Herzinfarkt, Verbrechen, Psychopharmaka, Scheidung, Abtreibung. Keine andere Passage der Bergpredigt ist so mißverstanden worden wie diese. Jesus kann hier nur im Zusammenhang verstanden werden. Er sagt nämlich scheinbar Gegensätzliches. Einerseits: »Macht euch keine Sorgen um Essen und Trinken und um eure Kleidung.« Und andererseits: »Euer Vater im Himmel weiß, daß ihr das alles braucht.«

Die Bergpredigt wendet sich nicht gegen staatliche Sozialpolitik; sie ist kein Appell, sich selbst und seine Familie materiell verkommen zu lassen. Auch kein Appell, sich alles von äußeren Feinden bieten zu lassen. Welche Anstrengungen sind schon unternommen worden, Jesus an dieser Stelle – bewußt oder unbewußt – mißzuverstehen und abzuqualifizieren. Man muß nur lesen (wollen), was da steht: »Euer Vater weiß, daß ihr das alles braucht«: Essen und Trinken und Kleidung und Ruhe. Der Menschenfreund Jesus hat natürlich nie etwas gegen die Grundbedürfnisse der Menschen einzuwenden, wohl aber gegen jede Form von Ausbeutung und Luxus inmitten von Armut. Auch der Freundeskreis um Jesus brauchte Geld. Judas hat die Kasse verwaltet. Jener, der ihn später verriet. Judas war sehr enttäuscht von Jesus. Judas hatte in Jesus eher einen politischen Führer erwartet, der einen äußeren Umsturz initiiert. Judas konnte Jesus nicht verstehen: Jesus ging es um *innere* Revolution. War Jesus geizig und kleinlich, weil er gegen äußeren Reichtum war? Die äußeren Dinge waren ihm einfach unwichtig. Als sich seine Jünger darüber beklagten, daß eine Frau ihr teures Parfum an ihn verschwende, und überlegten, ob man mit dem Erlös nicht den Armen helfen könnte, meinte Jesus: »Laßt sie doch, sie tut es aus Liebe.« Es kommt immer auf die Intention an.

Jesus war vom äußeren Reichtum so weit entfernt wie vom Geiz. Er war einfach gelassen. Und er hatte immer Zeit, obwohl er so kurz lebte. Reichtum und Geiz sind oft sehr eng beieinander. Jesus kam es grundsätzlich auf innere Werte an. Pedantische Sparsamkeit macht ebenso deutlich wie Reichtum, daß das Geld unser wunder Punkt ist. Die Evangelisten belegen, daß Jesus ein Genießer war. Fast scheint es, als habe dieser glückliche Mensch aus Nazaret kein Fest ausgelassen, zu dem er geladen war. Er war ein Weinkenner und ein Weingenießer. Die Pharisäer haben ihm ja gerade vorgeworfen, daß er sich nicht an die Fastenvorschriften hielt – Jesus hat gefastet, aber nicht nach Vorschrift – sie haben ihn einen Säufer geschimpft und die Nase gerümpft, als er sich auch Huren liebevoll zuwandte.

Jesus sah in jedem Menschen ein Kind Gottes: Schaut doch nicht so sehr auf das Äußere! Das sind doch nur eure Vorurteile! Wie oft hat jeder von uns schon Menschen verachtet oder gar gehaßt, nur weil er sie nicht kannte. Und wie oft haben wir uns schon die Augen gerieben, als wir Menschen dann nachher kennengelernt haben. Dann erst dämmert es einem: Der oder die »ist ja ein Mensch«. Das geht auch Politikern so, wenn sie sich über ideologische Gräben hinweg zum erstenmal kennen und schätzen lernen.

In meinem Bekanntenkreis schimpft ein Mann besonders laut auf die DDR – er war noch nie dort und hat mit keinem einzigen DDR-Bürger Kontakt. Dafür hat er »einfach keine Zeit«. Erst wenn wir hinter den Systemen und Ideologien die Menschen sehen, können wir Jesus begreifen und Feindesliebe leben. Auch an dieser Stelle ist Jesu Lehre ganz einfach zu verstehen, wenn man sie wirklich verstehen will und ohne Vorurteile ruhig liest: Sorgt euch nicht kaputt, schont doch eure Nerven, klopft vielmehr an, habt Vertrauen, lernt euch doch erst mal selber kennen, bevor ihr urteilt! Laßt euch doch nicht ständig von eurem inneren Hitler dumme Streiche spielen! Ihr werdet zwar nicht alles bekommen, worum ihr bittet, aber ihr werdet immer alles bekommen, was ihr braucht. Euer himmlischer Vater weiß es besser als ihr! Eine grandiose Zusage! Totales Vertrauen, abgrundtiefe Liebe. Das ist das ganze Geheimnis des Mannes aus Nazaret. Auch diese Lebens-Wahrheit kann man im Alltag erfahren, wenn man die Sinne dafür öffnet.

»Hast du was, dann bist du was.« Dieses bürgerliche Grundgesetz stellt Jesus auf den Kopf: Bist du was, dann bekommst du alles, was du brauchst.

Wir treffen immer die Menschen, die wir gerade brauchen und die uns brauchen – wir müssen nur die Augen öffnen und anderen in die Augen sehen. Wir können immer das Wort oder das Buch finden, das uns gerade jetzt weiterhilft. Selbst Geld kommt oft dann ganz unvermutet, wenn wir es gerade wirklich brauchen. Je weniger wir uns sorgen, desto besser sind wir oft versorgt. Es gibt Zusammenhänge und Zusammentreffen im Leben, deren Hintergrund wir oft erst später – staunend und in Ehrfurcht – begreifen. Gott ist die große Ordnung in unserer Unordnung und Scheinordnung – er regelt alles, wenn wir nur vertrauen und hören und dann aktiv werden. Immer ist beides wichtig: hören und handeln. Das Wichtigste aber ist: vertrauen. Kein Angriff auf uns ist so unvernünftig, daß er bei Gott nicht seinen tiefen Sinn hätte. Auch aus den negativen Besprechungen meines Friedensbuches – und es gab auch viel negative – habe ich versucht zu lernen. Das gelingt nicht immer. Aber auch von seinen Gegnern kann man sehr viel lernen, wenn man für sie grundsätzlich offen ist und dabei auf sich aufpaßt. Es geht immer um Grundvertrauen und um die Einsicht: Auch mein schlimmster Feind ist ein Kind desselben Vaters.

Umwege bleiben uns nicht erspart. Sie erweisen sich oft als die für uns richtigen und passenden Wege – wie sich erst später herausstellt. Manche Menschen haben einen »sechsten Sinn« für die richtigen Umwege. Jeder hatte schon Erlebnisse, deren Zusammenhänge erkennbar, aber doch unglaublich schienen. »Zufall« sagen wir dann. Aber auch Zufälle fallen uns ja von irgendwo und von irgendwem zu. Von »glücklichen Zufällen« reden wir oft lange nach dem Zufall. Nichts kommt von nichts. In jedem Leben geschehen »Dinge zwischen Himmel und Erde«, die unsere Schulweisheit übersteigen und uns ehrfürchtig staunen lassen. Aber nur in der Stille spüren wir die Zusammenhänge des scheinbar Zusammenhanglosen, den Sinn von Zu-fällen. Einen Menschen heiratet man mit Sicherheit nicht zufällig. Das Atomzeitalter ist kein Zufall. Eine Abtreibung ist kein Zufall. Jesus: Seht hinter den äußeren Dingen den Fingerzeig Gottes und lernt daraus.

Als Student der Politischen Wissenschaft wollte ich Politiker werden. Meine Enttäuschung war groß, als ich bei einer Kandidaten-Nominierung der CDU nur Zweiter wurde. Später war ich froh über diese Niederlage. Nur in Niederlagen lernen wir wirklich. Jede Leserin und jeder Leser wird sich an etwas erinnern, worum er sich sehr bemüht hat, bei dem er aber nachher froh war, es nicht erhalten zu haben. Macht euch keine unnötigen Sorgen über das Morgen. *Lebt* heute. Meine Frau hat mir einmal eine Karte geschenkt, auf der drei Worte standen: »Heute schon gelebt?« Ich hatte die Frage bitter nötig.

Jesu Anweisungen zu beten sind eine unüberhörbare Absage an religiöse Schauspielerei. Betet nachts, im stillen Kämmerlein, wenn's keiner sieht. Je ruhiger wir sind, desto klarer vernehmen wir Gottes Stimme in uns. Hört auf eure Träume! Wir müssen empfangsbereit sein wie eine Geliebte für ihren Geliebten. Unser Verhältnis zu Gott muß ein intimes sein. Vordergründige Öffentlichkeit macht jedes intime Verhältnis kaputt und lächerlich. Wir beten dann wahrhaftig, wenn wir eine wesenhafte Einheit mit allem Leben spüren – mit allem, was wächst.

Wie wunderbar vertrauenerweckend können die Bilder Jesu von den »Vögeln des Himmels« und den »Lilien des Feldes« sein, wenn wir unser Inneres dafür öffnen. Hier leuchtet die Ökologie Gottes auf wie an keiner anderen Stelle der Bibel:

Vögel und Lilien haben keine Zeit- und keine Geldprobleme. Um auch hier gängigen Mißverständnissen vorzubeugen: nichts gegen einen Terminkalender. Die Frage ist allerdings: Haben wir einen Terminkalender oder hat der Terminkalender uns? Stimmt es denn nicht, daß eine Blume schöner sein kann als Menschen in ihren Kleidern, um die sie sich sehr gesorgt haben? Stimmt es denn nicht, daß Geld die Menschen innerlich oft unglücklicher macht als glücklich? Ein Inka-Herrscher war von goldsüchtigen Spaniern zum Tode verurteilt. Seinen Henker hat er noch gefragt: »Warum sucht ihr denn nach Gold? Es gibt doch so schöne Blumen in unserem Land!« Jesus war nicht gegen Geld, aber gegen Abhängigkeit von Geld. »Ihr könnt nicht beiden *zugleich* dienen: Gott und dem Geld.« Ihr sollt nur einem dienen, von dessen Liebe ihr tatsächlich abhängig seid: Gott. Menschen, die immer »ausgebucht« sind, haben auch für Gott keine Zeit, weil sie weder für sich noch für ihre Familie genügend Zeit haben. Jesus lehrte nur drei Jahre. Er hat nur kurze Zeit gelebt. Aber so intensiv, daß er schon seit 2000 Jahren Zeitgenosse unzähliger Menschen ist. Die wertvollste Zeit ist immer die, die wir verschenken.

Welch eine Therapie: Quält euch doch nicht, sorgt euch nicht, habt keine Angst, vertraut und klopft an! Jesus: Verwechselt nicht ständig eure oberflächlichen Sentimentalitäten, eure Verliebtheiten und eure Selbstbemitleiderei mit dem ursprünglichen Gefühl der Liebe, das tief in euch ist und das ihr als Kinder noch gelebt habt. Sucht, klopft an, vertraut: Jesu Ratschläge können – richtig bedacht – wie ein Schlag gegen das gefrorene Meer in uns sein.

In den »Bekenntnissen« des heiligen Augustinus findet man in den ersten Kapiteln Symptome einer lebensbedrohenden Depression. Da empfing er von innen den Hinweis: »Nimm und lies.« Er las im Neuen Testament, fand eine Stelle über sein eigenes liederliches Leben und schrieb darüber: »Ich wollte nicht weiterlesen, es war auch nicht nötig, denn bei dem Schlusse strömte das Licht der Sicherheit in mein Herz und alle Zweifel der Finsternis verschwanden.« Es liegt eine Heilkraft in Büchern, die uns wirklich wichtig sind. Es gibt eine Schreibtherapie – ich habe sie beim Verfassen dieses Buches erfahren

–, aber auch eine Lesetherapie. Wir können Gott durch die Seele empfinden wie die Luft durch den Körper. Bücher – in Ruhe gelesen – können dabei helfen.

»Sorgt euch nicht« heißt: Werdet innerlich überlegen und nicht abhängig von Menschen, Beruf und Dingen. Dann erst tritt an die Stelle der materialistischen Ohnmacht die Vollmacht des Lebens. Dann tritt an die Stelle der Unsicherheit die Gewißheit dessen, der sich in Gott geborgen weiß. Dann tritt an die Stelle der ewigen Skepsis und des Mißmuts das Vertrauen in die Gegenwart und die Hoffnung in die Zukunft. Dann wird aus noch so begründeter Angst positiver Lebensmut, der stark macht. Dann versteht man Jesus, der sagt: Ihr seid selig vor Glück. Wer Gott so ahnen lernt und um die Wirklichkeit der eigenen Seele weiß, gewinnt ein beinahe grenzenloses Vertrauen in die Menschen. Wer Menschen vertrauen kann, wird auch an Gott glauben können. Jesus hat nicht erbaulich geredet, er wollte uns nur ganz praktisch und konkret auf die wichtigsten Lebensregeln hinweisen. Auf die Lebensregeln Jesu ist absoluter Verlaß, denn dahinter steht Gott. »Wir stehen bei Jesus überall auf dem Boden des Lebens. Die klare Luft der Wahrheit, die hier waltet, ist durch keine Theorie getrübt, sondern Jesus sagt, was er erlebt hat, was durch die Erfahrung erprobt ist« (Johannes Müller).

Jesus ist der große Lebenskünstler, von dem wir alles lernen können, wenn wir wollen. Besser und wahrer kann uns kein Therapeut sagen, was wir brauchen, als Jesus, der Therapeut in uns. Schon das langsame Lesen und Bedenken dieses wunderbaren Textes (Kapitel 6,19–34) kann unsere Seele sich öffnen lassen. Besonders dann, wenn wir ganz schweren Sinnes sind, bedürfen wir des göttlichen Leichtsinns, den Jesus hier verkündet. Wie unsinnig unsere äußeren Sorgen sind, zeigt schon die Tatsache, daß wir unserem Äußeren keinen einzigen Zentimeter hinzufügen können und unserem Leben keinen einzigen Tag. Das Leben können wir uns nicht besorgen, wir können es nur empfangen. Gott weiß alles besser und macht alles besser. Deshalb: Habt Vertrauen! Euer Jagen nach Geld und Terminen und Karriere und atomarer Sicherheit ist sinnlos! Laßt es sein! Die Sorge um euer äußeres Leben ist das größte Hindernis, überhaupt mit dem Leben fertig zu werden. Habt keine Angst, sagt Jesus. Ihr braucht nicht die totale soziale Sicherheit, wenn ihr ein Kind erwartet. Seid natürlich, nehmt es als Geschenk, reicher könnt ihr gar nicht werden. Ihr braucht keine Atombombe, um euch zu schützen. In Wahrheit bedroht ihr euch und andere. »Quält euch nicht mit Gedanken an morgen; der morgige Tag wird für sich selber sorgen. Ihr habt genug zu tragen an der Last von heute.«

Heute leben wir richtig, wenn wir so leben, als wäre dieser Tag unser letzter. Dann leben wir in großer Bewußtheit. Dann legen wir uns am Abend nie im Streit ins Bett, auch wenn wir am Tag noch so sehr miteinander gestritten haben. Ich kenne ein Ehepaar, das versucht, sich an diese Regel zu halten. Den beiden geht's ganz gut. Ich stelle mir vor, einige Politiker würden anfangen, sich manchmal am Abend zu entschuldigen und ihre Gegenspieler kurz anrufen, wenn sie Grund dazu haben! Wir hätten eine neue politische Kultur.

Heute so leben, als wäre heute der letzte Tag: Was heißt diese Erkenntnis für den Tag, an dem Sie diese Zeilen lesen? Wenn wir anfingen, dieses Heute-Bewußtsein zu leben, und wenn einige Politiker anfingen, in diesem Heute-Bewußtsein Politik zu machen – wozu gibt es eigentlich ein »rotes Telefon« zwischen Washington und Moskau? –, die Welt würde im kleinen und im großen sofort anders aussehen! Muß es denn so bleiben, daß sich Politiker aus Ost und West vor allem dann treffen, wenn wieder einmal ein in dieser Welt Großer gestorben ist? Wäre es nicht sinnvoller, beruhigender, wenn solche Begegnungen öfter im Angesicht des Lebens stattfinden würden? Meine Herren, wir leben im Atomzeitalter! Wie aktuell Jesu Warnung vor der falschen, blinden Sicherheit doch sein kann: Die Kosten für ein einziges U-Boot in den USA und der Sowjetunion sind so hoch wie der Bildungshaushalt von 123 Entwicklungsländern mit 160 Millionen Kindern pro Schuljahr. Oder: Die USA geben pro Jahr mehr als 200 Milliarden Dollar aus, um sich gegen ausländische Feinde zu schützen. Aber 45 % der US-Bürger haben Angst, sich nachts weiter als eine Meile von ihrem Haus zu entfernen!

Die Rüstungsausgaben der Industriestaaten sind zwischen 1960 und 1982 siebzehnmal schneller gestiegen als ihre Aufwendungen für Entwicklungshilfe. Ist das mehr Sicherheit? Jesus: Nur durch mehr Vertrauen erlangt ihr mehr Sicherheit. Unser schrecklichster Fehler ist immer der Mangel an Vertrauen zum ersten richtigen Schritt, zur Umkehr. Überrüstet und unterernährt: Ist das Sicherheit? Jesus: Sichert euch nicht zu Tode.

Was oft vergessen wird: Jesus war auch ein Seelenarzt; aus innerer Kraft hat er geheilt. Jeder kann es erfahren: Mit Menschen geschehen dann die größten Wunder, wenn ihnen am meisten vertraut und zugetraut wird. Welche Wunder können Eltern mit ihren Kindern erleben, wenn sie ihnen natürliches Vertrauen schenken! Die Wahrheit der Bergpredigt muß man zuerst im kleinen erfahren, sonst wird sie im großen nie wahr. Die Wahrheit der Feindesliebe hängt zusammen mit der Wahrheit der »Lilie des Feldes« und den »Vögeln des Himmels«. Es geht immer um die eine Wahrheit. Es gibt nur die *eine* Ur-Quelle der *einen* Wahrheit: Gott. Wenn diese unendliche Quelle der Liebe verschüttet ist, dann zieht die unendliche Gier nach Gewalt und Sex und Geld und Macht in uns ein. »Aber bevor du nicht gelernt hast, dir deine Sinne gefügig zu machen, ist kein Leben in der Seele innerhalb deines heiligen Selbst möglich«, schreibt Paul Mitchell in »Der Fremde am Fluß« – ein Buch, das große spirituelle Weisheiten enthält. In seinem inneren Tempel ist jeder sein eigener Priester.

Die Diktatur von »Man« und »Wenn«

Heute früh habe ich beim Einkaufen in Baden-Badens Fußgängerzone eine junge Mutter mit ihrem dreijährigen Kind beobachtet. Das Kind faßte eine Kuhglocke an, die dort als Touristen-Souvenir auf der Straße hing. Die Glocke läutete. Das ist ihr Sinn. Aber was machte die Mutter? Sie schlug ihrem Kind auf die Finger, obwohl oder gerade weil das Kind ganz natürlich reagiert hatte. Die Mutter hatte Angst, daß die Natürlichkeit ihres Kindes jemanden stören könnte. Und schlug zu. Das Kind weinte – wiederum ganz natürlich. Aber die Natürlichkeit der Tränen ihres Kindes konnte die Mutter erst recht nicht ertragen und befahl: »Ruhig jetzt!« Ich habe selten ein so trauriges Kindergesicht gesehen. Kinder, die nicht einmal weinen dürfen, wenn Erwachsene durch einen Schlag ihre Seele verletzt haben, können wahrscheinlich auch nicht mehr lange lachen. Mir war zum Heulen. Dann habe ich überlegt, warum wir Erwachsenen durch sogenannte Erziehung versuchen, Kindern ihre Natürlichkeit auszutreiben. Wahrscheinlich ist diese junge Mutter vor 25 Jahren auch geschlagen worden. Oder vielleicht hat dieser Frau am Abend zuvor ein Mann auch auf die Finger geschlagen.

Die Schweizer Psychologin Alice Miller hat eindrucksvoll nachgewiesen, warum Adolf Hitler wurde, was er wurde: Das Kind wurde immer geschlagen und verstoßen, mißachtet und nie geliebt. Wenn wir Kinder schlagen und verachten, machen wir sie zu alltäglichen »Hitlers«. Elisabeth Kübler-Ross erzählt die Geschichte eines 11jährigen Selbstmörders aus New York. Der Junge saß mit griesgrämigem Gesicht am Mittagstisch. Die Schule war schuld. Aber der Vater wollte, daß er fröhlich sei. Er bekam nichts zu essen, seine Mutter und seine Geschwister durften nicht mit ihm reden. Zur schulischen Last kam die Verachtung durch Eltern und Geschwister. Am Abend erhielten alle einen Gute-Nacht-Kuß – außer ihm. Können wir uns diese seelische Qual eines ungeliebten 11jährigen Kindes vorstellen? Am nächsten Morgen war er tot – er hatte sich erschossen. In weniger tragischen Fällen fressen wir lediglich den Haß in uns hinein, ohne uns umzubringen, aber wir traktieren dann die Welt im kleinen wie Hitler im großen. Unsere vielen »Wenns« sind es, die Liebe oft ersticken. »Ich liebe dich, wenn du ein freundliches Gesicht machst, wenn du mir Geld gibst, wenn du deinen Busen vergrößern läßt, wenn du so bist, wie ich dich will.« Hinter jedem »Wenn« steckt nicht Liebe, sondern eine Kriegserklärung. Dieser »Wenn«-Geist ist der Geist des ewigen Mißtrauens. Wahre Liebe ist bedingungslos. Die großen Teufelskreise der Gewalt haben in der alltäglichen Gewalt ihre Wurzeln. Deshalb muß hier die Heilung beginnen, sonst bleibt uns Feindesliebe für immer ein Fremdwort. Im Atomzeitalter muß es unser Lieblingswort werden, falls wir überhaupt noch

Lust haben zu überleben. »Ich rüste ab, wenn du zuerst abrüstest«, ist Ausdruck der politischen »Wenn«-Diktatur. Das Ergebnis ist bekannt: Aufrüstung.

Mit der »Wenn«-Diktatur geht die »Man«-Diktatur einher. Wir hatten Besuch von Freunden: ein Ehepaar mit seinen zwei Kindern. In fünf Minuten haben Vater und Mutter einem zweijährigen Kind, das noch sehr natürlich war, elfmal gesagt: »Das macht man nicht.« Mit dieser »Man«-Diktatur ersticken wir die Natürlichkeit selbst in den großen Seelen unserer kleinsten Kinder. Eltern verhindern oft das natürliche Wachstum ihrer Kinder. Sie biegen und »erziehen« ihr Kind solange, bis es gehorcht wie ein Zirkuspferd und jedesmal seine Mutter anschaut, wenn es etwas gefragt wird. Auf gehorsame Kinder sind deutsche Eltern besonders stolz, nicht auf freiheitsliebende Kinder. Millionen Kinder, die auch heute noch zu Gehorsam dressiert sind, werden unfähig zur Freiheit, unfähig zum Widerstand, unfähig zur Selbständigkeit, unfähig zu Emanzipation und seelischem Wachstum, unfähig, als Kinder Gottes zu leben, weil unfähig zu freien Entscheidungen. Solche Kinder werden allenfalls wie ihre Eltern: angepaßt, voller Angst und Aggressionen, vielleicht intelligent, aber menschlich arm. Diese Kinder werden wahrscheinlich mit 30 Jahren geistig vergreist sein wie heute ihre Eltern: häufig mit der Bibel im Kopf und guten Zeugnissen in der Schublade. Nicht nur Tannenbäume können – über Jahre unbemerkt – sterben. Auch Kinder können, wenn die seelisch-geistige Luft verschmutzt ist, dahinsiechen. Die Innenweltverschmutzung kann ähnliche Folgen haben wie die Umweltverschmutzung: langsames Sterben. Besonders kleine Kinder wollen und müssen nachahmen. Nur wer sich dessen bewußt ist, daß er für sein Kind eine »selbstverständliche Autorität« (Rudolf Steiner) sein muß, kann wirklich erziehen. Wer für seine Kinder diese »selbstverständliche Autorität« nicht ist, fordert immer wieder die Frage heraus: Wer erzieht eigentlich die Erzieher? Kinder brauchen nicht nur schulisches Lernen und äußerliche Geborgenheit, sie brauchen eine Familienatmosphäre, die stimmt, und unsere Menschlichkeit: unser Vorbild, unsere Zeit, unsere Phantasie, unsere Zärtlichkeit, unsere Herzenswärme. Kinder brauchen ein warmes Nest. Kinder lernen das Menschsein von den Menschen ihrer Nähe. Wirkliche Erziehung ist wohl die wichtigste Kunst. Entscheidend für jede Erziehung ist, daß Eltern in ihrem Kind die Seele sehen und mit unendlicher Geduld diese Seele sich entwickeln lassen. Wer die Seele eines Kindes wachsen läßt, segnet dieses Kind für sein ganzes Leben. Vor allem in der Kindheit wird über die Biographie eines Menschen entschieden: über die leibliche Gesundheit, über seine seelische Energie, über seine individuelle Selbstfindung und über seine soziale Aufgeschlossenheit. Für Rudolf Steiner und die Anthroposophen werden wir nicht im intellektuellen Prozeß, nicht im Denken, sondern im Atmungsprozeß Seele. Ohne Atmen ist unser Leib tot. Gott blies dem Menschen den »Lebenshauch in die Nase, so wurde der Mensch lebendig« (Moses 2), das heißt: Durch den Atem wurden und sind wir beseelt. Kinder sind in ihrer Natürlichkeit nicht nur die größte Herausforderung für uns, sondern gerade deshalb auch die größten Helfer für unser eigenes inneres Wachstum. »Ich setze mich nur auf das Töpfchen, wenn du nicht gleich ›Siehst du‹ sagst«, meint ein zweieinhalbjähriges Mädchen zu seiner Mutter, die darüber zunächst sehr erschrocken war. Nach längerem Nachdenken wurde der jungen Frau klar, daß sie mit ihrem ewig besserwisserischen »Siehst du« nicht nur ihr Kind ständig ent-mutigt hatte, sondern auch ihre Umwelt. Das Kind hatte seiner Mutter gesagt, womit sie ihm auf die Nerven ging, ihr Mann hatte es ihr nie gesagt. Durch harte Arbeit an sich selbst zog die Frau Konsequenzen: Sie er-mutigte mehr. Ihr Verhältnis zu Kind und Mann und Umwelt wurde entschieden besser – sie hatte auf ihr Kind gehört und dadurch gelernt.

Werden wie die Kinder

Aus unseren Kindern spricht häufig Gott zu uns. Wir müssen nur hören können. Andererseits haben wir für unsere Kinder einen Auftrag von Gott. Wir stehen unseren kleinen Kindern gegenüber wie ein Bildhauer dem rohen Stein. Natürliche Erziehung ist Kunst wie ein gelungenes Bildhauerwerk. In der liebevollen Erziehung unserer Kinder erfüllen wir einen Auftrag Gottes. Der Gott Jesu ist kein Richtergott und kein strafender Gott, sondern der Gott der Liebe. Wir erfüllen unseren Erziehungsauftrag, wenn wir nicht richten und nicht strafen, sondern lieben. Es ist (meist) ein reines Vergnügen, ein zärtlicher Vater zu sein. Die Zärtlichkeit des Liebhabers für seine Geliebte hat dieselbe Quelle wie die Zärtlichkeit liebender Eltern für ihre Kinder: unsere Gottesebenbildlichkeit. In die Seele eines Kindes können wir allerdings so wenig hineinschauen wie in die Seele eines Tieres oder einer Pflanze. Für Rudolf Steiner ist Erziehung ein »spiritueller Auftrag«. Zwischen Eltern und Kindern bleibt immer ein Geheimnis. Eltern, die sich und ihre Kinder lieben, sind ein Segen für ihre Kinder. Und Kinder, die geliebt werden, sind ein Segen für ihre Eltern. Auch die Liebe, die wir unseren Kindern schenken, strömt im Übermaß an uns zurück. Wie wir auf Kinder reagieren, so sind wir selbst. Wenn wir wütend werden über das Natürliche an Kindern – bei Tisch, wenn Gäste da sind, wenn sie nicht schlafen wollen, in ihrer Trotz-Phase –, dann können wir unsere wunden Stellen selbst leicht erkennen ohne jede äußere Hilfe eines Psychotherapeuten. Kinder provozieren ständig unseren inneren Therapeuten. Wenn wir wütend werden über Kinder, dann ist das ein Hinweis auf »unerledigte Geschäfte in uns« (Elisabeth Kübler-Ross). Das, worüber wir uns aufregen, sind immer unsere »unerledigte Geschäfte«. Einfacher geht's nicht: Wenn ihr nicht *werdet* wie die Kinder, könnt ihr nicht ans Ziel gelangen. Alle »unerledigten Geschäfte in uns« sind Ausdruck verdrängter Wut. Mit dem Erkennen und dem Annehmen dieser Wut beginnt die Heilung. Erst wenn wir »unsere unerledigten Geschäfte« erledigen, erfahren wir die Fülle der Liebe, dann strömen die »Quellen des lebendigen Wassers« in uns. Dann sind wir wie neugeboren.

Kleine Kinder sind ganz große innere Meister. Jesus ist voll von diesem Bewußtsein. Die verzweifelte Mutter eines 18jährigen Mädchens, das sich mit Rauschgift zu Tode gespritzt hatte, schrieb mir einen vorwurfsvollen Brief: *Das* Fernsehen müsse mehr Aufklärung über Drogengefahren senden. Aufklärung als Liebesersatz? Das ist im sexuellen Bereich ziemlich schiefgegangen. Aufklärung ist wichtig – aber kein Ersatz für Liebe, auch nicht im Verhältnis zwischen Eltern und Kindern. Diese Mutter hatte selbst das letzte Zeichen der Verzweiflung ihres Kindes noch nicht begriffen: Da wartet ein »unerledigtes Geschäft« der Eltern auf Erledigung. Das 18jährige Mädchen hat wahrscheinlich viel Geld gehabt, um sich allmählich totspritzen zu können. Gefehlt hat »nur« Liebe. Ist es denkbar, daß sich ein Kind tötet, dessen Eltern sich wirklich lieben. Jesus hat gewarnt: »Wenn ihr nicht werdet wie die Kinder.« Die meisten Eltern wollen jedoch, daß ihre Kinder werden wie sie. Allzu oft gelingt das auch. Kinder erziehen heißt, Kindern in ihrer Natürlichkeit vertrauen. Nur über Vertrauen können wir selbst heilend aktiv werden – im Privatleben, im Beruf, in der Politik. Das Vertrauen Jesu ist nie blindes Vertrauen, sondern natürliches Vertrauen. Vertrauen heilt, Mißtrauen zerstört. Die Lenin-Devise: »Vertrauen ist gut – Kontrolle ist besser« ist der typische Geist des Materialismus. Jesus sieht es genau umgekehrt: Vertrauen und Hoffnung entscheiden über unser Leben. Christa Meves: »Das Kind ist das Prinzip Hoffnung schlechthin ... verraten wir es an unseren Egoismus, so kommt das nicht nur einer unverantwortlichen, seelischen Verstümmelung des uns anvertrauten Kindes, sondern unserer persönlichen Selbstaufgabe gleich ...« Kinder »können uns im wahrsten Sinne des Wortes den Himmel aufschließen«. Gegen diese Wahrheit wehren wir uns, weil sie unseren erwachsenen Egoismus voll trifft. Die tiefsten Wahrheiten kann man nur in der Praxis erfahren: im Umgang mit Kindern. Kinderfeindlichkeit ist die größte Armut einer reichen Gesellschaft wie der unseren. Hier sind wir nicht Dritte, sondern Vierte Welt.

Jesus hat Gott gefunden, weil er kindliches Vertrauen hatte. Jesu Maßstab für das Reich Gottes ist die Natürlichkeit von Kindern. Aus Jesus spricht immer die gesunde Seele eines Kindes in ihrer ganzen Unbefangenheit und Natürlichkeit. Neben unserem eigenen inneren Meister haben wir im Leben keinen besseren Lehrmeister als unsere eigenen Kinder. Ihre Quelle ist noch nicht verschüttet; sie sprudelt noch ursprünglich. Jesus stellt alle Werte auf den Kopf, die in der Welt für wichtig gehalten werden: das Kleine, das Unscheinbare ist das Große. Die

Dynamik der Bergpredigt ist die tägliche Anfrage an dich: heute schon gelebt? Oder hast du dich leben lassen? Hast du noch Verbindung zu deiner Natur? Oder wirst du nur noch künstlich gelebt?

Für die Psychotherapeutin Hanna Wolff ist Jesus »der Mann, der von innen her sprudelnden Urphänomene«. Gefühle und Mitleid sind für Jesus natürliche Empfindungen. Er geht an keinem Kranken, Armen und Schutzlosen achtlos vorüber. Deshalb ist Jesus auch der Samariter der schutzlosen Ungeborenen. Die alles entscheidende Frage ist: Gott oder Geld? Wenn wir dem Mammon dienen, verdienen wir nichts außer Geld. Und nicht einmal das, was wir uns damit kaufen, können wir in Ruhe genießen – dazu fehlt uns die Zeit! Wenn wir aber Urvertrauen haben zu Gott, wenn wir unseren Gefühlen vertrauen, warten jene Schätze auf uns, die »weder Motten noch Rost zerfressen«. Wir müssen uns jeden Tag entscheiden – auch in dieser Stunde der Lektüre. Je mehr wir Jesu Wahrheit erkennen und sie tun, desto weniger müssen wir uns fragen, was »man« von uns hält. Jesus ist der größte Zerstörer der weltweiten »Man«-Diktatur und der »Wenn«-Diktatur – er befreit zu Individualität und Reife. Das Ansehen wird unwichtig, wenn das Sein wichtig wird.

Jetzt müssen wir uns einmal für einen Augenblick Jesu Umgebung vor 2000 Jahren vorstellen. Er lebte meist mit sogenannten einfachen Leuten, von griechischer Bildung unberührten Fischern und Bauern, im Freien in Galiläa. Die Menschen glaubten noch an Engel und Geister und lauschten Jesu Worten mal am See Tiberias, mal auf den Bergen, mal in der Synagoge. In Jesu Nähe muß das äußere Leben seinen Zuhörern ziemlich gleichgültig gewesen sein. Sie zogen mit Jesus weiter und genossen die Eingebungen ihres Meisters in ihrer ersten Blüte.

Jesu innere Natürlichkeit hatte viel mit seiner Naturverbundenheit zu tun. Seine Bilder und Gleichnisse sind prall voll von natürlicher Sinnlichkeit – kein Hauch von Theorie – praktisches Leben: Vater, Mutter, spielende Kinder, Salz, Licht, Sauerteig, Lilien, Feuer, Wasser, Berge, viele Kranke an Leib und Seele und Tiere. Tierfreunde behaupten ja, man könne mit Tieren reden. Wenn man das kann, dann hat es Jesus in seiner

Naturverbundenheit sicher gekonnt. Anders wären seine Bilder aus der Natur gar nicht zu verstehen. Ich habe es lange Zeit nicht für möglich gehalten, daß man mit Tieren sprechen kann. Auch der obige Text mit den Hinweisen auf Natur und Lilien und Vögeln war mir fremdgeworden. Beim Schreiben dieses Buches habe ich ihn dann einfach mal einer grünen Florfliege, die auf meinem Schreibtisch saß, ganz langsam vorgesprochen. Danach hatte ich ihn so verstanden, wie ich ihn oben beschrieb. Wahrscheinlich war der Heilige Franziskus, der ja meisterlich mit Tieren reden konnte, gar nicht so weltfremd, wie wir heute glauben. Nur: Spirituelles Wissen läßt sich nicht wissenschaftlich beweisen. Spirituelles Wissen ist: jeden Tag neu lernen, daß *alles* Leben von Gott kommt. Man kann es »nur« erfahren. Heute weinen im Land des Heiligen Franziskus die Vögel. Jesus schwärmte von den Vögeln des Himmels. Aber italienische Tierschützer müssen in den achtziger Jahren des 20. Jahrhunderts feststellen: »Der millionenfache alljährliche Singvogelfang und -mord lastet wie ein Unsegen und Fluch über unserem christlichen Land.«

Der Balken des Scheinheiligen

»Verurteilt nicht andere, damit Gott nicht euch verurteilt. Denn euer Urteil wird auf euch zurückfallen, und ihr werdet mit demselben Maß gemessen werden, das ihr bei anderen anlegt. Warum kümmerst du dich um den Splitter im Auge deines Bruders und bemerkst nicht den Balken in deinem eigenen? Wie kannst du zu deinem Bruder sagen: ›Komm her, ich will dir den Splitter aus dem Auge ziehen‹, wenn du selbst einen ganzen Balken im Auge hast? Du Scheinheiliger, zieh erst den Balken aus deinem Auge, dann kannst du dich um den Splitter im Auge deines Bruders kümmern.«

(Matthäus 7,1–5)

Jesu Sicherheit in seinen Aussagen und seine Souveränität im Leben beeindrucken am meisten.
Ein Grundübel unserer Zeit ist das Moralisieren, die gegensei-

tige Besserwisserei und das Verurteilen. Verurteilt wird meist, indem man jemanden abwertet, um damit sich selbst aufzuwerten. Die Welt ist voller Sittenrichter. Verurteilen hat immer etwas mit unterdrücktem Haß zu tun, Urteilen hingegen etwas mit Liebe und Aufmerksamkeit. Es gibt im Journalismus einen großen Unterschied zwischen einer konstruktiv-positiven Kritik und einer destruktiv-negativen Kritik. Kritisch, das heißt urteilend und auswählend, sollten Journalisten grundsätzlich sein. Auf ein vernünftiges Urteil eines Journalisten sollte sich der Leser oder die Zuschauerin verlassen können, aber verurteilende Kritikaster sind Gift in meiner Zunft. Kein Journalist ist frei von dieser Gefahr. Wie immer bei Jesus, kommt es auch hier auf die Intention an. Wenn wir mit Kritik jemanden fertigmachen wollen, sind wir weit weg von Jesu Intention, wenn wir mit Kritik jemandem helfen wollen, dann kritisieren wir im Geiste Jesu. Im Gegensatz zu vielen Psychologen und Soziologen von heute hat Jesus personale Schuld nie verniedlicht oder harmonisiert. Mit seiner Aufforderung »Sagt Ja, Nein« ruft Jesus zu eindeutigem, klarem Urteil auf, aber mit seinem Hinweis »Verurteilt nicht« wendet er sich gegen Pharisäertum und lieblose Besserwisserei. Der Psychotherapeut Jesus begründet seinen Vorschlag: Wer andere verurteilt, verurteilt in Wahrheit sich selbst. Politiker sind beherrscht von Zwangsstrukturen. Die Abwehr des eigenen inneren Chaos, das Verdrängen der eigenen Machtbesessenheit wird oft zum Kampf nach außen. Die Bekämpfung eines außen vermuteten oder tatsächlichen Chaos ist das Verdrängungsergebnis des inneren Chaos. Horst Eberhard Richter: »Der Kampf gegen jegliche Unordnung in der Außenpolitik wird zum Spiegelbild der Abwehr des inneren Chaos.« Das Drohen mit Atomraketen ist das Bekämpfen der eigenen, inneren Feindseligkeit. Jesus hingegen: »Wer ohne Fehler ist, werfe den ersten Stein.« Da aber keiner fehlerlos ist, hat auch keiner einen Grund, einen Stein zu werfen. Verurteilen würde Jesu Grund-Intention der Liebe absolut widersprechen. Wir werden selbst zu dem, was wir verurteilen. Jesus verurteilt nie – er erklärt und kritisiert und heilt. Seine Erklärungen faßt er in humorvoll-übertreibende Bilder: »Du Scheinheiliger, zieh erst den Balken aus deinem Auge, dann kannst du dich um den Splitter im Auge deines Bruders kümmern.« Niemand kann einen Balken im Auge haben. Aber Jesu Bild erinnert an unser »Brett vor dem Kopf«. Seid doch nicht abhängig von euren Vorurteilen! Macht es nicht wie jener Journalist, dessen Motto hieß: »Ich laß mir doch mein schönes Vorurteil von den Fakten nicht kaputtmachen.« Jesus verlangt Nüchternheit und Sachlichkeit. Schaut genau hin! Verurteilt niemals Menschen, aber beurteilt die Dinge. Die Kritik an anderen erspart euch allerdings nicht die eigene Leistung! »Verurteilt nicht, damit ihr nicht verurteilt werdet« heißt auch: Erbarmen werdet ihr erfahren, wenn ihr selbst barmherzig seid. Vertrauen ist schöpferisch, verurteilen ist zerstörerisch. Wer vertraut, wird den Menschen gerecht; wer aber verurteilt, beurteilt die Menschen immer falsch. Wer glaubt, zieht an. Wer verurteilt, stößt ab. Jesus: »Alles kann, wer glaubt.« Nichts kann, wer verurteilt.

Ein Blick in eine Tageszeitung zeigt uns die Aktualität von Jesu Forderung: Alle Ideologien und alle Ideologen sind furchtbare Richter. Es ist dieser moderne Richtgeist, der im Wahlkampf den Gegner verteufelt, im Ost-West-Konflikt das Böse nur in anderen sieht, in Diktaturen Andersdenkende verfolgt und schindet und auch selbst vor der Vernichtung der Ungeborenen überall auf der Welt keinen Halt macht. Der Richtgeist ist die Grundlage aller totalitären Ideologien. Richtgeist vergewaltigt Freiheit und Toleranz jeden Tag millionenfach auf diesem Planeten. Der pharisäische Richtgeist führt schließlich dazu, daß keiner Verantwortung übernehmen will, weil natürlich immer alle anderen verantwortlich sind, nur ich nicht. Jesu Intention ist genau umgekehrt: »Du bist verantwortlich.« Unser Richtgeist, der von anderen immer erwartet, was man selbst nicht leistet, zerstört Ehen und Freundschaften, schürt Klassenkampf und führt zu Massenneurosen, weil er angst macht.
Es ist elender Richtgeist, der viele Parlamentsdebatten beherrscht. In der Bonner Parteispenden-Affäre hatten die drei älteren Parteien allesamt Dreck am Stecken. Jeder wußte es. Aber ungeniert, skrupellos und bar jeder Rücksicht auf das zarte Pflänzchen Demokratie in Deutschland hat jeder den an-

deren verurteilt. Nie ist mir so klar geworden wie bei jener Bundestags-Debatte: Wer andere verurteilt, verurteilt sich selbst. Alle hatten Gesetze gebrochen, aber vor allem die anderen! Mark Twain sagte: »Das einzige Problem mit den Weltverbesserern ist, daß sie ihr eigenes Haus nicht in Ordnung halten.«

Die entscheidende Frage jeder Therapie taucht auch bei Jesus vor jeder Heilung auf: »Willst du gesund werden?« Ohne dich geht gar nichts! Das gilt für den privaten Frieden wie für den politischen! Jeder hat Verantwortung. Verurteilen heißt immer, die eigene Verantwortung auf andere schieben. Wer andere richtet, schädigt sie, und Jesus wollte niemals Schaden, sondern immer Heilung. Hanna Wolff: »Richtgeist ist ein psychischer Zerstörungsakt der Eigenmenschlichkeit wie der Mitmenschlichkeit.«

Keine Perlen für die Schweine

»Gebt heilige Dinge nicht den Hunden zum Fraß! Und eure Perlen werft nicht den Schweinen hin! Die trampeln doch nur darauf herum, und dann wenden sie sich gegen euch und fallen euch an.«

(Matthäus 7,6)

Ein Text, der sehr weh tun kann. Es gibt eine Zeit zu reden und eine Zeit zu schweigen. Geht nicht mit dem Kopf durch die Wand, meint Jesus. Schweine hätten ja tatsächlich nichts von Perlen. Denkt eher an die Klugheit des sanften Weges und an die Kraft des weichen Wassers. Sanfter Weg heißt praktisch: die Ergänzung der bisher vorherrschenden männlichen Wege durch die in diesen Jahren überall aufbrechenden und durchbrechenden weiblichen Wege. Es geht dabei nicht um die Zerstörung männlicher Theorien, wohl aber um ihre Heilung und Bereicherung durch weibliche Praxis. Die Katastrophen, vor denen wir heute stehen, sind vorwiegend durch einseitig männliches Denken und Handeln gemacht und programmiert – auch wenn Frauen die Handelnden waren. Von Maggie Thatcher habe ich gelesen, sie sei der »einzige Mann« unter den Regierungschefs in der EG. Wenn Frauen nur »ihren Mann stehen«, sind sie so arm dran wie Männer, die meinen, »immer stark sein« zu müssen – äußerlich natürlich. Beim Gewaltmarsch auf das männliche Bewußtsein blieben nicht nur viele Frauen, sondern es blieb auch viel Frauliches in den Männern auf der Strecke. »Der Mann hat zwar das ›Ich‹ entdeckt und damit Unabhängigkeit und Autonomie erlangt. Dabei hat er aber seine Umwelt aus den Augen verloren.« (Michael Kneissler) Das haben in der Geschichte Gestalten wie Nero, Hitler und Stalin demonstriert. Und derselbe einseitige Geist ist es, der uns in die atomare Sackgasse geführt hat: Das Denken im Abschreckungssystem hat sich verselbständigt, die möglichen Folgen für das Leben sind zweitrangig geworden – das Denken ist gefühllos geworden. Die Abtreibungspraxis beweist, daß das vorherrschende gefühllose männliche Denken sich bei Frauen wie Männern durchgesetzt hat. Es geht nicht um eine Ablösung des Patriarchats durch Feminismus. Man kann den Teufel nicht erfolgreich mit dem Beelzebub austreiben. Die frühere CDU-Abgeordnete Helene Weber sagte im Bundestag in großer Erregung: »Der reine Männerstaat ist das Verderben der Völker.« Vielleicht ließe sich von einem Frauenstaat ähnliches sagen.

Wirklicher Fortschritt in der Menschheitsgeschichte ist eine Integration von Männlichem und Weiblichem in jedem Menschen, es geht um Ganzheit, es geht um eine sanfte Wende, nicht um Geschlechterkampf oder nochmals eine Revolution der Gewalt. Jesus war dieser ganzheitliche Mensch: vernünftig *und* gefühlvoll. Er hatte Vernunft in Fülle. Jesus ist *der* exemplarische Mensch, Vorbild des »neuen Menschen«. Über diesen ganzheitlichen Jesus schreibt der französische Philosoph Roger Garaudy: »Beim Lesen des Evangeliums war es für mich immer erstaunlich, daß Jesus keine Frau war, so sehr geben die von ihm offenbarten Werte dem Menschen seine ganze Fülle *und* entfalten auch seine weiblichen Dimensionen in radikalem Widerspruch zur exklusiv männlichen Ordnung seiner Zeit und aller Zeiten.« Nie zuvor hatte jemand mit dieser Entschiedenheit behauptet wie Jesus: Vernunft ist nicht alles, sie bedarf der

Liebe. Wenn die Widerstände für große Themen – Aufrüstung und Abtreibung gehören dazu – riesig werden, dann müssen wir einen sanften Weg gehen. Die Sache ist zu wichtig – es geht um Menschenleben. Dann überlegt in Ruhe und Gelassenheit, was jetzt not tut, empfiehlt Jesus. Jedes vorzeitige Enthüllen wesentlicher Wahrheiten zeigt, daß die Frucht, die zuerst *in* uns wachsen muß, noch nicht reif ist. Unreife Früchte verursachen »Verdauungsstörungen«: Schlaflosigkeit, Gereiztheit, Herzrhythmusstörungen. »Gebt heilige Dinge nicht den Hunden zum Fraß.« Wenn Widerstände um uns herum zu heftig werden, sagt das noch nichts gegen die Wahrheit, wohl aber sehr häufig etwas gegen das vorzeitige Enthüllen der Wahrheit. Laßt sie weiter in euch reifen. Jesus meint auch hier innere Wahrheiten. Werft Perlen nicht den Schweinen hin, heißt: Paßt auf euch selbst auf – die Wahrheit ist wichtiger als euer »Erfolg« mit ihr. Vom raschen »Erfolg« in einem äußeren Sinn hat Jesus überhaupt nicht gesprochen. Seine Bilder von »Erfolg« sind: Frucht, Wachsen, Reifen, Ernten. Das ist die natürliche »Erfolgsleiter«, die zum Ziel führt. Wenn unsere Zeit noch nicht reif *ist* für das Erkennen der Wahrheiten Jesu in der Bergpredigt, dann liegt es auch an unserer Geduld, dafür zu sorgen, daß sie reif *wird*. Auch dieses leicht mißverständliche Wort von den Perlen und den Schweinen ist nicht *gegen* andere gesagt, sondern immer *für* uns und andere.

»Was nicht von Herzen kommt«, hat der Schauspieler Rudolf Platte am Schluß seines Lebens gemeint, »sondern nur von den Lippen, ist Kokolores.« Laßt die Frucht erst reifen, sonst schmeckt sie nicht: weder euch noch anderen. Es gibt auch spirituelle Verdauungsstörungen. Die notwendige Umkehr muß oft viel tiefer ansetzen, als wir zunächst ahnen. Überreife Früchte schmecken so faul wie unreife Früchte bitter. Es gibt im Leben Begegnungen mit Menschen und Büchern und Wahrheiten, für die man erst reif werden muß. Unser Gewissen sagt uns alles. Der gute oder schlechte Schlaf danach kann ein Gradmesser für die Echtheit einer solchen Begegnung sein. Guter Schlaf läßt wachsen – schlechter Schlaf führt zu »Verdauungsstörungen«. Jesus hat wahrscheinlich sehr gut geschlafen.

Bittet! Sucht! Klopft an!

»Bittet, und ihr werdet bekommen! Sucht, und ihr werdet finden! Klopft an, und man wird euch öffnen! Denn wer bittet, der bekommt; wer sucht, der findet; und wer anklopft, dem wird geöffnet. Wer von euch würde seinem Kind einen Stein geben, wenn es um Brot bittet? Oder eine Schlange, wenn es um Fisch bittet? So schlecht ihr auch seid, wißt ihr doch, was euren Kindern gut tut, und gebt es ihnen. Wieviel mehr wird euer Vater im Himmel denen Gutes geben, die ihn darum bitten.«

(Matthäus 7,7–11)

Jesus ist sich Gottes absolut sicher: mit dem Urvertrauen eines Kindes zu seinen Eltern. Von daher kommt die Sicherheit seines Vertrauens zu Menschen. Das Heilmittel allen Übels heißt Vertrauen. Die Ursache allen Übels sind unsere Angst- und Schuldgefühle. Viele Menschen sind heute körperbewußter als früher. Die Fitness-Center schießen wie Pilze aus dem Boden. Zur Ertüchtigung unseres Körpers rennen wir einer Modeerscheinung nach der anderen hinterher. Auch intellektuelle Bildung lassen wir uns viel kosten: Nie gab es so viele Schulen, Universitäten, Volkshochschulen, Bildungsfernsehen, Bücher wie heute. Wie aber steht es mit unserer spirituellen, seelischen, religiösen, intuitiven Entwicklung? Auch hier gibt es Moden, die sich als Sackgassen erweisen. Im Spirituellen kommt es nie auf äußere Meister, sondern allein auf unsere inneren Meister an. Äußere Meister können Hilfestellung geben. »Bittet, und ihr werdet bekommen! Sucht, und ihr werdet finden! Klopft an, und man wird euch öffnen!« Jesus erschließt uns mit diesem Text das Geheimnis unserer Menschwerdung. Nur durch langsames, ruhiges Bedenken solcher Texte und intensives Meditieren erreichen wir unser Unbewußtes. Nur von dort her kann Umkehr gelingen. Die unsterbliche Seele hat unendlich viel Heilkraft. Rein intellektuelle Erziehung, so hilfreich und notwendig sie auch ist, hat keine Wirkung auf innere Heilung, inneren Fortschritt und innere Reife.

Mit der Bergpredigt verkündet Jesus das Ende jeder Leistungsreligion (»Ihr *müßt* jeden Sonntag in die Kirche; ihr *müßt* alle

178

vier Wochen beichten ...«). Jesus eindeutig: Ihr müßt überhaupt nicht. Aber: »Selig seid ihr, wenn ...; freuen sollt ihr euch.« Keine Drohung, sondern klare Zusage: »Wer sucht, der findet.« Zur Zeit Jesu war Religion identisch mit dem peinlichen Beachten von Hunderten von Vorschriften und Gesetzen. Dem wollte Jesus ein für allemal ein Ende machen. Es ist ihm nicht gelungen. Aber heute wird wieder vielen Menschen bewußt, daß religiöses Wachstum nur innen stattfinden kann. Kirchen können dabei sehr helfen, wenn sie auf Macht und Personenkult verzichten und dem jeweiligen Zeitgeist widerstehen. Jesus wollte anstiften zu Religion; religiöse Schauspieler nannte er »Schlangenbrut und Natterngezücht«.

Die Goldene Regel – weltweite Verantwortung

»Behandelt die Menschen so, wie ihr selbst von ihnen behandelt werden wollt – das ist alles, was das Gesetz und die Propheten fordern.«

(Matthäus 7,12)

Diese Goldene Regel hat mir vor einigen Jahren zuerst die Bergpredigt schmackhaft gemacht: »Behandelt die Menschen so, wie ihr selbst von ihnen behandelt werden wollt.« Das ist die ganze Bergpredigt in einem Satz. Man kann die ganze Bergpredigt auch in einem einzigen Wort zusammenfassen: Liebe. Jesus soll nicht konkret gewesen sein? Konkreter geht's gar nicht: Man darf ihn nur nicht selbst abstrakt machen. Wir sollen uns gegenseitig Leben geben. Diese Goldene Regel ist gemeinsamer Schatz aller Religionen. Die Goldene Regel gibt es im Hinduismus und Buddhismus, im Konfuzianismus und im Islam, in der Bahai-Religion und im Judentum, bei Kant und Lao Tse und bei allen großen Philosophen. Diese Wahrheit verbindet uns über alle Religionen, Konfessionen und Ideologien hinweg. Darauf müßten wir uns – zumindest theoretisch – alle einigen können. Das deutsche Sprichwort dazu, das alle Kinder in der Schule lernen, heißt: »Was du nicht willst, das man dir tu, das füg auch keinem andern zu.«

Was heißt das für unser Thema? Wenn wir im Westen nicht wollen, daß der Osten Raketen auf uns richtet, dann dürfen wir auf die Menschen im Osten auch keine richten. Und: Wenn du selbst gerne lebst und nicht getötet werden willst, dann darfst du auch nicht töten – auch nicht im Mutterleib. Du warst auch mal dort. Und was heißt die Goldene Regel im Alltag? Alles. Wenn du betrügst, fragt dich die Goldene Regel: Warum betrügst du *dich* selbst?

Willst *du* wirklich betrogen werden?

Wenn du einem Kind auf die Finger schlägst:

Warum schlägst *du* dich selbst?

Willst *du* dich ewig selbst schlagen und treten?

Wenn du Hilfe verweigerst: Warum läßt *du* dir nicht helfen?

Wenn du Sterbende allein sterben läßt: Warum hast *du* Angst vor dem Tod?

Daß die Goldene Regel politikwirksam sein kann, hat niemand besser gesagt als der amerikanische Präsident Franklin D. Roosevelt: »Die Macht des guten Beispiels ist die stärkste Kraft der Welt. Sie ist stärker als alle Predigten, sie übertrifft alle guten Vorsätze, sie ist wertvoller als alle Vereinbarungen, die doch nicht erfüllt werden.«

Also: Wer abrüsten will, muß selbst damit anfangen. Wer leben will, muß leben lassen. Die Goldene Regel ist die »stärkste Kraft der Welt«. Wir vertrauen zuviel auf die schwächste Kraft der Welt: auf das schlechte Beispiel. Die aus der Vernunft geborenen Grundsätze Jesu zeigen jedem den Ausweg aus der Sackgasse unserer Unvernunft. Unsere größte Schuld ist, daß wir jeden Augenblick den ersten Schritt machen könnten, ihn aber nicht tun. Wenn wir unser eigenes Haus nicht in Ordnung bringen, können wir nichts bewirken für eine gerechtere und friedliche Welt. Was uns bei anderen wütend macht, ist immer das eigene unerledigte Problem.

Wenn wir unsere eigenen Kinder töten, können wir letztlich nicht dazu beitragen, daß anderswo weniger Kinder sterben. Abtreibung ist immer ein Hinweis auf eigene unerledigte Probleme, die wir erledigen sollten – sonst kommt die nächste »Abtreibung« – wie auch immer. Wenn wir nicht Frieden stiften im Privaten, stiften wir auch keinen Frieden im Politischen.

Auch die bedeutendsten Lehrer der Menschheit mußten zuerst ihre Hausaufgaben machen. Die eigene innere Entwicklung ist unsere lebenslange Hausaufgabe. Frieden fängt innen an – vor allem eine so wichtige Sache wie der Weltfrieden. Das ist Jesu Goldene Regel – sie heißt nicht zufällig so. Die Goldene Regel ist die Basis einer neuen weltweiten Verantwortung, die im Atomzeitalter jeder von uns hat. Weltweite Verantwortung ist der neue Name für Religiosität in unserer Zeit. Unser Auftrag heißt: Jeder ist für den Weltfrieden verantwortlich. Der amerikanische General und Präsident Dwight D. Eisenhower: »Es gibt nur eine Rettung für unser Geschlecht: Sie liegt in der Rückkehr zu einem Leben aus der Bergpredigt von Jesus Christus.«

Gleichgültige oder Suchende?

»Geht durch die enge Tür! Denn das Tor, das ins Verderben führt, ist breit und die Straße dorthin bequem. Viele sind auf ihr unterwegs. Aber die Tür, die zum Leben führt, ist eng und der Weg dorthin anstrengend. Nur wenige gehen ihn.«

(Matthäus 7,13–14)

Die Tür ist zwar eng – das Haus aber trotzdem riesig. »In meines Vaters Haus sind viele Wohnungen.« Die Straße, die ins Verderben führt, ist breit und bequem. Entscheidet euch! Seid ihr Kollektivmenschen oder Individualisten? Gleichgültige oder Suchende? Egoisten oder Liebende? Der schmale Weg, den Jesus preist, ist für *jeden* Menschen zu finden, falls der Mensch finden will. »Wer sucht, der findet.« Dafür ist gesorgt ohne unser Zutun.

Mit großem Staunen und wachsender Freude habe ich vor einigen Monaten das Buch des amerikanischen Arztes Raymond Moody »Leben nach dem Tod« gelesen. Der Arzt hat schon in den siebziger Jahren 150 Menschen, die klinisch bereits tot waren, aber wiederbelebt werden konnten, über ihre Erlebnisse befragt. Alle berichten von in etwa denselben Erfahrungen während ihres scheinbaren Todes. Erfahrungen einer »engen

Pforte«, Erfahrungen des Schwebens, des Rückblicks auf ihr Leben, des Wiedersehens mit geliebten Menschen, die vorher gestorben waren, des Angezogenwerdens von einem Licht aus unendlicher Schönheit. Sie hatten keine Angst und wollten nicht mehr in ihren leiblichen Körper zurück, den sie alle unter sich sahen. Durch diese Berichte ist mir Jesu Bild von der »engen Pforte« sehr vertraut geworden. Sterbeforscher sagen: Der Augenblick des Todes ist wunderschön, und viele, die dem Tod ins Angesicht schauten, bestätigen diese Erfahrung. Viele Menschen mit dieser Erfahrung – mit einigen habe ich sprechen können – sagen übereinstimmend: Dieses Erlebnis hat mein Leben von Grund auf verändert. Jetzt sind die spirituellen und religiösen Fragen für mich wichtig, die materiellen sind zweitrangig geworden. Vorher war es meist umgekehrt. Sterbende sind sehr gute Lehrmeister für die Lebenden. Vor dem Tod brauchen wir uns nicht zu fürchten. Wir werden eingepackt sein in Liebe. Wir sind vor Gott verantwortlich für unser Leben. Jesus ist sich da absolut sicher: Gott ist die Liebe. Liebe urteilt, sie verurteilt nicht. Im Tod werden wir ein Abbild unseres Lebens sein so, wie die Träume in der Nacht oft unseren Alltag widerspiegeln. Wer erfährt – von anderen oder selbst –, daß es ein Leben nach dem Tod gibt, lernt intensiver zu leben – er lernt das Leben neu. Nur solange wir gegenüber diesen letzten Fragen blind sind oder sein wollen, sehen wir keinen Sinn hinter den Zu-Fällen. Der Tod ist die Bedingung des Lebens – leben lernen heißt sterben lernen. Richtig leben lernen heißt: vor dem Sterben die Angst verlieren.

Im Alter verholzen so viele Menschen, weil sie nur zurückschauen – mit Todesfurcht im Herzen. Spätestens ab der Lebensmitte – wenn sich die Lebenskurve neigt – ist es unvernünftig, dem absolut sicheren Tod nicht ins Auge schauen zu wollen. C. G. Jung: »Von der Lebensmitte an bleibt nur der lebendig, der mit dem Leben sterben will.« Verantwortlich leben heißt: den Tod innerlich bejahen. Ein Freund von mir saß einige Tage am Sterbebett seines Vaters. Er hat ihm alle Lieblingslieder noch einmal vorgesungen: von »Heile, heile Gänsche« bis »Großer Gott – wir loben dich«. Es war eine wunderbare Atmosphäre von Licht und Ton im Sterbezimmer. Als der

Vater seinen letzten Atemzug getan hatte, sagte der Sohn: »Das hast du gut gemacht, Papa – darauf trinken wir jetzt einen« und holte ein Bier. Vater und Sohn wußten, was der Tod ist. Keiner hatte Angst davor. Wenn wir wirklich wüßten, daß wir – und nur wir – für unser Leben verantwortlich sind, und danach leben würden: Unser Planet wäre voll von menschlicher Liebe – er ist schon immer voll göttlicher Liebe. Es gibt keinen Bereich, der von Liebe nicht durchdrungen wäre – keinen! Die Liebe ist so, wie Gott ist – Gott ist die Liebe. Wir wissen es häufig nur nicht mehr.

Wirkliche Liebe ist lebenslanges Bemühen, lebenslange Liebesarbeit. Erich Fromm spricht von der »Kunst des Liebens«.

IV. Bergpredigt oder Zwergpredigt?

Die falschen Propheten und die richtigen Kinder

»Hütet euch vor den falschen Propheten! Sie sehen zwar aus wie
Schafe, die zur Herde gehören, in Wirklichkeit sind sie Wölfe,
die auf Raub aus sind. Ihr erkennt sie an dem, was sie tun. Von
Dornengestrüpp kann man keine Weintrauben pflücken und von
Disteln keine Feigen. Ein gesunder Baum trägt gute Früchte und
ein kranker Baum schlechte. Umgekehrt kann ein gesunder
Baum keine schlechten Früchte tragen und ein kranker Baum
keine guten. Jeder Baum, der keine guten Früchte trägt, wird
umgehauen und verbrannt werden. An ihren Früchten also
könnt ihr die falschen Propheten erkennen.
Nicht jeder, der ständig ›Herr‹ zu mir sagt, wird in Gottes neue
Welt kommen, sondern der, der auch tut, was mein Vater im
Himmel will. Am Tag des Gerichts werden viele zu mir sagen:
›Herr, Herr! In deinem Namen haben wir Weisungen Gottes verkündet, in deinem Namen haben wir böse Geister ausgetrieben
und viele Wunder getan.‹ Und trotzdem werde ich das Urteil
sprechen: ›Ich habe euch nie gekannt. Ihr habt versäumt, nach
Gottes Willen zu leben; fort mit euch!‹
Wer meine Worte hört und sich nach ihnen richtet, wird am Ende
dastehen wie ein Mann, der überlegt, was er tut, und deshalb sein
Haus auf felsigen Grund baut. Wenn dann ein Wolkenbruch niedergeht, die Flüsse über die Ufer treten und der Sturm tobt und
an dem Haus rüttelt, stürzt es nicht ein, weil es auf Fels gebaut ist.
Wer dagegen meine Worte hört und sich nicht nach ihnen richtet,
wird am Ende wie ein Dummkopf dastehen, der sein Haus auf
Sand baut. Wenn dann ein Wolkenbruch niedergeht, die Flüsse
über die Ufer treten, der Sturm tobt und an dem Haus rüttelt,
stürzt es ein, und der Schaden ist groß.« Als Jesus seine Rede
beendet hatte, waren alle von seinen Worten tief beeindruckt.
Denn er sprach wie einer, der Vollmacht von Gott hat – ganz
anders als ihre Gesetzeslehrer.

(Matthäus 7,15–29)

Jesu Kriterium ist nicht die Ausgewogenheit, sondern die Wahrheit. Der eben zitierte Schluß der Bergpredigt macht deutlich, warum sich die offizielle Kirche und viele Christen 2000 Jahre lang schwer getan haben mit seiner wirklichen Lehre. Jesus hat gewarnt vor falschen Propheten, Schafen im Wolfspelz, äußerer Frömmigkeit. Zu denen, die fromm *tun*, aber nicht fromm *sind*, sagt Jesus: »Fort mit euch.« Jesus wollte keine Sonntagskirche, er dachte an Werktagsapostel. Jesus wollte keine Kultfigur sein, sondern Nachfolger haben. Jesus sprach mehr vom »Lieben« als von »Glauben«, und er forderte häufiger zum »Geben« als zum »Beten« auf. Jesus ist ein Mann der klaren Entscheidungen: Sagt Ja oder Nein! Tut, was ihr sagt! Wer meine Worte hört und sich nicht nach ihnen richtet, ist ein Dummkopf! Sein Haus stürzt ein! Das heißt: Wir müssen den Krieg verhindern und dürfen uns nicht auf ihn vorbereiten. Und: Unser Engagement für Tiere und Umwelt ist unglaubwürdig, wenn wir leichtfertig mit den Menschenleben umgehen. Jesus sagt uns: Nur Idioten sorgen sich um das Paradies im Himmel. Fangt an, das Paradies auf Erden aufzubauen. Dann seid ihr Söhne und Töchter Gottes. Seine vielen Zuhörer hatten so noch niemals jemanden reden hören: Er sprach »wie einer, der Vollmacht von Gott hat – ganz anders als ihre Gesetzeslehrer«.

Die Differenz zwischen »Gesetzeslehrern« und Jesus ist heute so groß wie vor 2000 Jahren. Die Wucht dieser Bergrede ist heute noch so gewaltig wie damals. Das ist ihr Wahrheitsbeweis. Jesu Sprache war einfach, Fischer und Bauern verstanden ihn; er hat den Leuten nie nach dem Mund geredet. *Deshalb* orientieren sich auch heute Millionen an ihm. »Gesetzeslehrer« haben das Gesetz als Maßstab – Jesus das Herz. Das ist der Unterschied zwischen altem und neuem Bewußtsein. »Das Herz hat Gründe, die die Vernunft nicht kennt« (Blaise Pascal). Kann, wer wirklich auf sein Herz hört, sein eigenes Kind töten? Kann, wer wirklich auf sein Herz hört, an der fürchterlichen sowjetischen SS 20-Rakete Rache nehmen durch ebenso fürchterliche Pershing II und Cruise Missiles? Der amerikanische General Bradley: »Wir haben die Atombombe gebaut, aber die Bergpredigt vergessen.« Es ist die Gleichgültigkeit gegenüber religiösen Fragen, welche die Menschheit an den Rand des Abgrunds gebracht hat. Mit dem militärisch-technischen Fortschritt kam der moralische Zerfall und die Atombombe. Und nur mit einem neuen moralischen Fortschritt im Geiste der Bergpredigt kann der Abbau der Vernichtungsmaschine noch gelingen. Rache und Vergeltung sind Ausdruck des alten vorjesuanischen Bewußtseins – Liebe und Vergebung sind Ausdruck eines neuen Bewußtseins, das sich an Jesus orientiert.

Das heißt praktisch: Widersteht der atomaren Politik, aber beschimpft nicht die Politiker, die sie vertreten. Trinkt, liebe Freunde, lieber ein Glas Wein mit ihnen, und laßt sie spüren, daß sie Kinder Gottes sind und eine unsterbliche Seele haben wie ihr selbst auch. Sagt ihnen als Freunde, daß sie sich verantworten müssen. Widersteht nicht den Politikern, widersteht ihrer Politik, und sagt oder schreibt es ihnen. Sagt ihnen, daß ihr sie nicht mehr wählt. Das wirkt Wunder. Eine CSU-Bundestagsabgeordnete: »Die einzige Sprache, die meine Partei noch versteht, ist das Wählerverhalten.« Adolf Hitler hat zwar gesagt: »Welch ein Glück für die Regierenden, daß die Menschen nicht denken.« Aber in einer Demokratie denkt »es« gelegentlich. Der freiheitliche Rechtsstaat und eine freie Presse bieten uns Chancen, die anderswo fehlen. Wir müssen diese Freiheiten verantwortlich nutzen – auch für die im Osten, die von diesen Freiheiten nur träumen können. Die Devise der Friedensbewegung heißt: Verantwortung und Klugheit, nicht Resignation und Dummheit. Es genügt nicht, die Friedensfrage zu popularisieren, wir müssen sie demokratisieren. Das heißt: Wir müssen demokratische Mehrheiten für wirkliche Friedenspolitik schaffen, also noch mehr aufklären. Und außerdem: Verlernt das Lachen nicht, singt und tanzt, ihr seid »Kinder Gottes«. Wer Jesus kennengelernt hat, ist selig vor Glück. Friedensstifter können ahnen, was uns nach dem leiblichen Tod erwartet.

Am Anfang seines »Prinzip Hoffnung« fragt Ernst Bloch: »Wer sind wir? Wo kommen wir her? Wohin gehen wir? Was erwartet uns?« Die Antwort gibt sein letztes Wort im selben Buch: »Heimat«.

In einem alten Kirchenlied, das in meinem Heimatdorf bei Beerdigungen gesungen wird, heißt es: »Wir wandern ohne Rast und Ruh' mit mancherlei Beschwerden der ew'gen Heimat zu.« Mich hat dieses Lied schon als Kind an Gräbern oft getröstet. In der Bergpredigt begegnet uns ein aufrüttelnder Jesus, aber auch ein tröstlicher. Er verweist auf eine Heimat jenseits der hiesigen Sorgen: auf Gott. Aber Gott wirkt auch hier. Die Bergpredigt ist die Botschaft vom Reich Gottes, das hier und jetzt beginnen soll. Jesus hat getröstet, aber nicht vertröstet. Seine Bilder und seine Sprache sind sehr erdverbunden, sehr heimatverbunden. Unser Leben ist wie eine Schule – und zwar hier, nicht in einer anderen Welt. Hier und jetzt ist unsere innere Lernfähigkeit gefragt. Wessen Seele nichts gelernt hat in diesem Leben, muß das Schuljahr wiederholen in einem anderen Leben. Wir heutigen westlichen Menschen haben uns von der Natur so weit entfernt wie von der Über-Natur, der Transzendenz. Zur unendlichen Heimat, die jeder Mensch in seinem tiefsten Innern ersehnt, finden wir nur, wenn wir daran mitarbeiten, daß aus diesem Planeten eine endliche Heimstatt wird: für *alles* Leben. Als unsere Tochter zum erstenmal bewußt den Tod eines Tieres erlebt und es im Garten begraben hatte, schrieb das damals achtjährige Kind auf den Grabstein: »*Allem* Lebendigen«. Erst wenn wir *allem* Lebendigen dienen, verdienen wir uns den Tod, der eine Auferstehung sein wird: vollkommenes Glück, reine Harmonie, tiefe Seligkeit. »Der Mensch ist unheilbar religiös«, sagte ein sowjetischer Delegierter auf einer Atheismus-Konferenz in Moskau. Der Mann hat von Religion mehr begriffen als viele Christen. Jesus hat keine einzige Gruppe und keinen einzigen Menschen ausgegrenzt: weder Huren noch Mörder, weder Reiche noch Arme. *Jeder* kann Christ sein oder werden. Unsere Überlebensfrage im Atomzeitalter heißt: Sind auch die Andersdenkenden, sind auch Kommunisten, sind auch die Verhungernden in der Dritten Welt, sind auch Türken und Schwarze unsere Nächsten? Ronald Reagan bei einem »Nationalen Gebetsfrühstück«, dem Vertreter aus Ost und West, Nord und Süd, teilnahmen: »Man erkennt auf besondere Weise, daß wir alle Gotteskinder sind. Der einfache Mann, der König und der Kommunist – sie wurden alle nach seinem Bild erschaffen. Wir haben alle eine Seele, wir haben die gleichen Probleme.« Ronald Reagan hat recht – auch wenn er die Frauen vergessen hat. Entscheidend ist jedoch, ob solchen Worten auch Taten folgen, im Privatleben und in der Politik. Von wem können wir lernen?

Kinder stellen meist noch die richtigen Fragen und reagieren – auch religiös – natürlich, wenn sie im Religionsunterricht nicht verdorben wurden. Meine Frau schaute mit zwei zwölfjährigen Mädchen einen Film über das »Werden des Lebens im Mutterleib« an. Als von Abtreibung die Rede war, wollten die Kinder wissen, was das ist. Die übereinstimmende Reaktion beider: »Es ist doch unmöglich, daß eine Mutter ihr eigenes Kind tötet. Das geht doch gar nicht.« Was muß hier geändert werden: das natürliche Empfinden der Kinder oder die Abtreibungspraxis? Jesus warnt vor »falschen Propheten«. Solange Kinder natürlich und ursprünglich sind, bleiben sie die »richtigen Propheten«. Ein Vater versuchte, seinem Kind die Notwendigkeit von Atombomben klarzumachen, und redete von Abschreckung. Der Junge: »Aber Papa, das ist doch alles Unsinn. Atombomben töten doch. Hat Gott nicht gesagt: ›Du sollst nicht töten‹?«
Als ich vor einigen Jahren spürte, welche inneren Schwierigkeiten ich hatte, unserer älteren Tochter den Sinn von »atomarer Abschreckung« zu erklären, habe ich angefangen umzudenken. Die Ursprünglichkeit von Kindern ist unser größter Lehrmeister, falls wir den Kindern ihre Ursprünglichkeit nicht vorher genommen haben. Kinder, die ursprünglich reagieren, lehnen Abtreibung ebenso konsequent ab wie »Verteidigung« durch Massenvernichtungswaffen. Der Einwand vieler Erwachsener an dieser Stelle ist sonnenklar: »Kinder wissen nicht, wovon sie reden.« Wirklich nicht? Die alte Volksweisheit stimmt: »Kinder und Narren sagen die Wahrheit.« Das Argument: »Kinder wissen nicht, wovon sie reden«, sagt lediglich, daß Erwachsene weder sich selbst noch ihre Kinder verstehen. Erwachsene, die nicht wissen, wovon sie reden, meinen immer, Kinder wüßten nicht, wovon sie reden. Doch Kinder sagen – oft im Gegensatz zu Erwachsenen –, was sie

denken und empfinden: »Ich hab dich gar nicht lieb« oder »Du bist aber unfair«. Kinder sind der Wahrheit näher, weil sie ursprünglicher sind. Sie leben noch nicht wie Erwachsene nach den Gesetzen von Apparaten, nach Gebrauchsanweisungen und Vorschriften. Voraussetzung für ein tieferes Empfinden gegenüber dem Kind im Mutterleib ist Aufklärung. Letztlich – meint Bert Brecht – wird der Mensch der Vernunft nicht widerstehen können. Das hängt vom einzelnen Menschen ab. Die Verführung, die von einem Beweis ausgeht, ist stark. Aber auch die Widerstände gegen Vernunft und Wahrheit können stark sein. Jesus: »Täuscht euch nicht: Wer sich der Liebe Gottes nicht wie ein Kind öffnet, wird sie niemals erfahren.«

Bei den Themen »Abtreibung« und »Aufrüstung« müssen wir uns heute für Koalitionen quer durch alle geistige Lager öffnen: Koalitionen über alle Parteien und Weltanschauungen hinweg. Koalitionen für mehr Liebe und gegen Gewalt. Weltanschauliche und parteipolitische Etiketten werden von selbst zweitrangig, wenn die Liebe stärker wird. Gerade solche Quer-Koalitionen müssen wachsen. Mein Eindruck ist: Sie wachsen heute weltweit. Nur wer Jesu Worte hört »und sich nach ihnen richtet«, wird »*am Ende*« nicht wie ein Dummkopf dastehen, wird sein Haus nicht »auf Sand gebaut« haben, sondern »auf felsigen Grund«: Weder Wolkenbrüche noch Stürme können es erschüttern. Jesus hat nicht gesagt, daß ein Leben im Sinn der Bergpredigt ein Spaziergang ist oder dem mehrheitsfähigen Zeitgeist entspricht. Im Gegenteil: Er hat denen, die ihm nachfolgen wollen, Beschimpfungen, Verfolgung und Intrigen vorausgesagt. Minderheiten haben es oft schwer. Oscar Arnulfo Romero, der als Bischof in El Salvador eine Bekehrung erfahren hatte und danach im Geiste der Bergpredigt für die Armen und Verfolgten lebte, sagte: »Mich kann man töten, aber nicht die Stimme der Gerechtigkeit.« Kurz danach wurde er ermordet. Mehrheiten vergessen häufig, daß die Minderheiten von heute in der Geschichte schon oft die Mehrheiten von morgen geworden sind. Manchmal erkennen nur wenige Menschen die notwendigen Wahrheiten. Jesus hat seinen Freunden auch zugerufen: Sorgt euch nicht, habt doch Vertrauen. »Am Ende« steht ihr nicht wie Dummköpfe da. Jesus sprach »wie einer, der Vollmacht von

Gott hat«. Seine Zuhörer waren beeindruckt. Jesus machte betroffen und macht betroffen, weil Jesus jeden trifft.

Kirchen: Störenfriede für den Frieden

Voraussetzung für den Frieden zwischen den Völkern ist Frieden zwischen Konfessionen und Religionen: »Heilige Kriege« im Namen Gottes sind oft die brutalsten: Nordirland, Nahost, Iran, Irak und Indien sind nur einige aktuelle Beispiele. Ziel des Friedens zwischen den Religionen muß die Universalität der Religion sein. Universalität ist nicht Uniformität, sondern die ehrliche Suche nach dem gemeinsamen Ursprung, nach der Einheit allen Lebens. Alle Religionen sind Wege zu Gott. Aber das Bedürfnis nach Abgrenzung überschattet nach wie vor jede Gemeinsamkeit. Es ist ein Skandal für alle religiösen Menschen, daß es im militärischen und wirtschaftlichen Bereich schon größere Einheit gibt als im religiösen. Fast alle Religionen sind zu sehr in Glaubensformeln und äußeren Strukturen gefesselt. *Re-ligio* meint die *eine* Bindung an den *einen* Gott, also die Vereinigung des Menschen mit Gott und der gesamten Schöpfung. Alle Religionen haben Anteil an der ewigen Wahrheit. Alle Religionen sind ihrem Wesen nach *eins*. Ihre Aufgabe ist, den Menschen die Botschaft Gottes zu bringen und die Gewissen zu schärfen. Das Studium *aller* heiligen Schriften bringt uns Erfahrungen, die andere Menschen von Gott haben. Das Ziel der Gotteserkenntnis ist Mittelpunkt aller Religionen. Menschen vieler Konfessionen und Religionen haben mir nach meinem ersten Bergpredigt-Buch bestätigt, daß wesentliche Aussagen der Bergpredigt Grundaussagen auch ihrer Religion seien: Liebe, Frieden, Toleranz, Gerechtigkeit und die Goldene Regel. Anhänger der Bahai-Religion und viele Theologen anderer Religionen – zum Beispiel Hans Küng in Tübingen – haben wichtige Vorarbeit für Religionseinheit geleistet. Voraussetzung einer künftigen Welt-*ein*-heit ist Religions-*ein*-heit. Huschmand Sabet, ein Bahai-Geschäftsmann, der in Stuttgart lebt, schreibt in seinem Buch »Ein Weg aus der Ausweglosigkeit«: »Was wir brauchen, ist universelle Liebe, die mehr ist als

Nächstenliebe und Feindesliebe.« Ob Reagan oder Tschernenko, ob ein Arbeiter in der Sowjetunion, ein Reisbauer in
China, ein Angestellter in den USA oder ein Nomade in
Afrika: Alle empfinden dasselbe, wenn sie ihre Frau umarmen
oder ihre Kinder lieben. Dieses Empfinden ist Ausdruck der
einen universellen Liebe. Dieses universelle Empfinden beweist, daß wir alle einen Vater haben und deshalb *alle* Schwestern und Brüder sind. Daß Bahais 2000 Jahre nach Jesus die
Bergpredigt so universell und idealistisch interpretieren, widerspricht nicht der Intention Jesu. Feindesliebe heißt auch: Es
gibt gar keine Feinde, sondern Schwestern und Brüder mit anderen Meinungen. Nicht zufällig fordern die universell orientierten Bahais, daß in allen Schulen der Welt neben der Muttersprache eine Welthilfssprache als Welt-*ein*-heitssprache gelehrt
wird, vielleicht Esperanto. Die Beziehungen zwischen Espe-
rantisten und Bahais sind besonders eng.

So wie die meisten Politiker heute noch fast ausschließlich
nationale Interessen vertreten – das politische Schicksal der
»Europäischen Gemeinschaft« ist der tägliche, traurige Beweis
dafür –, so vertreten die meisten Religionsführer enge konfes-
sionelle Interessen. Mit der universellen Liebe des Bergpredigers haben Konfessionsinteressen nichts zu tun. Nur über mehr
Religions-*ein*-heit gibt es Weltfrieden. Nur mit Hilfe der Religionen schaffen wir eine *universelle* Ethik. Die internationalen
Friedensbewegungen müssen die Welt-*ein*-heit im Sinne eines
Weltbundesstaates auf ihre Fahnen schreiben. Das darf und
wird kein Welteinheitsstaat werden, aber das könnte eine entscheidende Stärkung der UNO bedeuten. Voraussetzung ist,
daß in der Politik die engen nationalen Interessen, in den Religionen die engen konfessionellen Interessen nicht einseitig vertreten werden.

Das Besondere und Einmalige an Jesus – auch das wird von
vielen nichtchristlichen religiösen Menschen so gesehen – ist
sein Weg. Das Aufregende und zugleich Tröstliche an der Bergpredigt ist: Dieses große »Dokument der Menschlichkeit«
(Walter Dirks) gehört der ganzen Menschheit. Jesus wurde

wohl nicht zufällig an der Grenze zwischen Abendland und Morgenland geboren. Auch geographisch: Mitte und Mittelpunkt zwischen Ost und West. Sollte es am Ende dieses Jahrzehnts zu einem weltweiten Friedenskonzil aller Religionen kommen, müssen alle Massenvernichtungswaffen weltweit geächtet werden – als ein erster Schritt zum Frieden und zu universeller Liebe. Kein religiöser Mensch soll länger mitarbeiten an Produktion, Aufstellung oder gar am Einsatz dieser Waffen. Der katholische Schriftsteller Reinhold Schneider schrieb schon 1950: »Unter dem Schild der Atombombe ist nicht der Ort der Kirche.« Seit Hiroshima und Nagasaki haben wir Sturm gesät und können jetzt nur noch Sturm ernten, wenn es keine Umkehr gibt.

Christen und Juden haben die Atombombe entwickelt. Im Abendland wurde der atomare Geist aus der Flasche gelassen. Hier muß auch seine Bändigung beginnen. Der letzte, große Sturm, der Atomkrieg, läßt sich nur mit Hilfe der Religionen und der religiösen Menschen, das heißt, der Suchenden auf der ganzen Welt, aufhalten. Alle Religionen sind Blumen im Garten Gottes. Die verschiedenen Religionen gehen auf die gleiche Sonne zurück, die zwar von jeweils einem anderen Aufgangsort, doch *allen* Menschen leuchtet. Bei den Inkas spielt der Sonnenkult eine wichtige Rolle. Der Papst scheute sich im Februar 1985 nicht, sich vor einer halben Million Inkas in Peru als »Gesandter der wahren Sonne« vorzustellen, Christus, Sonne der Gerechtigkeit und Liebe. *Jeder* religiöse Mensch ist ein »Instrument Gottes«, sagen die Anhänger der Eckankar-Philosophie (Wissenschaft von der Seelenreise, s. das Buch von Paul Twitchell »Der Fremde am Fluß«) – der vielleicht ältesten Religion der Welt, die aus Tibet kommt –, wenn sie dasselbe wie der Papst bei den Inkas ausdrücken wollen. Alle Religionen sind *Wege* zu Gott. Alle wahren Religionsstifter sind Erleuchtete Gottes. Lessing hat in seinem »Nathan, der Weise« den politischen und religiösen Toleranzgedanken verewigt. Lessing ist einer der wichtigsten literarischen Väter der Friedensbewegung.

Alle Religionen lehren, daß der Mensch das Ebenbild Gottes ist. »Was kann nach dieser Terminologie das *Reich Gottes* auf

Erden anderes bedeuten als eine Ordnungsstruktur mitten unter den Menschen, getragen von göttlichen Prinzipien, eine Weltordnung, die den geistig-religiösen, ethisch-moralischen Maßstäben gerecht wird?« (Huschmand Sabet).

Der heute so notwendige Kampf aller Religionen für das ungeborene Leben sollte in einem ebenso engagierten Kampf für das Überleben der Geborenen seine glaubwürdige Ergänzung finden. Religionen und Kirchen müssen weltweit Störenfriede für den Frieden werden. Religionen werden diese Aufgabe aber nur erfüllen können, wenn Religionswissenschaftler, Seelsorger und Tiefenpsychologen zusammenarbeiten. Mit Hilfe der Tiefenpsychologie können Theologen mehr über sich selbst erfahren. Und mit Hilfe der Theologen können Psychologen etwas von Gott ahnen. Nur solche Zusammenarbeit verdient heute noch den Namen Wissenschaft. Den Vorschlag der Theologin und Psychotherapeutin Hanna Wolff halte ich für wichtig: »Jeder an der Interpretation des Neuen Testaments maßgeblich Beteiligte muß sich einer Analyse unterziehen.« Erst wer sich selbst besser kennengelernt hat, versteht die volle Bedeutung Jesu für unsere Zeit. Theologie und Kirchen dürfen nicht länger außer acht lassen, was die Tiefenpsychologie in diesem Jahrhundert erkannt hat. Jesus war auch ein Seelenarzt. Die vergleichende Religionswissenschaft macht uns deutlich, daß die Urwahrheiten aller Religionen die gleichen sind, weil alle Religionen den *einen* Ursprung haben: Die Suche nach dem *einen* ganzheitlichen Gott. Religion ist die Frage nach den schöpferischen Qualitäten des Menschen.

Die Kirchen brauchen mehr Gespür für die aktuellen Fragen der Menschheit. Kirchen, die an Jesus erinnern und sich an ihm orientieren, müssen zwangsläufig der Politik in die Quere kommen: »Mein Reich ist nicht von dieser Welt.« Christlich inspirierte Politik heißt nicht, die Politik zu klerikalisieren, sondern sie zu humanisieren. Das ruft immer Widerstände hervor. An keiner Stelle der Bergpredigt steht, daß sie für den Bereich der Politik nicht gilt. Das Geschäft mit dem verharmlosten, privatisierten und verbürgerlichten Jesus ist ein gefährlicher Drogenhandel: Das »liebe Jesulein« weckt nicht auf, es schläfert ein. Jesu-Nachfolger sollen aber nicht die Droge und die Schlagsahne für diese Welt sein, sondern Salz und Sauerteig. Normalerweise lassen Bischöfe »Hirtenworte« an ihre Schafe verlesen. Dieses Buch ist ein Schafs-Wort, ein Wort von Schaf zu Schaf. Vielleicht versteht ein Schaf die Schafe besser als die Hirten, die manchmal vergessen, daß sie vor Gott auch nur Schafe sind. Die Bergpredigt ist ein Wort für *alle*.

Die Revolution der Liebe

Die Bergpredigt ist keine Ansammlung von Gesetzen, mit denen »man« regieren könnte. Aber sie ist jener lebendige Stachel in unserem Fleisch, mit dessen Hilfe wir uns niemals gewöhnen dürfen an Gewalt und Reichtum, an Ausbeutung und Ungerechtigkeit. Wir haben die Dringlichkeit und Aktualität der Bergpredigt im Atomzeitalter erst wirklich verstanden, wenn wir uns hier und jetzt und heute inspirieren lassen. Solange wir den ersten Schritt immer erst morgen tun wollen oder solange wir darauf warten, daß andere den ersten Schritt tun, haben wir Jesus nicht begriffen. »Willst du gesund werden?« ist die Frage aller Fragen. Die Bergpredigt ist also die geistige Sprengkraft, mit deren Hilfe allein wir die Welt, so wie sie heute ist, noch aus den Angeln heben könnten. Die Welt befreien wir aus ihren heutigen Angeln, wenn wir zuerst uns von der Bergpredigt befreien lassen. Unser maßlos gewordenes Leben bedarf der Inspiration der Bergpredigt, damit es wieder zu einem normalen Leben wird.

Es geht um die Bewahrung des Lebens. Bewahren wollen heißt konservativ sein. Ach, wären die Konservativen doch konservativ! Der christlich-konservative Pazifist Eberhard Arnold hat in den dreißiger Jahren auf seinem Rhönbruderhof auch mit Sozialisten und Kommunisten zusammengearbeitet. Für diesen Freund der Bergpredigt ist bezeichnend, daß er die letzte Zeile des sozialistischen Kampfliedes »Heilig die letzte Schlacht« in das christlich-pazifistische »Heilig der Liebe Macht« umgewandelt hat. Christen, die wissen, was sie wollen und wofür sie leben, haben keine Berührungsängste. Konservativ sein heißt nicht, die Asche hüten, sondern die Flamme.

Alle Revolutionen der Geschichte waren Revolutionen der Gewalt. Die Ergebnisse waren immer entsprechend. »An ihren Früchten werdet ihr sie erkennen.« Die Revolution des Bewußtseins, die sich heute weltweit vollzieht, hat Erfolg, wenn sie eine Revolution der Liebe ist, wenn Liebe endlich im Sinne der Bergpredigt ganzheitlich erfahren wird: privat und politisch. Jesu Bergpredigt verstehen heißt: aufrechten Gang lernen; beugt euch nur, um zu lieben!

Der indische Jainist Bhagwan Shree Rajneesh sagt in seinem Jesus-Buch »Komm und folge mir«: »Jesus ist beides: ... Prophet und Mystiker zugleich. Darum findet ihr in ihm eine Synthese. Ihr findet in ihm alles, was zum Judentum gehört – aber ihr findet in ihm auch alles, was schön an Krishna, Buddha, Mahavir, am Jainismus, am Hinduismus, am Buddhismus ist. Jesus ist ein Gipfelpunkt, als würden sich alle Religionen der Welt in ihm begegnen und zu einem Crescendo steigern.«

Zur Lösung der lebensbedrohenden Konflikte brauchen wir ein neues Fühlen, ein neues Denken und ein neues Handeln. All dies muß Ausdruck finden in einer neuen Sprache. »Die neue Sprache, die alle Menschen verstehen, ist die Sprache der Zärtlichkeit. Sie ist bei Jesus zu lernen.« (Wilhard Becker und Ulrich Schaffer). Jesu Liebe wird die Mauer der Konfessionen, Religionen und Nationen überwinden. Jesus-Freunde auf der ganzen Welt sind unterwegs. Es verbindet sie die Suche nach Ganzheit. Heute wächst weltweit eine geheimnisvolle Verschwörung zum Leben. Die Liebe des Bergpredigers verbindet sie. Diese Liebe ist grenzenlos. Jesus-Freunde erkennen keine ideologischen Grenzen, Parteizwänge, Linientreue oder Denkverbote an. Lieben heißt Grenzen überschreiten.

Die Bergpredigt Jesu ist der Gipfel der menschlichen Weisheit – sie ist von Gott inspiriert.

Die Atombombe aber ist der Gipfel der menschlichen Dummheit – sie kann nicht von Gott inspiriert sein.

Die Bergpredigt ist der Gipfel der menschlichen Selbsterkenntnis.

Die Atombombe aber ist der Gipfel des menschlichen Selbstbetrugs.

Die Atombombe ist der Gipfel unseres alten Bewußtseins.

Die Bergpredigt ist jedoch die Vorahnung eines neuen Bewußtseins: Die Bergpredigt ist geistiges Dynamit für unsere Zeit.

Die Bergpredigt lehrt uns: Umkehr ist alles, ohne Umkehr ist im Atomzeitalter bald alles nichts.

Einer der Väter des modernen Materialismus, Karl Marx, meinte, die Philosophen hätten die Welt immer nur interpretiert, es komme aber darauf an, sie zu verändern. Dasselbe meinte Jesus von Nazaret. Karl Marx träumte vom »Neuen Menschen«. Dasselbe tut Jesus. Doch die beiden Wege der Veränderung sind grundverschieden. Marx war Materialist (»Der Mensch ist das Produkt seiner Arbeit«). Jesus war Realist (»Der Mensch lebt nicht vom Brot allein«). Marx wollte den »Neuen Menschen« über eine Veränderung der Gesellschaft, über eine Veränderung von oben. Nach Jesus kann sich aber der Mensch nur selbst befreien – mit Hilfe der Gnade Gottes. Hier beginnt die Menschwerdung des Menschen. Das ist Veränderung von unten. Das Individuum, nicht die Gesellschaft ist Ursprung wirklicher Veränderung. Hier erfährt das marxistische »Prinzip Hoffnung« erst seine lebensnotwendige Ergänzung durch das religiöse »Prinzip Verantwortung«. Nach Jesus verändert nur derjenige die Welt, der sich selbst verändert.

Sonntag nachmittag. Ein Vater liest die Zeitung. Sein Kind stört ihn ständig. Um Ruhe zu haben und um das Kind zu beschäftigen, zerreißt der Vater eine Zeitungsseite – bedruckt mit einer Weltkarte – in viele Stücke. »Versuch doch mal, die Weltkarte wieder zusammenzusetzen«, sagt der Vater zu seinem Kind. Schon nach wenigen Minuten ist das Kind fertig. »Wie hast du das so schnell fertiggebracht?« fragt der Vater erstaunt. »Ganz einfach«, sagt das Kind, »ich sah auf der Rückseite das Bild eines Menschen. Ich habe nur den Menschen in Ordnung gebracht, und dann stimmte auch die Welt wieder.« [1]

Alles kommt auf viele einzelne Menschen an und auf ihr Gespür für die Verantwortung: Alles kommt auf dich an.

Lieben heißt: das Leben *lieben* und die Liebe *leben*. »Mit

---

1 Diese Geschichte gibt es als Spiel bei der Andheri-Hilfe, Blindenhilfe für Indien und Bangladesh, Mackestraße 53, 5300 Bonn. Dort kann man für 26,– DM einem Blinden durch eine Operation das Augenlicht retten.

Leichtigkeit werden die Menschen einer immer größeren Liebe fähig, wenn ihnen aufgeht, daß sie immer mehr geliebt werden.« (Bernhard von Clairvaux). Das Maß der Liebe ist Maßlosigkeit. In der Natur drängt alles zum Licht: das kleinste Samenkorn in der Erde, das geringste Bäumchen im Wald, der Kelch der kleinsten Blume. Ohne Licht kein Wachstum in der Natur – ohne Liebe kein inneres Wachstum des Menschen. Pflanzen leben, solange sie nach Licht streben; Menschen leben, solange sie nach Liebe streben. Nirgendwo ist es heller als in uns. Der einzige Weg, der direkt zu Gott führt, ist die Liebe. Gottes Liebe ist die Antwort auf alle Rätsel unseres Lebens. Die Liebe öffnet uns Augen und Ohren für das Wesentliche. Die heutige Sinnfrage ist die Frage nach Liebe und nach Gott. Gott ist der Sinn. Goethe: »Das Ganze ist nur für einen Gott gemacht.« Wenn – nach Jesus – Gott ein Gott der Liebe ist, dann heißt das Credo aller religiösen Menschen »Ich glaube an Gott« zuerst: »Ich glaube an die Liebe.« Wenn die Liebe aber nur ein Glaubensbekenntnis bleibt, ist es nicht die Liebe der Bergpredigt. Die Liebe der Bergpredigt ist keine Lehre, sondern das Leben, geliebtes Leben, gelebte Liebe.

Selbst ein Blinder, der die Sonne nicht sieht, fühlt sie. Ein Mensch, der diesen Namen verdient, fühlt zumindest die Liebe und läßt sie andere fühlen. Jedes Leben ist ein Streben nach Liebe. Die Liebe braucht den anderen. Liebe braucht Geduld. Ein Apfelbaum dient eine ganze Saison einem Apfel, so wie eine Mutter mit ihrem Körper während einer Schwangerschaft ihrem Kind dient. Allein die geduldige Liebe macht das Unmögliche möglich: in der Politik wie im privaten Leben. Liebe muß nicht siegen, Liebe ist. Liebe wird siegen.

Die Liebe ist die innere, wahre Weltreligion der zukünftigen Menschheit.
Wir sind auf dem Weg zu einer planetarischen Bewußtseinsveränderung. Beim Abschluß dieses Buches – im Februar 1985 – lese ich folgende Meldung: Ein Maschinenbau-Unternehmer, der 10 000 Arbeiter beschäftigt und weltweit jährlich 1,3 Milliarden Mark umsetzt, will von der Stadt Würzburg ein Grund-

stück von etwa 40000 m² kaufen. Er schreibt an den Oberbürgermeister: »Ich möchte gerne eine Gemeinde gründen, in der Menschen nach den Gesetzen der Bergpredigt leben und arbeiten können ... Ich bin zu der Überzeugung gekommen, daß die Probleme in Wirtschaft (Arbeitslosigkeit, Hunger und Verschuldung der Entwicklungsländer), Politik (unaufhaltsamer Rüstungswettlauf, zunehmende Kriegsgefahr), Umwelt und Gesundheit (Krebs, seelische Krankheiten, Drogenabhängigkeit) trotz aller – meist nur verbaler – Anstrengung bedrohlich zunehmen ... Die Ursachen liegen im Verhalten der Menschen ... Nach vielen Jahren eigener Tätigkeit auf dem Boden des Materialismus und nach vielen Erfahrungen im Konkurrenz- und Interessenkampf bin ich heute der Überzeugung, daß wir umdenken müssen ... Ich bin zu einem Christen der Bergpredigt geworden ... Menschen sollen in dieser Gemeinde Arbeit finden, denn ich will im Sinne des Nazareners bauen, und in dieser Gemeinde sollen die Gesetze der Bergpredigt verwirklicht werden ... In dieser Gemeinde sollen umweltfreundliche Güter hergestellt und Dienstleistungen angeboten werden, die die Grundbedürfnisse der Menschen decken: Nahrung, Kleidung, Obdach. Aber: auch die geistig-seelischen Bedürfnisse werden berücksichtigt, die solange vernachlässigt worden sind: Bedürfnisse nach Frieden und Harmonie sowie nach geistiger Entwicklung ... Ich bin davon überzeugt, daß die Gemeinde schnell wachsen wird und in den nächsten Jahren Tausende von Arbeitsplätzen geschaffen werden.«[1]

Der Geist der Bergpredigt ist lebendig: in vielen Klöstern und in immer mehr Menschen außerhalb von Klöstern. Der grüne Politiker Rudolf Bahro sagt: Wir brauchen heute wieder eine klösterliche Kultur. Seine Thesen sind ebenso von der Bergpredigt inspiriert wie die Thesen des Unternehmers, der eine Gemeinde gründen möchte. Bahro stößt heute noch bei seinen Grünen auf ebensoviel Unverständnis wie der Unternehmer bei Unternehmern. Aber beide, der grüne Marxist Rudolf Bahro und der kapitalistisch arbeitende Unternehmer bilden bereits eine neue Koalition, die quer zu den alten Koalitionen

1 Kontaktadresse: Verlag Universelles Leben, Urlaubstr. 1, 8700 Würzburg.

denkt. Das ist neues Bewußtsein, inspiriert von der Bergpredigt. Wir brauchen viele *ganzheitliche* Quer-Denker. Quer-Denker denken heute global und handeln regional. In der heutigen politischen Kultur sagen uns die alten rechts-links Etiketten nichts mehr. Wir sollten Politiker daran messen, ob sie fortschrittlich oder rückschrittlich handeln. Fortschrittlich ist eine Politik *für* das Leben. Rückschrittlich ist jede Politik *gegen* das Leben.

Bisher haben Theologen die Bergpredigt fast immer nur interpretiert. Im Atomzeitalter kommt es jedoch darauf an, die Welt im Geiste der Bergpredigt zu verändern. Weltweit empfinden heute immer mehr Menschen mit der ehemaligen portugiesischen Ministerpräsidentin Maria de Lourdes Pintarilgon, »daß wir am Morgen eines tiefgreifenden Wandels der Gesellschaft stehen« – bisher weit tatkräftiger unterstützt von Frauen als von Männern. Vor einigen Jahren schien eine Millionen-Bewegung für den Frieden undenkbar. Heute arbeiten Tausende von Friedens-Gruppen – überwiegend dezentralisiert. Berufsgruppen haben eigene Organisationen für den Frieden und gegen den Atomtod geschaffen: Architekten, Ärzte, Philosophen, Psychologen, Journalisten, Ordensleute, Richter. Es wird jetzt nie mehr eine allgemeine Gewöhnung an die Atombombe geben. Täglich wachen mehr Menschen auf, auch viele Konservative, die niemals auf der Straße demonstrieren werden. Viele Politiker täuschen sich über die geistige Kraft, die hinter der Friedensbewegung steht. »Man kann einige Leute die ganze Zeit, alle Leute einige Zeit, aber nicht alle Leute die ganze Zeit zum Narren halten« (Abraham Lincoln). »Es« denkt um auf der ganzen Welt. Wer nicht aus ideologischen Gründen, sondern aus tiefer innerer Überzeugung gegen atomare Rüstung ist, wird auch über das ungeborene Leben positiv denken oder bald umdenken. Und wer aus tiefer innerer Überzeugung gegen Abtreibung ist, wird gegen Atombomben sein oder demnächst gegen Atombomben sein, weil er für das Leben ist. Wer sich wahrhaftig auf den Weg der Gewaltlosigkeit gemacht hat, wird nicht auf halbem Wege stehenbleiben wollen. Irrtum ist Mangel an Erkenntnis. Jeder Irrtum trägt den Kern der Wahrheit in sich. Es ist unsere Aufgabe, diesen

Kern wachsen zu lassen. Als REPORT 1973 einen Film gegen Abtreibung zeigte, waren die Reaktionen der Zuschauer etwa 50:50 positiv und negativ. Viele beschimpften uns. 1984 waren schon etwa 75% der Zuschauer, die auf einen ähnlichen Film reagierten, gegen Abtreibung; nur wenige beschimpften uns. Besonders aufgeschreckt reagierten einige SPD-Politiker. Ihr Vorwurf: Frauenfeindlichkeit, weil der Film kinderfreundlich war. Es gibt Kritik, die sich selbst richtet. Der Bewußtseinswandel gegenüber dem ungeborenen Leben geht lautloser vor sich als beim Frieden. Auf Parteitagen der Grünen wird Abtreibung inzwischen kontrovers diskutiert. Machtpolitiker glauben oft an die Realität der Macht, aber sie unterschätzen langfristig die Macht der Realitäten, die Macht des täglichen Wandels im Bewußtsein vieler Menschen. Für Mao kam die Macht aus den Gewehrläufen. Heute wissen wir, wie schnell das Ansehen dieser Mächtigen vergehen kann. Jesus starb am Kreuz – scheinbar ohnmächtig. Und dennoch oder gerade deshalb verkörpert er die größte geistige Macht, die wir kennen.
In der Bergpredigt haben wir konzentriert die Lehre Jesu. Alle bisher bekannten Revolutionen der Geschichte waren Revolutionen der Gewalt, Ausdruck unseres alten, vorchristlichen, unfreien Bewußtseins. 2000 Jahre nach Christus ist die Atombombe nur der Gipfel des Eisbergs unseres Materialismus – Ausdruck eines Bewußtseins von Angst und Gewalt. Nur die Sonne der Liebe, die Jesus erfahren, gelebt und gelehrt hat, kann diesem lebensgefährlichen Eisberg noch zum Schmelzen bringen. Dies ist der einzig realistische Weg aus dem Dschungel unserer heutigen Illusionen. Wir müssen uns entscheiden: Bergpredigt oder Zwergpredigt? Ein bißchen Bergpredigt gibt es nicht. In der Bergpredigt finden wir die Naturgesetze des Lebens. Sie spiegelt die Politik des Lebens wieder. Mit Atombomben treiben wir die Welt ab.

Wenn das Leben stirbt, der Atomkrieg möglich ist, Millionen Kinder im Mutterleib getötet werden und Millionen Menschen an Hunger sterben, wird ein altes Kirchenlied aktuell: »Weck die tote Christenheit aus dem Schlaf der Sicherheit.« Zum Wecken gehören allerdings zwei: Einer, der weckt, und einer, der sich wecken läßt. Frieden wird erst werden, wenn »die Gesinnung der Ehrfurcht vor dem Leben zur Macht kommt« (Albert Schweitzer). »Ehrfurcht vor dem Leben« ist ein anderes Wort für Liebe. Vernünftiges Ziel heutiger Politik ist eine »Zivilisation der Liebe« (Johannes Paul II. und Paul VI.).

Liebe ist ein kleines Wort, das aber alles sagt. Die Kraft der Liebe ist deshalb so wichtig, weil sie *jedem* Menschen in gleicher Weise zur Verfügung steht – unabhängig von religiöser oder politischer Weltanschauung. Sie muß nur praktisch angewandt werden. Liebe und Frieden sind nicht trennbar. Liebe ist die Kraft, die Frieden schafft. Kernkraft der Liebe oder Atomkraft? Worauf wollen wir unsere Zukunft bauen? Gottes Wille ist Gottes Liebe. Gott ist die reine Liebe – er kann nicht hassen. Denken Sie an das Gleichnis vom verlorenen Sohn: Jesu Vater haßt auch nicht die Sünder. Seine Gerechtigkeit übersteigt jedes menschliche Maß. Er klopft ständig an unsere Tür – es liegt an uns zu öffnen. Er läßt ständig seine Sonne scheinen über Gerechte und Ungerechte – es liegt an uns, ob wir Stubenhocker sind oder die Sonne genießen. Materialisten sind ständig damit beschäftigt, die Sonne von ihrem Denkgebäude abzuhalten, um »beweisen« zu können, daß es nur Dunkelheit gibt. Das Gebäude kann man unter solchen Voraussetzungen natürlich niemals verlassen. Man würde ja sonst der Sonne tatsächlich begegnen. Diese scheint aber trotzdem. Wer seine Tür verschließt und seine Fensterläden verrammelt, bleibt zwar im Dunkeln, aber Gott liebt ihn dennoch. Gott kann keine Veränderung in uns erzwingen, aber er bietet sie uns ständig an. Erzwungene Veränderung: Das wäre Gewalt. Gott aber ist das Gegenteil: Liebe. Seine Liebe ist immer da. Ob für uns tätige Liebe möglich wird, liegt jetzt vor allem an uns. Um das Wahre und Gute zu *erkennen*, braucht man Verstand. Verstand ist eine

Fähigkeit des Kopfes. Um das Gute und Wahre zu *tun*, braucht man Freiheit. Freiheit ist eine Fähigkeit des Herzens. Erkenntnis ist eine Kopfangelegenheit, aber Tun ist eine Herzensangelegenheit. Gottes Angebot steht. Seine Sonne scheint. »Jede einzelne unserer Zellen ist Liebe, geschaffen für die Liebe wie Weihrauch für das Feuer. Unser ganzes Sein ist der Brennstoff für dieses Feuer.« (Ernesto Cardenal). Wer sagt, Liebe und Frieden sind möglich, wird oft für einen Narren gehalten. Was Friedensliebe konkret vermag, kam für mich in den letzten Jahren zum Beispiel im »Darmstädter Signal« zum Ausdruck. Soldaten und Mitarbeiter/-innen der Bundeswehr haben im »Darmstädter Signal« zusammengefaßt, was in unserer Situation politisch möglich und ethisch notwendig ist: »Das fortgesetzte Wettrüsten der Machtblöcke gefährdet die Existenz der Menschheit und entzieht den kommenden Generationen die Lebensgrundlagen. Unersetzbare Rohstoffe, Finanzmittel und geistige Kräfte werden für militärische Zwecke verschwendet. Die Zerstörung der natürlichen Umwelt schreitet voran, und soziale Ungerechtigkeiten nehmen weltweit zu. Über 150 Kriege in der sogenannten Dritten Welt, die zunehmende Gefahr, daß solche Kriege auf Europa übergreifen, und die Möglichkeit eines Atomkriegs aus Versehen gebieten eine Umkehr. Wir *können* und *müssen* damit *anfangen*.« Die Soldaten, deren Kreis immer größer wird, fordern konkret:

1. Eine Wiederbelebung der Entspannungspolitik.
2. »Als vertrauensbildende Vorleistung einen Rüstungsstopp, den unverzüglichen Abzug aller chemischen und die deutliche Verringerung von atomaren Kampfmitteln auf dem Boden der Bundesrepublik Deutschland.«
3. Rücknahme der »Nachrüstung«.
4. »Eine konsequente Umsetzung des defensiven Auftrags der Bundeswehr im Rüstungsbereich. Zurückweisung aller Konzepte für die NATO (Air Land Battle, Angriff in die Tiefe, Rogers-Plan), die neue Rüstung notwendig machen und zum Präventivschlag herausfordern.«
5. Schrittweise Verringerung der Rüstungsexporte außerhalb der NATO.

Das »Darmstädter Signal« endet mit dem wichtigen Hinweis:

»Wir treten entschieden dem Eindruck entgegen, daß in der Bundeswehr Einigkeit darüber herrscht, die ›Nachrüstung‹ oder eine weitere konventionelle Aufrüstung sei aus politischen oder militärischen Gründen notwendig.«[1]

Soldaten zeigen Politikern einen realistischen Weg zum Ziel: »Frieden schaffen mit immer weniger Waffen«. Von der Bergpredigt ist darin nicht die Rede, aber das Papier atmet den Geist der Bergpredigt, weil sich Soldaten auf die Suche nach realistischen Alternativen gemacht haben. Sie haben den Rüstungswahnsinn wirklich durchschaut und sind durchdrungen von einer realen Utopie. Die Wertwende hat begonnen. Das Atomzeitalter ist eine Grenzsituation oder das Ende. Wollen wir das Ende vermeiden, dann erfordert diese Grenzsituation das Erklimmen einer neuen, höheren menschlichen Bewußtseinsstufe. Wir haben den neuen Wein eines neuen Bewußtseins in die alten Schläuche unseres alten Bewußtseins gegossen. Dabei wird der beste Wein schlecht. Ein bißchen Bergpredigt gibt immer nur ein bißchen Leben. Wir müssen die Bergpredigt ganz verstehen lernen – in ihrer privaten und politischen Bedeutung. Dann werden wir leben, weil wir täglich neu erfahren: Liebe ist möglich.

Liebe ist ein sehr ernstes Spiel, das schönste und das wichtigste unseres Lebens. Liebe ist ein Geheimnis – jeder weiß es, und kein Materialist hat es je erklären können. Die Achtung vor diesem Geheimnis, das Gespür für dieses Geheimnis, der innere Kontakt zu diesem Geheimnis: Das ist der Kern der wahren Religion, das ist Christus in uns, das ist Christus in jedem Menschen, auch in Ihnen und in mir. Liebe ist nicht irreal. Weil Gott *die* Liebe ist, ist Liebe *die* wahre Realität. Auch alles Lieblose hat in der Liebe seinen Ursprung. Gott ist die Heimat aller Menschen. Viele fühlen sich zwar heimatlos – aber sie sind es nicht. Gott wartet ewig. *Verlorene* Kinder sind seine besonderen Lieblinge. Und irgendwann – so zeigt Jesu Beispiel vom verlorenen Sohn – kommen alle heim. Der Vater wartet auf seinen Sohn: Dieser verpraßt sein Geld und ist berauscht von

---

1 Adresse des »Darmstädter Signals«: Major Helmut Prieß, Quellenstr. 80, 5357 Swisttal-Heimerzheim.

der Welt. Aber als der Sohn am Ende ist – seelisch und körperlich am Ende in der Gosse liegt –, da erinnert er sich seines Vaters und schleicht heim. Der Vater aber macht ein Riesenfest! Das ist Jesu Botschaft vom liebenden, mütterlichen Vater-Gott. Das Gleichnis vom verlorenen Sohn ist das Lieblingsgleichnis vieler Nichtchristen auf der ganzen Welt. Überall wird dieses Gottesbild und dieses Menschenbild als etwas revolutionär Neues empfunden. Wir Christen müssen Jesus neu sehen lernen – dann verstehen auch wir ihn.

Des Menschen größter Feind war schon immer der Mensch. Im Atomzeitalter leben wir mit der ungeheuren Möglichkeit, daß wenige Menschen per Knopfdruck das Ende der Menschheit innerhalb von Minuten beschließen und herbeiführen können. Wir leben in einem planetarischen Notstand und brauchen zur Rettung eine planetarische Wende über ein neues planetarisches Bewußtsein. Die Rettung liegt einzig im Ursprung, in der Urquelle, in einem neuen Verhältnis zu Gott.

Blaise Pascal, der große Gegenspieler des Vaters der Aufklärung, René Descartes, sprach von der »logique du cœur«, von der »Logik des Herzens«. Pascal war Naturwissenschaftler und Philosoph, aber er wußte, daß Naturwissenschaft und Philosophie nicht alles sind. Solange wir Sklaven unseres Verstandes sind, sind wir nicht frei. Frei werden wir, wenn der Verstand Werkzeug wird. Für alle wirklichen Aufklärer ist das Herz das eigentliche Wahrnehmungsorgan. Das Gewissen wird im Atomzeitalter zur Überlebensinstanz. Aufgeklärte Vernunft im Sinne Jesu fragt: Dürfen wir alles, was wir können? Die Kopf-Logik René Descartes' und der »Aufklärer« führte uns an die heutigen Abgründe. Die Herz-Logik Pascals zeigt den Weg zur wahren ganzheitlichen Menschlichkeit. Die von der Seele abgespaltene Vernunft des Kopfes flüstert uns immerfort zu, sie sei klüger als das Herz. Deshalb ist für viele Intellektuelle Wissenschaft der eigentliche Glaube geworden. Wissenschaft ohne Gewissen heißt die neue »Religion«. Aber immer mehr Wissenschaftler denken darüber nach, daß der Glaube an einen Schöpfer weit weniger spekulativ ist als der Glaube an einen Urknall oder eine Ursuppe, aus der alles entstanden sein soll.

Die Theorie der Zufälligkeit der Schöpfung erinnert mich an jenen Drucker, der seine Buchstaben zum Fenster hinauswarf in der Hoffnung, anschließend ganz zufällig auf der Straße Goethes »Faust« zu finden. Der Naturwissenschaftler Max Thürkauf, Professor für physikalische Chemie und nach einer Phase des Atheismus wieder gottgläubig geworden: »Die Materialisten können sich mit ihrem ausschließlich physikalisch-chemischen Denken nicht vorstellen, wie im Herzen Liebe entstehen soll. Dabei vergessen sie, daß sie sich mit eben demselben Denken auch nicht vorstellen können, wie im Gehirn dasjenige entstehen soll, das denkt: ihr Geist.« Eine auf das »Gewußt-wie« reduzierte Wissenschaft fragt nicht nach den Folgen. Ihre Theorie des Zufalls ist die geistig armseligste aller Welterklärungen. Die Gottlosigkeit des modernen Materialismus und des schick gewordenen Nihilismus bietet keine Antwort auf die für viele Menschen immer wichtiger werdende Frage nach dem Sinn des Lebens. Die Devise der Aufklärung »cogito ergo sum« (»Ich denke, also bin ich«) bedarf der rettenden Ergänzung: Amo ergo sum (Ich liebe, also bin ich). Für Materialisten ist das Herz nichts anderes als die Pumpe des Kreislaufs. Danach ist die »Umkehr der Herzen« nicht etwas Befreiendes, sondern etwas Beängstigendes. Wer Gott weder im Sternenhimmel noch in einem Wassertropfen zu erkennen vermag, wie soll er in sich selbst, in seinem Ehepartner, in seinen Kindern oder gar in seinen Feinden Gottes Ebenbild erkennen? Nur wer lieben kann, kann vertrauen. Nur wer vertrauen kann, verwandelt und wird verwandelt. Viele Intellektuelle haben heute Angst vor der Liebe, weil sie Angst haben vor »Gefühlssachen«. Es ist ja richtig: Wer sich verliebt und wer liebt, setzt sich aus und bringt sich ein. Wer dies nicht wagt, vegetiert allerdings mehr dahin, er lebt kaum als Mensch. Das heute weitverbreitete Sich-Distanzieren ist keine Selbstsicherheit, sondern eine vorgetäuschte Selbstsicherheit: Angst vor Engagement, Angst vor Nähe, Angst vor Vertrauen, Angst vor Liebe. Das sind lauter Ängste, die uns menschlich arm machen. Ein fünfzigjähriger Geschäftsmann erzählte seiner Therapeutin, daß er seine Mutter auf dem Totenbett zum erstenmal geküßt habe: »Als sie tot war, habe ich mich getraut.« Er war ein erfolgreicher Geschäftsmann. »Es war ein armseliges Leben«.

Viele Menschen scheuen Nähe, Natürlichkeit und Spontaneität, weil ihnen schon als Kinder aberzogen wurde, Empfindungen spontan zu äußern und Zärtlichkeit zu erleben und zu üben. Die seelischen Verarmungen beginnen schon im Mutterleib und in der Wiege – sie finden in vielen Ehebetten nur ihren traurigen »Höhepunkt«. »Meine Frau weiß nicht, was zärtlich ist«, erzählen heute viele Männer. »Mein Mann hat überhaupt keinen Zugang zu Kindern«, klagen viele Frauen. Viele Väter, die sich zu wenig Zeit nehmen für ihre Kinder, verstümmeln sich seelisch selbst. »Sie ahnen nicht, welche Chance ihres Lebens sie verpassen. Zärtliches, sinniges Begegnen führt auch über Kinder zum eigenen emotionalen Lebendigwerden.« (Hildegund Fischle-Carl) Väter und leider auch immer mehr Mütter wollen schon in ihren Babies die Intelligenz und den Intellekt fördern. Das Kind muß erwachen dürfen und nicht »erwacht-werden«. Aber das Glück eines Menschen, seine zwischenmenschlichen Beziehungen hängen in erster Linie von der Entwicklung des Gemüts und der Gefühlsfunktion ab. Die zunehmende Scheu vor persönlicher Verantwortung in der heutigen jungen Generation ist das Ergebnis einseitiger intellektueller Erziehung und Gefühlsverdrängung durch Schule und Eltern. Die jährlich steigende Zahl jugendlicher Selbstmörder um die Zeit der Zeugnisausgabe ist nicht nur auf den Schulstreß zurückzuführen, sondern auch auf Gefühllosigkeit und Verstandeseinseitigkeit vieler Eltern gegenüber ihren Kindern. Wer gelegentlich an Elternabenden teilnimmt, weiß, daß viele Eltern ganz darauf erpicht sind, daß aus ihren Kindern großkopfete Schrumpfherzen werden. Viele Eltern bestehen auf übertriebener, meßbarer Leistung in der Schule. Musische, sportliche, charakterliche, emotionale Entwicklung wird vernachlässigt.

Die extreme Versachlichung, die heute in Politik und Wirtschaft, in Schule und Wissenschaft, ja sogar auch oft in der Kirche und in der Psychotherapie gepredigt wird, ist der Weg extremer Lieblosigkeit. Wir haben Sigmund Freud viel zu verdanken. Aber über seine Einseitigkeiten, seine sexuellen und religiösen Komplexe sind viele Freudianer heute noch nicht weg. Freud selbst hat betont, daß ihm das emotionale und sexuelle Erleben der Frau unverständlich ist. Carl Gustav Jung hat mit seiner Anima-Animus-Theorie einen Weg aus einigen Freudschen Sackgassen gezeigt. Freud war der Psychologe des 20. Jahrhunderts. Alles Religiöse war für ihn Neurose. C. G. Jung wird wohl der Psychologe des 21. Jahrhunderts werden. Religion ist für ihn eine neue Ur-Realität. Freud hat fast alles auf die Vergangenheit und Kindheit des Patienten reduziert – Jung mehr auf die Gegenwart und Zukunft. Irgendwann in unserem Leben müssen wir aufhören, alle Probleme, die wir haben, auf einen Mutter- oder Vaterkomplex oder auf Penis-Neid zurückzuführen. Irgendwann beginnt unsere eigene Verantwortung. Freud zeigt eher nach rückwärts, Jung eher vorwärts. Die materialistischen Aufklärer Descartes, Darwin, Marx und Freud, denen wir auch viel Fortschritt verdanken, bestimmen noch immer das einseitige Leben vieler Menschen. Im kommunistischen Osten herrscht der Materialismus in der Theorie, im nichtkommunistischen Westen in der Praxis. Materialismus und Atombombe, wertfreie Wissenschaft und Abtreibung sind Symbole für unsere moderne Gottesferne.

Die Zukunft unseres blauen Planeten ist vom Menschen bedroht. Die Zukunft liegt aber beim Menschen. Die mögliche Rettung liegt allein in der Wiederentdeckung der seelischen Heilkräfte. Was aber ist die Seele? Unser Problem ist, daß uns der Körper zugänglicher ist als die Seele. Wir sind uns unserer Seele kaum noch bewußt. Seele läßt sich nicht beweisen, nur erleben. Unsere unsterbliche Seele ist insofern tot, als sie selbst in der psychologischen und theologischen Wissenschaft kaum noch eine Rolle spielt. Es gibt päpstliche Enzykliken, in denen das Wort »Seele« nicht mehr vorkommt. Und dabei ist doch der Papst der erste Seel-Sorger. Auch ein Großteil der heutigen Psychologie ist materialistisch orientiert oder zu schierer Psycho-Technik verkommen. Einer der prominentesten Psychologen der Bundesrepublik, seit Jahrzehnten im Fernsehen zu sehen, sagte mir kürzlich: »Von C. G. Jung habe ich bis heute noch keine Zeile gelesen.«

Die millionenfach verdrängte und vergewaltigte Seele ist die

Erstursache der heutigen Katastrophen. Wir sind seelisch unterernährt. Unsere Seelenlosigkeit ist ein anderes Wort für Gottesferne. Erst stirbt die Innenwelt, dann die Umwelt. Die sterbende Umwelt zeigt uns lediglich, wie es in unserer Innenwelt bereits aussieht. Das Äußere spiegelt das Innere. Die wahre Wende braucht einen neuen Geist, ein neues Bewußtsein, eine neue Verantwortung, eine neue Ehrfurcht vor dem Leben. Ohne neue religiöse Besinnung sind wir verloren. Das Ebenbild Gottes hat sich selbst auf den Thron geschwungen. Das Ergebnis sieht nicht gut aus. Jesus betont: Es gibt keine Freiheit *von* Gott, sondern nur eine Freiheit *für* Gott. Wertfreie Wissenschaft ist gottlose Wissenschaft, wertfreie Politik ist gottlose Politik, wertfreies Leben ist gottloses Leben. Die materialistische Gottlosigkeit führt dazu, daß Wissenschaftler den Platz des Schöpfers einnehmen wollen: Die Auswüchse der Gentechnologie, Leihmütter und Retorten-Babies sind wohl nur Vorahnungen dessen, was an menschlicher Frevelhaftigkeit noch auf uns zukommt. Menschenproduktion durch Leihmütter steht im Widerspruch zur Schöpfungsordnung und Menschenwürde. Ein Kind ist keine Ware. Die bewußte Aufzucht und beliebige Vervielfältigung bestimmter Menschensorten, die man zu allem abrichten kann, dürfte durch Gentechnologie bald möglich werden. Welche moralische Instanz, wenn nicht Religionen und Kirchen, sollen die totale Unmenschlichkeit in Form totaler Gottlosigkeit noch aufhalten? Sünde ist *immer*, was die menschliche Würde untergräbt – die eigene Würde und die anderer! Die Atomkraft kann die Menschen vernichten – die Gentechnologie kann die Menschen entstellen und Monster, Arbeits- oder Kriegssklaven aus ihnen machen, Menschen nach Menschenbild schaffen.

Die vielpropagierte Wertfreiheit auf jeder Ebene fragt immer nur nach dem »Wie«, vergißt aber die letztlich entscheidende Frage nach dem Woher, Warum und Wohin. Ursachen und Folgen unseres Tuns werden von den Abtreibungsbefürwortern ebenso übersehen wie von Aufrüstungsbefürwortern und den Gen-Manipulateuren. »Der Theologenhochmut der Renaissance hat den Wissenschaftlerhochmut des Materialismus gezeugt. Es schämt sich heute niemand, öffentlich an den Zufall

zu glauben. Jedoch den Glauben an Gott öffentlich zu bekennen, gilt als ebenso mutig wie ungebildet.« (Max Thürkauf).
Wer die Weisheit Gottes in der Schöpfung nicht sieht, hört und
riecht, dokumentiert nur seine eigene Begrenztheit. Stalin
glaubte, einige Erkenntnisse der modernen Physik leugnen zu
müssen, um Gott leugnen zu können. Es kann nicht sein, was
nicht sein darf! Ideologen machen es wie manche Journalisten:
Sie wollen sich ihre schönen Vorurteile nicht durch Tatsachen
kaputt machen lassen!
Materialisten bestehen auf der Wertfreiheit der Wissenschaft.
Das heißt, auf einer Wissenschaft, die vor allem frei ist vom
höchsten Wert: frei von der Liebe und damit frei von Verantwortung. Daß es Frei-heit geben könnte ohne Verantwortung,
ist die verheerendste Ideologie. Der Materialismus ist eine
reine Selbsterlösungsideologie. Es ist historisch nachzuweisen,
daß alle Selbsterlösungsideologien in die Unfreiheit führten, in
geistige und materielle Konzentrationslager, in geistige und
materielle Archipele Gulag.
C. G. Jung über den vorherrschenden wissenschaftlichen Materialismus: »Was nützt irgendwelche technische Verbesserung, wenn die Menschheit noch vor jedem kindisch-lächer-
lichen Tyrannen im Stile Hitlers zittern muß? Derartige Gestalten verdanken ihre Macht nur der erschreckenden Unerwach-
senheit des Menschen von heutzutage, seiner geistigen Unreife
und seiner barbarischen Unbewußtheit. Wir können uns die
Unterschätzung des seelischen Faktors im Weltgeschehen und
die Verachtung der seelischen Vorgänge und der Bemühungen,
diese zu begreifen, wahrhaftig nicht mehr leisten. Besteht doch
unsere einzige Hoffnung darin, daß die Massen zur Vernunft
und Menschlichkeit erwachen.«
Das Verdrängen der Realität der Seele führte zum Rüstungswahn und zur Abtreibung. Das Verdrängen der Realität Gott
und der Realität Seele hat uns schizophren gemacht. Auch die
christlichen Parteien trauen sich nicht, mehr staatlichen Schutz
für Ungeborene zu schaffen – es geht nicht um Strafe –, obwohl
sie das während ihrer Oppositionszeit oft gefordert haben. Sie
können die Ungeborenen glaubwürdig nur besser schützen,
wenn sie auch zur Gewaltfrage in der Sicherheitspolitik eine

andere, realistischere Einstellung finden und nach Helmut Kohls Motto: »Frieden schaffen mit immer weniger Waffen« auch *handeln*. Im linken und grünen politischen Spektrum wird man sich auch in Zukunft vergeblich um wirkliche Abrüstung und weniger Gewalt in der Politik bemühen, solange dort die private Gewalt der Abtreibung von vielen tabuisiert bleibt. Glaubwürdigkeit ist die Voraussetzung jedes politischen Fortschritts. Nur über eine Kultur der Liebe schaffen wir eine Politik des Friedens.

Jesus ist der Meister des Ungehorsams gegenüber unmenschlicher Politik und unmenschlicher Religion. Gewaltfreiheit bedeutet bei Jesus nicht Kampffreiheit.
Gewalt und Freiheit haben nichts gemein. Gewalt macht unfrei. Gewalt ist immer autoritär. Gewalt macht hoffnungslos. Gewaltlosigkeit macht hoffnungsvoll. Gewaltlosigkeit ist kein Zeichen von Schwäche, sondern »die Waffe der tapferen Herzen« (Gandhi). Um auf Gewalt zu verzichten, braucht man Phantasie. Atomare Gewalt ist der Gipfel der Phantasielosigkeit. Es gibt aber Situationen, in denen Christentum identisch ist mit Widerstand. Wenn der Rüstungswahn so weitergeht, sind wir von einer solchen Situation nicht mehr weit entfernt. Bevor wir mit offenen Augen den Weltuntergang kommen sehen, müssen wir viel mehr wagen als bisher. Ab wann der Generalstreik für die Gewerkschaften oder der Steuerstreik für die Kirchen eine Gewissensfrage wird, kann nur jeder für sich selbst entscheiden. Doch die Zeit der Risikolosigkeit läuft ab. Widerstand kann auch etwas kosten. Vielleicht müssen Christen auch bereit sein, ins Gefängnis zu gehen.
Wären die Christen in den letzten 2000 Jahren wirklich Christus gefolgt – der Marxismus wäre überflüssig gewesen. Weil aber das Christentum ständig mit der Gewalt fremdgegangen ist und der Liebe untreu wurde, hatte der Marxismus als uneheliches Kind des Christentums weltweit Siege feiern können. Und als Ergebnis dieser Entwicklung stehen sich heute die »christlichen« Pershing II und die »marxistischen« SS-20 gegenüber. Kapitalismus wie Marxismus sind Zwillingskinder der Industrialisierung des 19. Jahrhunderts. Sie leiden zunehmend an

derselben Krankheit: am Glauben an die Machbarkeit aller Dinge. Nicht neue Freiheiten des Machens müssen erobert werden, sondern die Risiken des Gemachten sind zu erörtern und zu reduzieren. Die quantitativen Grenzen des machbaren Fortschritts sind erreicht. Ost und West stehen gemeinsam am Abgrund, atomar, ökologisch und gentechnologisch. Kritik in beiden Lagern muß heute wertkonservativ sein, das heißt, interessiert an der Erhaltung der Schöpfung. Ost und West sind zur Zusammenarbeit verpflichtet – Zusammenarbeit ist beider Interesse. Gerade Zusammenarbeit zwischen politischen Gegnern ist Liebe. An der Vergangenheit können wir nichts mehr ändern, aber die Zukunft können wir mitgestalten.

Ost und West werden zusammenarbeiten, wenn in Ost und West immer mehr Menschen nicht nur sagen: »Es war einmal«, sondern sich vornehmen: »Es wird einmal«. »Die Welt ist nicht heil, aber sie ist heilbar.« Diesen hoffnungsvollen Satz schrieb der Wiener Psychotherapeut Viktor A. Frankl; er hatte als Jude das Konzentrationslager überlebt. Das Verständnis von humaner Politik ist keine Frage wissenschaftlichen Studiums. Ein Großteil der Akademiker rief »Heil Hitler«, als viele Arbeiter das »Unheil Hitler« (Siegfried Umlandt) schon erkannt hatten. Wenn Politiker im Jahr 2000 noch immer meinen, mit Massenvernichtungswaffen drohen zu müssen, dann sollten die Olympischen Spiele um eine Disziplin erweitert werden: Ringkämpfe für Politiker. Hier könnten sie sich bekämpfen, wenn sie unbedingt kämpfen müssen. Das Publikum müßte dann keine Angst mehr haben, es hätte vielleicht sogar seinen Spaß daran. Doch wahrscheinlicher ist, daß wir bis zum Jahr 2000 nicht eine Handvoll Atommächte haben, sondern einige Dutzend. Solange die »Großen« Atombomben haben, werden sie die »Kleineren« nicht daran hindern können, sich auch welche zu beschaffen. Mit welchem Recht auch? Auch wir Bürger können Politiker nur dann vom Weg der Gewalt abbringen, wenn wir zunächst einmal in unserem Privatleben nicht länger die extremste Form der Gewalt praktizieren: das Töten der eigenen Kinder.

Der Dichter Reiner Kunze schrieb: »Vielleicht ist es eines Tages ein einzelner, dem die Menschheit es zu verdanken hat, daß sie aus ihrer Unfähigkeit, Wesentliches zu lernen, nicht ihren Untergang herbeiführt. Auf diesen einzelnen hoffe ich, setze ich.« Das tue ich auch. Ideologien und Ideologen haben uns an den Rand des Abgrunds geführt. Und wir haben uns führen lassen. Der einzelne, der uns den Weg zurück nach vorne zeigt, ist vor 2000 Jahren in Nazaret aufgewachsen und in Jerusalem gestorben, damit wir *leben* können. Die *gelebte* Bergpredigt ist der Maßstab für den Aufbau des Reiches Gottes, das *in* uns ist. »Die längste Reise ist die Reise nach innen.« (Dag Hammarskjöld).

Das Reich Gottes ist das Reich des Inneren, das Reich der Wahrheit. Der Aufbau *innen* wird *außen* sichtbar werden. Jesus lehrt, daß das Reich Gottes nur »inwendig in uns« zu realisieren ist. Christen beten: »Dein Reich komme!« Auf der Erde, hier und jetzt, *muß* Gottes Reich ein Reich der Freiheit, der Liebe und des Friedens werden. Das Reich Gottes ist immer gleich um die Ecke! Jesus bewirkt eine völlig neue Vernetzung von menschlichem Dasein und göttlicher Existenz. In Jesus Christus wird Gott Mensch und der Mensch Gott. Gott finden wir nur im Leben, selten in Büchern, nicht einmal mit Notwendigkeit in der Bibel. Bibel und Bücher über Jesus sind allenfalls Lebenshilfe, aber niemals das Leben.

Die Liebe braucht keine Revolution, die Liebe *ist* die Revolution. Liebe bewirkt Frieden. Je mehr Liebe, desto mehr Frieden. Frieden ist, wenn Liebe ist. Frieden ist Liebe. Die Liebe aber ist ein Kind der Freiheit. Beim Schreiben dieser Zeilen höre ich den Einwand vieler »Realisten«: »Das ist doch alles viel zu einfach.« Welch phantastische Ausrede! Bei Jesus ist Einfachheit ein Qualitätsmerkmal. Unsere heutige Kompliziertheit ist ein Zeichen von Krankheit. Liebe ist einfach, einfach Liebe. Auch die Wahrheit ist einfach und ganzheitlich. Eine Kultur der Liebe im Privaten ist Voraussetzung für eine Politik des Friedens. Jeder ist für den Frieden verantwortlich. Das alte Bewußtsein sagt: »Man kann ja doch nichts ändern.« Neues Bewußtsein sagt: »Es kommt auf mich an.« Das alte Bewußtsein mißtraut. Das neue Bewußtsein vertraut. Frieden ist die Frucht von Gerechtigkeit, einfacher Lebensweise und Liebe. »Liebe ist die Antwort auf alle Probleme, die nicht von der Wissenschaft lösbar sind« (Sam Keen). Wer sich jeden Tag neu öffnet für praktische Erfahrungen, wird skeptisch gegenüber Götzen und Göttern unserer Zeit, aber er findet – vielleicht langsam, aber ganz sicher – den Weg zum *einen* Gott, zum Schöpfer allen Lebens, zur Liebe. Diese Ahnung geht vielen nicht in den Kopf, aber sie wartet auf Entdeckung und Wiedergeburt in *allen* Seelen.

Der Kosmos ist der sichtbare Ausdruck der Liebe Gottes. Wir leben in einem mit Liebe erfüllten Universum. Wir sind Wesen der Liebe, geschaffen aus Liebe, gedacht für die Liebe. Wenn wir die Stille wiederfinden, dann baden wir im Meer der Liebe Gottes. In diesem Heilbad werden sogar die Wunden geheilt, die wir für unheilbar halten. Die Bergpredigt zeigt uns den Weg. Sie ist das Grundgesetz der Liebe. Sie offenbart das Wunder der Liebe. Das Wunder der Liebe ist die Erfahrung: Gott und ich. Nur mit Gott kann ich lieben. Nur mit Gott kann ich leben. Nur mit Gott bin ich frei. Die Liebe zwischen Gott und mir ist das geistige Grundgesetz meines Daseins.

Die geistigen Grundgesetze unseres Daseins finden wir nicht in unseren Schulbüchern. Unsere Geschichtsbücher sind beherrscht von Alexander und Cäsar, Nero und Napoleon, Hitler und Stalin. Jesus und Buddha, Konfuzius und Lao Tse sind nur Fußnoten. Wir lernen die falschen Dinge über die falschen Menschen. Wir orientieren uns zu sehr an den Vertretern der Gewalt anstatt an den maßgebenden und sinnstiftenden Menschen. Religion ist mehr als ein Schulfach. Religion zielt auf geistige Verwandlung. Geistige Verwandlung ist nur möglich durch mehr Liebe. Geistige Verwandlung geschieht durch regelmäßiges Bejahen positiver Wahrheiten. Geistige Verwandlung geschieht durch Seelen-Arbeit. Die Wiederentdeckung der Seele ist keine Glaubensfrage mehr, sondern für immer mehr Menschen erfahrene Wirklichkeit. Seelen-Arbeit ist Arbeit an unserer Ganzheit.

Ganzheitliche Denker von unterschiedlicher Herkunft kommen heute zum selben Schluß: Die Zukunft der Menschheit hängt ab von der weiblichen Fähigkeit der Intuition und Weisheit. Das meinen zum Beispiel der französische humanistische Sozialist Roger Garaudy, die deutsche christliche Psychotherapeutin Hanna Wolff und der amerikanisch-österreichische Physiker Fritjof Capra. Für Capra ist, ähnlich wie für Hanna Wolff und Roger Garaudy, unsere heutige Einseitigkeit »ein Ergebnis davon, daß wir unsere maskuline Seite – rationales Wissen, Analyse, Expansion – überbetont und unsere weibliche Seite – intuitive Weisheit, Synthese und ökologisches Bewußtsein – vernachlässigt haben.« Die notwendige Wende zum Besseren ist nicht einseitige Entwicklung des weiblichen Prinzips – es gibt schon so viele weibische Männer und männische Weiber –, sondern die Integration von Männlichem und Weiblichem in jeder Frau und in jedem Mann. Die Integration des Weiblichen *im* Mann und die Integration des Männlichen *in* der Frau macht uns zu ganzheitlichen Männern und Frauen. Im alten chinesischen Weisheitsbuch »I Ging« ist nicht das männliche Jang oder das weibliche Jin das Gute, sondern das dynamische Gleichgewicht zwischen Jang und Jin. Schädlich und schlecht ist immer das Ungleichgewicht zwischen Männlichem und Weiblichem. Ungleichgewicht stört die Harmonie des Ganzen. Die Zeit des Patriarchats, die jetzt wohl zu Ende geht, hat jahrtausendelang alles Weibliche – auch im Mann – unterdrückt. Das Männliche triumphierte. Jesus war *der* vorbildliche ganzheitlich-harmonische Mann. Diese Emanzipation des Mannes Jesu weist Hanna Wolff in »Jesus, der Mann« überzeugend nach. Nur vor diesem Hintergrund sind Jesu dramatische Aussagen zu verstehen: »Ich bin der Weg, die Wahrheit und das Leben« und »Ich mache alles neu.«

Jesus brachte wirklich ein *neues* Testament: die gute Nachricht von der Liebe. Seine Bergpredigt kommt im Übergang vom zweiten zum dritten Jahrtausend nach Christus ans Licht einer größeren Öffentlichkeit. Sie ist lebendig wie frisches Quellwasser. Entscheidend jedoch wird sein, ob die Bergpredigt uns auch zu Bewußtsein kommt. Nur wenn wir uns an der *ganzen* Bergpredigt orientieren, werden wir aus Schein- und Taufchristen ganzheitliche Tatchristen. In der Bergpredigt steckt christliche Identität. Jesus, gegenüber allen Zweiflern und Zweifeln erhaben, sagte: »Alles kann, wer glaubt.« Das heißt: Alles kann, wer vertraut. Das heißt aber auch: Wer ewig zweifelt, erreicht gar nichts. Jesus beruft zu Großem. Die Bergpredigt scheint zuerst eine schwere Last: Aber wer sie trägt, spürt bald, daß auch er von ihr getragen wird. Er erfährt: *Liebe ist möglich*. Für diese Erfahrung sind wir ausschließlich selbst verantwortlich. Ich vertraue auf die Heilsabsichten Gottes. Die Kirche lehrt, wie wir Christ *sein* sollen. Aber Jesus zeigt in der Bergpredigt, wie wir Christ *werden* können. Norbert Blüm: »Erbitte Gottes Segen für deine Arbeit, aber erwarte nicht, daß er sie auch noch tut.« Die Bergpredigt enthält keine blutleere, sondern eine tatkräftige Ethik.

Verfassungsänderung aus Liebe zum Leben

Zwei Verfassungsänderungen sind überfällig.
Erstens: Aus den neuen Erkenntnissen über das Leben vor der Geburt ergibt sich zwingend die Aufnahme des Schutzes der Ungeborenen in das Grundgesetz und in alle Verfassungen der Welt. Leben ist Leben von Anfang an.
Zweitens: Seit 1949 sind in der Bundesrepublik Deutschland Führung und Vorbereitung eines Angriffskrieges verfassungswidrig. Warum soll ein atomarer »Verteidigungs«-Krieg nicht ebenso verfassungswidrig sein? Naturwissenschaftler in Ost und West und viele Politiker, einschließlich Reagan und Tschernenko, rechnen uns seit Jahren vor: Atomare »Verteidigung« ist heute nur noch um den Preis der völligen Vernichtung möglich. Wenn schon ein Angriff auf einen Gegner verfassungswidrig ist, warum dann nicht auch die eigene Vernichtung? An unserem Hauseingang klebt seit zwei Jahren das Schild: »Atomwaffenfreies Gebiet! Die hier lebenden Menschen lehnen es ab, durch Massenvernichtungsmittel ›verteidigt‹ zu werden.«
Eine Friedensbewegung, die diesen Namen verdient, muß im Atomzeitalter eine Bewegung für das Leben sein. Für Politiker aller Richtungen steht ja ohnehin immer »der Mensch im Mittelpunkt«. Für sie müßten dann die beiden vorgeschlagenen Verfassungsänderungen eine Selbstverständlichkeit sein! Verfassungsänderungen aus Liebe zum Leben. Solche Verfassungsänderungen kommen aber erst, wenn sie mehrheitsfähig

geworden sind, das heißt, wenn immer mehr Menschen sie konsequent fordern. Wir haben die Politik und die Politiker, die wir verdienen – zumindest in Demokratien. Stimmbürger wie Sie und ich haben die Politiker in der Hand. Und diese Menschen sind wie Sie und ich. Wir ändern die Welt, indem wir uns ändern. Wir brauchen »nur« jene Änderung unseres Bewußtseins und unseres Verhaltens, welche maßgebende Religionsstifter, Dichter und Philosophen seit Jahrtausenden fordern. Bewußtseinswandel hat Otto von Bismarck so gerechtfertigt: »... ich bin kein Ochs, ich ändere meine Ansichten!« Hitler und Stalin sind Prototypen des alten Menschen im alten Bewußtsein. Sie sind zerfressen von Macht und Kampf, von Haß und Herrschsucht. Die Prototypen des neuen Lebens, die sich an Jesu neuem Bewußtsein orientieren, sind: Gandhi und Martin Luther King, Albert Schweitzer und Mutter Teresa, Lech Walesa und Andrej Sacharow. Sie sind durchdrungen von Liebe und Kampf, Klugheit und Solidarität. Das alte Bewußtsein bedeutet im Atomzeitalter Tod. Das neue Bewußtsein bedeutet Leben. Das alte Bewußtsein ist hierarchisch, ausbeuterisch und gespalten. Das neue Bewußtsein ist geschwisterlich, partnerschaftlich und ganzheitlich. Dieses weltweite neue Bewußtsein ist eine Hoffnung für die Ohnmächtigen, eine Mahnung für die Mächtigen und eine Warnung für die Schwerhörigen. Ein weltweites Rettungsnetz wird heute geknüpft. Wir brauchen dazu viele Helfer. Robert Jungk registriert ein globales »Menschenbeben«.

Die Pessimisten seien daran erinnert: als Jesus von Nazaret vor 2000 Jahren seine Gute Nachricht von der Liebe und seine Provokation der Feindesliebe verkündete, haben die Realpolitiker und die Realtheologen ihn für gefährlich gehalten und ans Kreuz geschlagen. Wer bestimmte seither mehr das Dasein von Milliarden Menschen, die damals Weltklugen oder der Bergprediger? Wir sind nicht nur erlösungsbedürftig, wir sind auch erlösungsfähig – wir sind nicht nur liebesbedürftig, wir sind auch liebesfähig. Seit Jesus könnten wir wissen: Liebe ist möglich.

Dank

Ein Buch über die Liebe ist ein Prozeß, kein Ergebnis! Etwa 5000 Leserinnen und Leser von »Frieden ist möglich« und mehr als einhundert Rezensenten gaben mir Anregungen für dieses neue Buch. Ich erhielt zahllose Briefe – bis zu 250 Seiten. Etwa ein Dutzend Buchautoren haben sich bis jetzt intensiv mit meinem Friedensbuch beschäftigt. Die im ganzen positive Reaktion hat mich überrascht. Ich möchte Anregern und Kritikern herzlich danken. Ohne sie wäre »Liebe ist möglich« nicht entstanden. Wer aber so viel Luft unter die Flügel bekommt, muß und darf auch fliegen. Diesem Buch liegen Anregungen von außen und von innen zugrunde. Danken möchte ich allen, mit denen ich zusammen bin und zusammen arbeite. Einige Wochen Ruhe und Stille brachten mir Zeit zur Selbsterfahrung, Zeit zur Liebe, Zeit zum Schreiben dieses Buches. Unseren Kindern Christiane und Caren Maria möchte ich dafür danken, daß sie mir jeden Tag ihr Dasein, ihre Liebe und ihr Lachen schenken: Grundlage dieses Buches. Was ein Mann über Liebe fühlt und denkt und schreibt, hängt wesentlich mit seiner Frau zusammen. Danke, Bigi!

Literaturverzeichnis:

Afheldt, Horst: Defensive Verteidigung, Hamburg, 1983

Alt, Franz: Frieden ist möglich, München, 1983

Alt, Franz (Hrsg.): Das C. G. Jung-Lesebuch, Olten, [3]1984

Anders, Günther, Die Antiquiertheit des Menschen, München, [6]1980

Anders, Günther, Hiroshima ist überall, München, 1982

Arnold, Eberhard: Salz und Licht, Moers, 1982

Bhagwan Shree Raijneesh: Komm und folge mir, München, 1982

Becker, Wilhard/Schaffer, Ulrich: Ganz anders könnte man leben, Stuttgart, 1984

Berendt, Joachim Ernst: Nada Brahma. Die Welt ist Klang, Frankfurt, 1983

Bosman, Phil: Liebe wirkt täglich Wunder, Freiburg, 1982

Brunner, Cornelia: Die Anima als Schicksalsproblem des Mannes, Rascher Verlag 1963

Cardenal, Ernesto: Das Buch von der Liebe, Gütersloh, 1978

Dethlefsen, Thorwald: Schicksal als Chance, München, 1983

Drewermann, Eugen: Tiefenpsychologie und Exegese, Bd. 1, Olten, 1984

Dürkheim, Karlfried Graf: Von der Erfahrung der Transzendenz, Freiburg, 1984

Eppler, Erhard: Die tödliche Utopie der Sicherheit, Hamburg, 1983

Europäische Ärzteaktion: Alarm gegen die Abtreibung, Birenbach, 1980

Fischle-Carl, Hildegund: Vom Glück der Zärtlichkeit, Freiburg, 1984

Frankl, Viktor E.: Der Mensch vor der Frage nach dem Sinn, München, 1979

Fromm, Erich: Die Kunst des Liebens, Stuttgart, München, 1981

Garaudy, Roger: Der letzte Ausweg, Olten, 1982

Glotz, Peter: Die Arbeit der Zuspitzung, Berlin, 1984

Glucksmann, André: Philosophie der Abschreckung, Stuttgart, 1984

Goldsmith, Joel S.: Der Donner der Stille, Argenbühl-Eglofstal, 1970

Herbst, Karl: Was wollte Jesus selbst?, Düsseldorf, 1981

Janov, Arthur: Der Urschrei, Frankfurt, 1976

Jaspers, Karl: Die maßgebenden Menschen, München, 1975

Jaspers, Karl: Die Atombombe und die Zukunft des Menschen, München, 1982

Jungk, Robert: Menschenbeben, München, 1983

Kals, Hans: Versetzt dich mal in seine Lage, Freiburg, 1985

Kamphaus, Franz: Was dir zum Frieden dient, Freiburg, 1983

Kast, Verena: Paare, Stuttgart, 1984

Kern, Peter/Wittig, Hans-Georg: Pädagogik im Atomzeitalter, Freiburg, 1984

Kneissler, Michael: Das Anima-Prinzip, München, 1984

Kübler-Ross, Elisabeth: Kinder und Tod, Stuttgart, 1984

Küng, Hans: Christentum und Weltreligionen, München, 1984

Lassahn, Bernhard (Hrsg.): Das Günther Anders Lesebuch, Zürich, 1984

Löser, Jochen: Weder rot noch tot ist noch tot, München, 1981

Lutz, Rüdiger: Die sanfte Wende, München, 1984

Mandel, Karl Herbert: Friede in der Ehe, Freiburg, 1984

Mayer, Anton: Der zensierte Jesus, Olten, 1983

Meves, Christa: So ihr nicht werdet wie die Kinder, Stuttgart, 1979
Miller, Alice: Am Anfang war Erziehung, Frankfurt, 1981
Moody, Raymond: Leben nach dem Tod, Hamburg, 1984
Müller, Johannes: Die Bergpredigt, Köln, 1929
Müller, Johannes: Stille und Entspannung, Elmau, o. J.
Murphy, Joseph: Das I Ging Orakel, Genf, 1980
Plünnecke, Elisabeth: Ermutigung zur Freiheit, Stuttgart, 1984
Ragaz, Leonhard: Die Bergpredigt Jesu, Hamburg, 1971
Reagan, Ronald: Recht zum Leben, Birenbach, 1984
Richter, Horst E.: Zur Psychologie des Friedens, Hamburg, 1982
Rötzer, Josef: Natürliche Geburtenregelung, Freiburg, 1982
Sabet, Huschmand: Der Weg aus der Ausweglosigkeit, Stuttgart, 1985
Schell, Jonathan: Die Abschaffung, München, 1984
Schmückle, Gerd: Schwert am seidenen Faden, Stuttgart, 1984
Schnackenburg, Rudolf: Alles kann, wer glaubt, Freiburg, 1984
Schultz, Hans Jürgen: Partisanen der Humanität, Stuttgart, 1984
Stephan, Lydia: Der einsame Weg des Dag Hammarskjöld, München, 1983
Thevenin, Tine: Das Familienbett, Frankfurt, 1984
Thürkauf, Max: Die Gottesanbeterin, Stein am Rhein, 1984
Twitchell, Paul: Der Fremde am Fluß, München, 1979
Umlandt, Siegfried: Die Bergpredigt – Eine Predigt für die Arbeiterbewegung,
    Stuttgart, 1984 (unveröffentlicht)
Wallis, Jim: Bekehrung zum Leben, Moers, 1983
Weizenbaum, Joseph: Kurs auf den Eisberg, Zürich, 1984
Weizsäcker, Carl Friedrich von: Der bedrohte Friede, München, 1981
Wolff, Hanna: Jesus, der Mann, Stuttgart, 1977
Wolff, Hanna: Jesus als Psychotherapeut, Stuttgart, 1978
Zimmer, Katharina: Das Leben vor dem Leben, München, 1984
Zink, Jörg: Was bleibt, stiften die Liebenden, Stuttgart, 1979